金融危機と証券市場の再生

代田 純 編著
Shirota Jun

同文舘出版

はしがき
―金融危機の再発抑止に向けた政策提言―

　まず冒頭で各章の要旨をまとめ，本書の概要を示す。また，金融危機再発抑止に向けた政策提言を示す。

1　本書の概要

　第1章「世界金融危機の構図」は，今回の金融危機を引き起こした証券化商品，モノライン保険会社とCDS（クレジット・デフォルト・スワップ），SIV（ストラクチャード・インベストメント・ビークル），ヘッジファンドといった一連の流れについて論じている。

　さらにBIS（国際決済銀行）の自己資本比率規制があったにもかかわらず，欧米主要銀行のレバレッジ（総資産÷自己資本）比率が極めて上昇した背景を問題視している。銀行勘定とトレーディング（売買）勘定の分離，高格付けによるリスク・ウエート低下等の要因を指摘している。

　またROE（株主資本利益率）偏重のガバナンスにも問題があった。ROEはレバレッジ上昇だけでも，上昇するからである。このため経営者は借入を膨張させることで（株主資本比率を低下させることで），ROEを上昇させることができた。経営者の高額報酬との関連で，株主の合意を得やすい手段となった。

　金融危機はアメリカ一国の問題ではなく，ユーロ導入とECB（欧州中央銀行）の低金利，日本でのゼロ金利政策や量的緩和政策も関係している。ユーロ導入後，ECBはドイツ連邦銀行の低金利をベースとしたため，高金利国（スペイン等）では急速に金利が低下した。また日本でのゼロ金利政策によって，インターバンク市場で外国銀行による資金調達が増加し，本支店勘定によって海外に円資金が流出した。

第2章「金融危機と日本の株式市場」は，金融危機前後での日本の株式市場を，外国人投資家を軸として論じている。外国人投資家のシェア（委託売買代金ベース）は，2005年の約45％から2008年には60％まで上昇したが，欧州系投資家が中心であった。とりわけロンドンに運用拠点を持つ，オイルマネー，SWF（ソブリン・ウエルス・ファンド），ヘッジファンドなどが主要な売買主体と推定される。

2000年以降の世界経済において，原油価格の上昇は重要な特質であろう。原油価格上昇は，需給などファンダメンタルズによって説明できる部分もあるが，ヘッジファンドなど投機資金の流入が少なくない役割を演じた。原油価格の上昇によって，オイルマネーやSWF（政府系ファンドとも呼ばれる）の資産額が増加した。

SAMA（サウジアラビア通貨庁）やノルウエーの公的年金などが証券投資を活発化させた。特にノルウエーの公的年金は日本株を628銘柄保有している。ノルウエーの公的年金は，イギリス系の投資顧問に運用を委託しており，ロンドンからの対日株式投資のなかに含まれていると見られる。

2008年には，日本の株式市場において，外国人投資家は売り越しであった。しかし2009年に入り，4月〜8月において，外国人投資家は買い越しに転じている。特に2009年7月には欧州系を中心に買い越している。金融危機から再生する兆しも出ている。

第3章「金融危機と企業買収」は，金融危機前後の日本における企業買収を論じている。もともと投資銀行が企業間のM&A（合併＆買収）の助言業務を手掛けてきたが，2000年以降は投資ファンドが買い手になるケースが増えた。

外資系ファンドでは，スティール・パートナーズは最も投資先が多かった。スティール・パートナーズは2007年5月にブルドックソースにTOB（株式公開買付）をかけたが，ブルドックによる買収防衛策の発動によって阻まれた。アメリカでは買収防衛策は買収価格の引き上げを目的とした交渉の武器に使われるだけなのに，日本では実際に敵対的な買い手の追い出しに活用され，裁判所もこれを是とした。

M&A時代を迎え，日本企業は株式相互持ち合いや，買収防衛策の導入（新

株予約権等）によって対抗した。金融危機の進行とともに，多くの投資ファンドは成果を上げないままに，日本市場から撤退した。敵対的買収者であっても，企業経営に規律をもたらし，株式市場を活性化する機能を持つが，日本企業は排除する姿勢が強い。また少数株主の利益を軽視しがちである。

金融危機以降，企業買収は減少しているが，日本企業の閉鎖的な姿勢は，中長期的に自らのファイナンス力を弱めるリスクを内包している。

第4章「金融危機とコーポレート・ガバナンス」は，金融危機との関連で，コーポレート・ガバナンスを論じている。狭義のコーポレート・ガバナンスでは，経営者と株主の関係が議論される。しかし広義のコーポレート・ガバナンスでは，社会的利益を志向し，従業員や労働組合など広くステークホルダー全体と企業が問題となる。したがって広義では，CSRなど社会的視点から企業経営が問われることになる。

コーポレート・ガバナンスで大きな位置を占めるトップ・マネージメントは，アングロ・アメリカ型，ドイツ型，日本型に類型できる。アメリカのトップ・マネージメントは一層制であり，監督機能を担う取締役と執行機能を担うオフィサー（CEOを含む）から構成される。取締役とCEOなどオフィサーが兼務されうる。他方，ドイツ型は二層制であり，監督機関としての監査役会と執行機関としての取締役会がある。

アメリカでは株主として機関投資家が台頭し，機関投資家は株主価値の増大を目的とし，エージェンシー理論に基づいて経営者へのインセンティブ報酬を取り入れた。株主価値の増大と株価上昇を追及することで，機関投資家と経営者の利害は一致した。さらにストック・オプション制や業績連動型のボーナス制により，ますます株主と経営者の利害は一致した。こうしたアングロ・アメリカ型のコーポレート・ガバナンスが，今回の金融危機と深く関わっている。

第5章「金融危機と企業金融」は，金融危機が企業金融に与えた影響と危機以降の企業金融について論じている。2006年以降，アメリカでの信用不安は世界的に短期金利の高騰をもたらした。このため，日本でもCP金利が上昇し，CP発行額が金融危機後減少した。他方，2007年以降，大企業向けの銀行貸出は増加した。また2008年にも大企業向けを中心に銀行貸出は増加した。中小

企業向けとしては、緊急保証制度が発動され、銀行貸出に信用保証がつけられた。

金融危機により、日本銀行や日本政策投資銀行、日本政策金融公庫による企業金融支援策がとられた。金融危機により、中央銀行信用や公的金融が総動員され、公的金融の民営化は見直されることとなった。こうした支援策により、2009年以降金融証券市場は回復しつつある。まず2009年に社債発行額が高格付け債を中心に増加している。また銀行を中心として株式発行（公募増資）額も増加している。

中小企業向けの市場型金融も今後注目される。行政主導型CDOや私募債など、中小企業が証券市場を活用できるスキームが増えていたが、金融危機以降減少していた。しかし2009年以降、私募債への緩和策もあり、復活する兆しがでている。

第6章「金融危機と時価会計」は、金融危機との関連で会計基準の動向を論じている。現在の日本における財務諸表は、損益計算書が最終的に当期純利益を表示し、当期純利益が純資産増加額と一致することをもって、貸借対照表と結合されている。しかし国際会計基準（IFRSs）では、包括利益概念が導入され、当期純利益以外の保有資産時価変動（評価損益）を含むこととなる。

国際会計基準をEUが2005年から適用を義務化したため、一挙に世界的な流れとなっている。日本では、日本の会計基準と国際会計基準の差異をなくして行くプロジェクトが進行中である。さらには日本企業に国際会計基準そのものを適用する動きもある。

金融危機を経て、時価（公正価値）の測定問題と時価を財務報告書の中でどう取り扱うかが大きな論点となった。国際会計基準では、進行中の多くのプロジェクトを金融危機関連と位置づけて対応している。2008年末までに緊急避難として、債券の保有目的を売買目的から満期保有目的へ振り替えて、時価の急激な変動を財務諸表に表示しなくて済むことを認め、日本基準も追随した。

しかし、2009年7月、IASB（国際会計基準審議会）は金融商品の区分を再整理したうえで振り替えを認めない方向性を示した。日本では、①持ち合い株の売却益が計上できず、純利益に指標性がなくなること、②配当が純利益に計

上されないこと，が問題視されている。しかし利用者（投資家等）の視点からすると，このような改定は有益な情報提供となろう。金融危機は時価会計の進化を加速しているようだ。

　第7章「金融危機と証券化・金融工学」は，今回の金融危機で元凶と言われた，証券化商品について解説し，論じている。証券化とは，資産の証券化のことで，金融機関が保有する貸出債権などの資産をもとに，投資家向けの証券形態に組み替えたものである。住宅ローンを証券化したものが，MBSと呼ばれる。

　証券化商品はCDO（債務担保証券）やCDS（クレジット・デフォルト・スワップ）へと多重化されていった。しかし証券化商品は今まで取引所取引ではなく，相対取引であり，本来流動性がない。このため証券化商品のクレジット・リスクの計測や価格形成（プライシング）は，全てを確率事象として処理する金融工学の格好の題材（処理対象）とされた。

　しかし，リスクは単なる確率現象ではない。今回の金融危機はサブプライムローンを証券化した証券化商品の価格暴落に起因した。サブプライムローンの証券化商品という仕組みは，不動産価格の上昇に依存していた以上，不動産価格の上昇がいつかは破綻することは「必然」であり，「確率」の問題ではない。ここに金融工学の致命的欠陥と限界がある。

　第8章「金融危機と財政政策」は，金融危機対策としての，各国財政政策を論じている。金融危機に対する緊急経済対策として，OECD諸国全体で2008〜2010年までの3年間において，対GDP比3.9％の財政刺激策がとられた。アメリカでは，2008年10月の緊急経済安定化法により金融機関への資本注入を中心に1,100億ドルが支出され，2009年2月の景気対策法により11年間分で7,872億ドルが計画された。アメリカの財源は連邦債（国債）発行である。ドイツでも，2008年11月に320億ユーロ，2009年1月に500億ユーロの，二度にわたる緊急経済対策が実施され，財政赤字が拡大することとなった。

　日本では経済危機対策が2009年4月に提出され，事業費ベースで総額56.8兆円が，企業金融を中心として計画された。これに伴い，2009年度の国債発行額は当初予算の132兆円から，補正後で149兆円に増加した。

　出口戦略（危機後の，健全財政に向けた戦略）としては，ドイツの事例が参

考になる。ドイツでは連邦基本法（憲法）の公債発行に関する規定を厳格化している。日本では出口戦略は描かれていない。今まで，国内で日本国債への信任があったため，緊急対策でのマクロ経済への悪影響は発生しなかった。しかし高齢化を一因として，家計貯蓄率は低下しており，将来の国債発行には懸念材料がある。

第9章「金融危機と国債流通市場」は，日本の国債流通市場を，外国人投資家を軸として論じている。国債流通市場での外国人の動向は，政府短期証券を含むか，否か，で大きく異なる。2007年1月～2009年7月において，政府短期証券を含むと，外国人はすべての期間で買い越しており，売買におけるシェアも2008年3月まで上昇していた。

株式投資との関連で国債投資を見ると，外国人の動向が鮮明になる。2007年8月以降，外国人はサブプライム問題と金融危機によって，日本株を急速に売り越した。他方，国債については，政府短期証券を中心に大幅買い越しとなった。金融危機の発生によって，外国人投資家は日本株を売却し，政府短期証券に乗り換えたと見られる。

外国人投資家の政府短期証券売買について，為替要因，利回り要因との間で，相関係数を計測した。2004年4月から2009年7月までの期間で，外国人投資家の政府短期証券買い越し額と円ドルレートには有意な相関係数が計測された。しかし，他の要因には有意な係数は計測されなかった。また外国人投資家による国債売買回転率も計測したが，市場平均に比べ高い回転率であった。

第10章「金融危機と地域金融機関」は，地方債の引受先として高いシェアを有する地方銀行を中心として，金融危機に直面した地域金融機関について論じている。地域金融機関は預金超過・貸出難という構造的な問題を抱えている。このため保有有価証券，ならびに有価証券における地方債の比率は高くなってきた。また同様の背景から，少なくない地域金融機関が証券化商品なども保有していた。このため，金融危機によって多くの地域金融機関が債券関係損失を計上した。

地方財政の逼迫が続くなかで，銀行による地方公共団体向け貸出が増加し，また銀行貸出における地方公共団体向け貸出の構成比率も2000年以降2008年

まで上昇してきた。「夕張」ショック以降も，地方公共団体向け貸出は増加した。ただし，保有有価証券に占める地方債の比率を見ると，都市銀行は3％程度から1％以下まで低下してきた。他方，地方銀行は同比率が14％台と高い水準にある。

2008年度決算において，都市銀行では株式中心に有価証券損失が発生したが，地方銀行・第二地方銀行では債券中心に有価証券損失が発生した。地方銀行・第二地方銀行では流動性に乏しい地方債などの比率が高く，債券での損失が発生しやすいと見られる。さらに多くの地方銀行・第二地方銀行等が証券化商品や仕組み債に投融資していたため，金融危機で損失が発生した。

第11章「金融危機と所得格差問題」は，日本の所得税統計を利用し，金融危機前での所得格差を論じている。この統計を利用してジニ係数を算出したところ，2005年以降に，課税前と課税後において，いずれのジニ係数も上昇していた。所得税の課税所得（合計所得）構成を見ると，2005年から株式等譲渡所得が急増しており，不動産などの分離長期譲渡所得に匹敵している。

2005年以降，合計所得において株式等譲渡所得が増加した背景として，証券税制の改正が指摘できる。2004年から2005年にかけて，所得階層別の実効税率を見ると，所得1,000万円以下では実効税率が上昇しているが，逆に5,000万円以上では低下していた。また高所得階層における所得構成を見ると，給与所得の構成が低い一方，株式等譲渡所得の比率が高くなっている。

給与所得等については，1,800万円以上で37％（基礎控除後）という税率で課税されるが，株式等譲渡所得については2009年現在，所得額には関係なく10％で課税されている。この点，所得上限の導入等で再考の余地があろう。2007年現在，所得税の実効税率は所得5,000万〜1億円の階層で25％前後のピークとなり，最高所得階層100億円では10％以下まで低下している。

2　危機再発抑止の政策提言

① 貸出債権の証券化商品について，貸出した金融機関に売却制限を課す。サブプライムローンの貸出審査は自動審査ソフトによる甘い審査であった。この甘い審査による貸出は，証券化によって売却されることも

一因となって，急増したと見られる。貸出した金融機関には，一定比率（欧米では5％以上といった議論がある）の対象資産の保持を義務化する。

② 格付け機関の手数料を，格付けを取得する発行体から徴収することを規制する。今回の金融危機では，証券化商品への甘い格付けが背景となったことは否定できない。格付け機関が発行体から手数料を受け取る以上，投資家の観点との利害相反は不可避である。そこで発行体が直接格付け機関に手数料を支払うシステムを見直し，「プール制」にすることも一考である。発行体が，イメージとしては，格付け機関協会基金に支払う，といったスキームである。

③ CDSなどクレジット・デリバティブについては，取引所取引のインフラを早急に整備する。CDSなどが相対取引であり，価格形成が不透明であったことが，金融危機を深刻化させた。価格形成の透明化が必要である。またトレーディング目的でのCDS売買には，一定の規制が必要である。

④ SIVなど銀行の子会社はBIS規制上，連結対象子会社とする。SIV等については，銀行の与信枠が設定されている場合には，与信残高がゼロであっても，BIS自己資本比率規制のうえで，連結対象とすることを義務化する。

⑤ ヘッジファンドは登録制とし，最低限の情報開示を義務化する。銀行によるヘッジファンド向け投融資には上限規制を設ける。ヘッジファンドによる売買が一因となって原油価格が上昇し，世界的に実体経済に影響した。ヘッジファンド規制は必要であろう。

⑥ BIS自己資本比率規制で，トレーディング勘定でのリスク・ウエイトを引き上げる。金融危機で欧米銀行のレバレッジが極度に上昇した背景は，トレーディング勘定でのデリバティブ等の膨張にあり，この部分へのリスク・ウエイトが低いことは問題である。レバレッジ比率規制よりも，トレーディング勘定のリスク・ウエイト引上げが必要である。

多国籍化した巨大銀行は国家という枠組みを超えている。しかし規制は従来，国家単位である。BISのような，超国家的規制機関の強化も必

要である。

⑦ 金融機関のガバナンスには，英米などと日本では少なくない差異があろう。今回の金融危機で，英米の場合には，株主の利害とCEOなど経営者の利害は，株価とROEの上昇，CEOへの成功報酬やストック・オプションなどで，基本的には一致していた。その結果として，損失が拡大した可能性がある。他方，邦銀の場合には，依然として株式持ち合いが残り，株主のガバナンスには制約がある。こうした邦銀で金融危機の損失が小さかったことは，皮肉である。しかし，証券化商品で巨額の損失を計上した一部の銀行には，やはりガバナンスのあり方に問題があろう。金融損失が多かった地域金融機関の場合，持ち合い株主と見られる保険会社や地元企業が上位株主に多い。

　コーポレート・ガバナンスは，最終的には経営者の個人的資質といった見解がある。今回，サブプライム関係に手を出さず，損失を計上しなかった，JPモルガン・チェースのCEOジェイミー・ダイモンはリスク管理に厳格であった。他方，破綻したリーマン・ブラザースのCEOはトレーダー出身のリチャード・ファルドで，リスク管理には無頓着であった。こうした個人的資質の問題を規制の枠組みに取り込むことは難しい。しかし，少なくとも，CEOや頭取への権限集中を防ぐこと，任期制の導入，リスク管理部門の強化を義務化することが必要だろう。

⑧ 政策金融はセイフティ・ネットとして維持する。今回の金融危機で，日本では日本政策投資銀行や日本政策金融公庫，EUでは欧州投資銀行などが少なくない役割を果たした。市場による金融システムを補完する，セイフティ・ネットとして政策金融機関は維持されるべきであろう。ただし，大企業向け金融など民間金融で平常時に対応可能な領域は除き，また役員人事は民間出身者への公募とすべきであろう。

⑨ 時価会計への移行は不退転だが，金融商品の評価基準を明確化すべきであろう。国際会計基準への移行は，国際的な企業であれば，避けがたい。その場合，非上場の有価証券を時価（公正価値）評価するモデルが重要になろう。上場された証券の価格から乖離しないこと，また評価モデル

を変更できないこと，等が必要である。証券化商品，CDSなど上場されていない金融商品の評価モデルが鍵となろう。

　国際会計基準への移行で，含み益の益出しができなくなる，持ち合いができない，といった声がある。国際的な企業として生き残るのであれば，日本的慣行は通用しないのであり，中長期的には決別するべきであろう。

⑩　日本では所得1億円以上で，累進税率引き上げを強化すべきである。日本では給与所得で所得1億円を超過することは稀である。1億円以上の所得階層では，株式や不動産などの譲渡所得が中心となっている。この高額所得階層が10％の証券優遇税制で課税されるため，実効税率が低くなっている。所得1億円以上での所得税累進税率導入，証券優遇税制への所得制限が必要であろう。

　　（注）　政策提言は編者の個人的見解であり，執筆者の見解を代表するものではない。

平成22年新春

代田　純

目　次

はしがき ──────────────────────────── (1)

第1章　世界金融危機の構図 ──────────────── 1

第1節　はじめに ……………………………………………… 1
第2節　証券化商品の普及と拡大 …………………………… 2
　　1．証券化商品 …………………………………………… 2
　　2．モノライン保険会社 ………………………………… 4
　　3．SIV …………………………………………………… 6
　　4．ヘッジファンド ……………………………………… 8
第3節　巨大銀行のファンド化と金融緩和 ………………… 11
　　1．欧州系銀行の高レバレッジ ………………………… 11
　　2．なぜ高レバレッジとBIS自己資本比率が両立したのか…… 12
　　3．高レバレッジはROEを上昇させる ………………… 15
第4節　金融危機を促した背景 ……………………………… 16
　　1．金融緩和の背景 ……………………………………… 16
　　2．円キャリートレードの急増 ………………………… 17
　　3．ユーロ導入と低金利 ………………………………… 18
第5節　まとめに代えて ……………………………………… 20

第2章　金融危機と日本の株式市場 ──────────── 23

第1節　はじめに ……………………………………………… 23
第2節　外国人投資家の対日株式投資 ……………………… 24

1.　外国人投資家の実態は何か ……………………………… 24
　　　2.　外国人投資家の歴史 ……………………………………… 25
　　　3.　金融危機前は欧州系が中心 ……………………………… 29
　　　4.　欧州系の特質とは ………………………………………… 30
　第3節　SWF（政府系ファンド）の台頭 ………………………… 32
　　　1.　BRICS中心に原油消費が増加 …………………………… 32
　　　2.　ヘッジファンドが原油高を先導 ………………………… 33
　　　3.　産油国からイギリスへ資金流入 ………………………… 34
　第4節　サウジ，ノルウェーの資金運用 …………………………… 35
　　　1.　SAMA（サウジアラビア通貨庁）………………………… 35
　　　2.　ノルウェー銀行と公的年金 ……………………………… 37
　　　3.　ノルウェー公的年金とSRI（社会的責任投資）………… 39
　　　4.　ノルウェー公的年金は日本企業の隠れた大株主 ……… 40
　第5節　まとめに代えて ……………………………………………… 41

第3章　金融危機と企業買収 ──────────────── 43

　第1節　はじめに ……………………………………………………… 43
　第2節　市場化したM&A …………………………………………… 44
　　　1.　支配証券としての株式 …………………………………… 44
　　　2.　M＆Aの市場化 …………………………………………… 45
　　　3.　投資銀行とM＆A ………………………………………… 47
　　　4.　戦略的買収と非戦略的買収 ……………………………… 48
　　　5.　金融危機で土俵が崩壊 …………………………………… 49
　第3節　外資ファンドの躍進と撤退 ………………………………… 50
　　　1.　スティール・パートナーズとは ………………………… 50
　　　2.　明星食品 …………………………………………………… 51
　　　3.　ブルドックソース ………………………………………… 53
　　　4.　保有株の売却 ……………………………………………… 54

(12)

第4節　内向きになる日本企業 …………………………………… 57
　　　　1. ファンドの関与の仕方 ……………………………………… 57
　　　　2. 少数株主の視点 ……………………………………………… 58
　　　　3. MBOの隠された意図 ……………………………………… 59
　　　　4. 株式の持ち合い ……………………………………………… 60
　　　　5. 買収防衛策の導入 …………………………………………… 62
　　第5節　まとめに代えて…………………………………………… 63

第4章　金融危機とコーポレート・ガバナンス ───────── 67

　　第1節　はじめに ………………………………………………… 67
　　第2節　コーポレート・ガバナンスのパースペクティブ ………… 68
　　第3節　コーポレート・ガバナンスのシステム ………………… 70
　　　　1. コーポレート・ガバナンスの類型 ………………………… 70
　　　　2. トップ・マネジメントへの監視機能 ……………………… 73
　　第4節　アメリカ企業におけるコーポレート・ガバナンス ……… 75
　　　　1. 株式市場の構造変化 ………………………………………… 75
　　　　2. 機関投資家の台頭とコーポレート・ガバナンス ………… 78
　　第5節　まとめに代えて…………………………………………… 82

第5章　金融危機と企業金融 ─────────────────── 85

　　第1節　はじめに ………………………………………………… 85
　　第2節　金融危機と市場型金融の動揺…………………………… 86
　　　　1. 金融危機とCP ……………………………………………… 86
　　　　2. 金融危機と銀行貸出 ………………………………………… 88
　　　　3. 中小企業への緊急保証制度 ………………………………… 90
　　第3節　金融危機と大企業の資金調達…………………………… 91
　　　　1. 大企業の資金調達と歴史的経緯 …………………………… 91

(13)

　　　　2. 金融危機と日銀の危機対応オペ……………………………… 92
　　　　3. 金融危機と政策金融の活用 …………………………………… 93
　　　　4. 社債・株式発行額の回復 ……………………………………… 94
　　第4節　中小企業と市場型金融 …………………………………………… 98
　　　　1. 行政主導型CDOの動向 ……………………………………… 98
　　　　2. 中小企業と私募債 …………………………………………… 100
　　第5節　まとめに代えて ………………………………………………… 102

第6章　金融危機と時価会計 ─────────── 105

　　第1節　はじめに ………………………………………………………… 105
　　第2節　貸借対照表と損益計算書 ……………………………………… 106
　　第3節　国際会計基準（IFRSs）の広がり …………………………… 109
　　　　1. 世界への広がり ……………………………………………… 109
　　　　2. アメリカの対応 ……………………………………………… 111
　　　　3. 日本の対応 …………………………………………………… 112
　　第4節　金融危機と時価会計の見直し ………………………………… 114
　　　　1. 時価とは何か ………………………………………………… 114
　　　　2. 時価会計の景気循環増幅効果 ……………………………… 116
　　　　3. 緊急避難 ……………………………………………………… 117
　　　　4. 金融商品の会計処理の見直し ……………………………… 119
　　第5節　まとめに代えて ………………………………………………… 122

第7章　金融危機と証券化・金融工学 ───────── 125

　　第1節　はじめに ………………………………………………………… 125
　　第2節　デリバティブ …………………………………………………… 127
　　　　1. デリバティブの本質 ………………………………………… 127
　　　　2. スワップ─何故，デリバティブなのか？─ ……………… 127

第3節　証　券　化 …………………………………………… 128
　　　　　1. 証券化の本質 ………………………………………… 128
　　　　　2. CDO ………………………………………………… 129
　　　　　3. CDS（証券化とスワップの合成）とシンセティックCDO……… 131
　　　　　4. クレジットリスクの計測 …………………………… 132
　　　第4節　金融革新技術のサブプライムショックとの係わり ……… 134
　　　第5節　まとめに代えて………………………………………… 135
　　（補論）「金融工学」とは何か？…………………………………… 137

第8章　金融危機と財政政策 ━━━━━━━━━━━━━ 141

　　　第1節　はじめに ……………………………………………… 141
　　　第2節　各国の緊急経済対策 ………………………………… 142
　　　　　1. 概　　要 ……………………………………………… 142
　　　　　2. アメリカ・ドイツの緊急経済対策…………………… 144
　　　第3節　日本の緊急経済対策 ………………………………… 146
　　　　　1. "経済危機対策"の概要 ……………………………… 146
　　　　　2. 評価と留意点 ………………………………………… 148
　　　第4節　財政赤字の影響と出口戦略 ………………………… 149
　　　　　1. 財政赤字の拡大と懸念される問題…………………… 149
　　　　　2. 出口戦略 ……………………………………………… 151
　　　　　3. 日本における出口戦略の必要性……………………… 152
　　　第5節　まとめに代えて……………………………………… 155

第9章　金融危機と国債流通市場 ━━━━━━━━━━━ 159

　　　第1節　はじめに ……………………………………………… 159
　　　第2節　国債流通市場における外国人投資家 ……………… 160
　　　　　1. 国債（現物）流通市場における外国人のシェア ……… 160

2. 外国人による株式投資と国債投資 …………………………… 162
   第3節 外国人投資家による国債売買の特徴 ………………………… 163
           1. 外国人投資家による国債売買の年限別構成 ……………… 163
           2. 外国人投資家による政府短期証券売買の回帰分析 ……… 168
   第4節 外国人投資家による国債売買回転率 ………………………… 171
   第5節 まとめに代えて ……………………………………………… 173

第10章 金融危機と地域金融機関 ———————— 177

   第1節 はじめに ……………………………………………………… 177
   第2節 増加する地方債と銀行のシェア ……………………………… 178
           1. 地方債の引受先 …………………………………………… 178
           2. 地方債と外資系金融機関 ………………………………… 181
           3. 逼迫する地方財政 ………………………………………… 182
   第3節 地域金融機関から見た地方財政向け貸出と地方債 ……… 185
           1. 増加する地方公共団体向け貸出 ………………………… 185
           2. 地方銀行で高い地方債比率 ……………………………… 186
   第4節 地域金融機関を襲った金融危機 ……………………………… 188
           1. 上昇する預証率 …………………………………………… 188
           2. 地域金融機関と債券関係損失 …………………………… 189
           3. 地域金融機関と証券化商品 ……………………………… 190
   第5節 まとめに代えて ……………………………………………… 192

第11章 金融危機と所得格差問題 ———————— 195

   第1節 はじめに ……………………………………………………… 195
   第2節 税務統計とジニ係数 …………………………………………… 196
           1. 日本の税務統計 …………………………………………… 196
           2. 上昇するジニ係数 ………………………………………… 197

　　　　3. 弱まる所得再配分機能 ………………………………………… 198
第3節　株式キャピタル・ゲインの増加と証券税制の改正 ……… 199
　　　　1. 増加した株式キャピタル・ゲイン………………………… 199
　　　　2. 高額所得層と証券税制 …………………………………… 201
　　　　3. 最高所得層の税率は低下 ………………………………… 203
　　　　4. 最高所得層では株式等中心 ……………………………… 204
　　　　5. 証券界の主張 ……………………………………………… 206
第4節　最高所得階層での「累退税率」………………………………… 207
　　　　1. 1億円を超すと税率低下 ………………………………… 207
　　　　2. 給与所得には高税率 ……………………………………… 208
第5節　まとめに代えて………………………………………………… 209

あとがき ──────────────────────── 211

索　引 ──────────────────────── 213

(17)

第1章 世界金融危機の構図

第1節 はじめに

　2007年から2008年にかけて発生した金融危機は，世界経済を根底から震撼させた。2009年現在，その余波は継続している。そもそもの発生要因は，アメリカにおけるサブプライムローンの証券化商品であった。近年，アメリカでは住宅産業が景気を牽引する一産業となっていた。アメリカでは低所得者向け（移民が多いと言われる）に住宅ローンを貸し付ける住宅ローン会社や金融機関が，プライムレート（優遇金利）よりも高めの金利であるサブプライムで貸付をしていた。サブプライムローンでは多くが，当初数年間は固定金利であるが，その後変動金利に移行し，その際に金利は数％程度上昇した，と言われる[1]。

　サブプライムローンの借り手は所得水準が低い階層が中心であったために，住宅ローン金利の上昇に耐えられず，住宅ローンの延滞が多く発生した。このためサブプライムローンを証券化したMBSの価格が暴落した。そしてMBSやABSなどの投資家に大きな損失が発生した。MBSやABSは格付け機関によってAAA格などの高格付けを与えられ，ヘッジファンドやSIVと呼ばれた投資子会社のほか，巨大な多国籍銀行によって保有されていた。アメリカでのサブプライムローンであったが，証券化商品は欧州系など海外の銀行によって保有されていた。このためアメリカでの金融危機はEUなど欧州を含む世界的な危機へと広がり，深刻化した。

1

以下では2007年以降の世界金融危機において，米系の金融機関のみならず，欧州系の金融機関が深く関わっていることを明らかにする。ユーロ導入の過程で，ユーロ圏ではドイツと同じ金利水準で欧州中央銀行（ECB）の政策金利が統一されたこともあり，欧州では近年マネーストックの伸び率も高く，その分資金運用面で証券化商品に深く関わっていった。また日本でのゼロ金利政策の長期化や量的緩和政策のもとで，外銀在日支店が短期金融市場で資金を調達し，本支店勘定を増やしていったことも関連している。

　さらにドイツ銀行やUBS（ユニオン・バンク・オブ・スイス）など欧州系の巨大銀行は，金融危機前夜にはレバレッジを50～70倍といった異常な水準まで上昇させたが，BISの自己資本比率は11～12%とクリアしていた。レバレッジを抑制するうえで，BIS規制は抜け穴が多かった，と言えよう。BIS規制をかいくぐることで，欧米の銀行が金融危機を招いたことを以下で明らかにする。

第2節　証券化商品の普及と拡大

1．証券化商品

　住宅ローンを担保とする証券化商品をMBS（モーゲージ担保証券）と呼ぶ。広義ではMBSはABS（資産担保証券，住宅ローンも含む貸付資産を原資産とする証券）の一部である。しかし狭義には，ABSからMBSを除き，MBS以外のABSをABSと呼ぶ。この場合，ABSは主として，住宅ローン以外の貸付債権であるクレジット・カードや自動車ローン等を担保とするものを指す。これらの証券化商品の伸びは著しく，図表1-1が示すように，1996年に発行額は2,000億ドル前後（MBS,ABS合計）であったが，2006年にはABSで1兆2,000億ドル超，MBSで7,000億ドル超，合計で2兆ドル程度まで増加した。

　貸出債権（ローン）を証券化することは，貸出した金融機関にとって，貸出のリスクを売却することを意味する。貸出を継続すれば，貸出に伴うリスクを

第1章　世界金融危機の構図

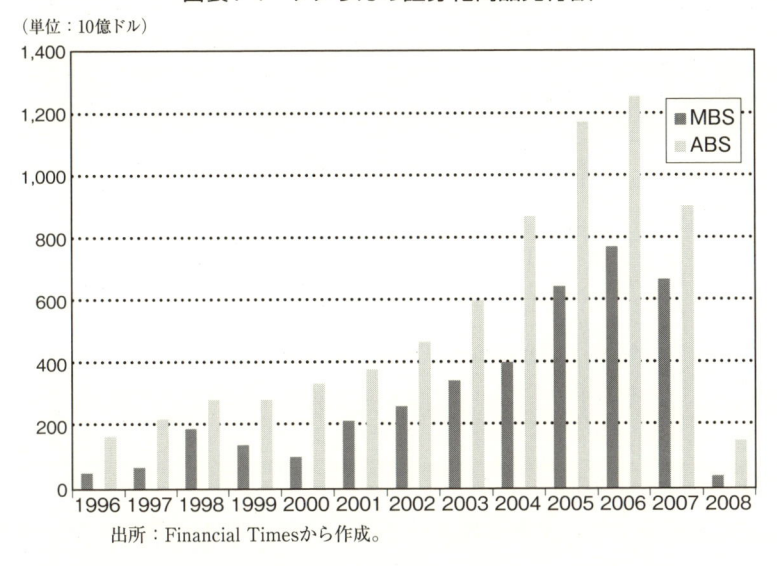

図表1-1　アメリカの証券化商品発行額

(単位：10億ドル)

出所：Financial Timesから作成。

金融機関は保持するが，証券化によって売却すればリスクも消え，貸出に伴う手数料収入だけが残る。こうして証券化というスキームは，本来的に貸出審査が甘くなる可能性を内包している。こうした証券化のなかで，中心は住宅ローンであり，なかでもサブプライムローンであった。

2005年にアメリカで証券化されたすべての住宅ローンを見ると，ローン合計額8,119億ドルに対し，変動金利が6,034億ドル，固定金利が2,085億ドルと，変動金利ローンが74.3％を占めていた。さらに変動金利ローンの内訳は，プライムが1,236億ドル，サブプライムが2,906億ドル，プライムに近いサブプライムが1,892億ドルと，サブプライムだけで変動金利ローンの48％を占めていた。したがって変動金利型のサブプライムローンだけで，証券化された住宅ローンの35.8％を占めていた。証券化された住宅ローンのなかで，サブプライムが少なからぬ比重を占めていた[2]。このことは，高リスクのローンが証券化の中心であったことを示す。

アメリカでは住宅購入者が借入する際に，住宅抵当借入会社（住宅ローンブローカー）が介在し，住宅購入者に金融機関等を紹介する。金融機関や住宅ロー

ン会社は住宅ローンを低所得者に貸し出した後，この貸付債権を投資銀行等に売却していた。投資銀行等は購入した住宅ローンを原資産として，証券化した証券化商品を作成した[3]。証券化商品の作成にあたっては，多くの住宅ローンが集められ，数学モデルが多用されることで，貸倒リスクが最小化されるよう工夫された。そこに格付け会社が高格付けによって，「保証書」を発行していたことになる。

住宅ローンを牛肉とすれば，MBSは多様な（高級から低級までの）牛肉から成る挽き肉（ミンチ）である。そして挽き肉をさらにハンバーグにしたものが，債務担保証券（CDO, Collateralized Debt Obligation）と呼ばれる[4]。しかしこのCDOにしても，そのポートフォリオの43％（2006年）がサブプライムから成っており，基本的にはサブプライムの加工であった。つまりCDOは低級品の合成であったことになる。

金融危機を通じて，大きな問題となったことは，格付け機関がサブプライムを含む，証券化商品にAAA格などの高い格付けを出していたことであった。大手の格付け機関としては，ムーディーズ（Moody's）やスタンダード＆プアーズ（S&P）などがよく知られている。

イギリスのFSAが金融危機について公表したレポートでは，相互連関した理由から，格付けシステムは今回の金融危機に深く関わっている，と指摘している[5]。

2. モノライン保険会社

またモノラインと呼ばれる金融保証会社がCDS（クレジット・デフォルト・スワップ）と呼ばれる保険商品を普及させた。モノラインとは，高い格付けを有する金融保証保険業務を専門に行なう保険会社である。モノラインはかつて地方債などの保証業務を主として手がけ，モノラインの保証によってアメリカの地方債市場では発行コストが低下していた[6]。

すなわちモノラインは高い格付けを背景として，地方債等の元利償還を保証し，万一デフォルト（元利の支払い不能）が発生した場合，発行体に代わり投

資家へ支払う業務をしていた。当初は，モノライン会社は地方債保証等を中心としていたが，低金利環境での利鞘（マージン）の伸び悩みから，1998年にABSやMBS保証のため，CDS業務へ進出した。CDSは債券のデフォルト（元利の支払い不能）が発生した場合の保険であり，モノラインによる金融保証保険業務と共通性もあるが，スワップであるから相手方にリスクが転嫁されることとなる。すなわち金融機関がモノライン会社からCDSを購入すれば，当該証券（参照証券と呼ばれる）のリスクは金融機関からモノライン会社に移行する。モノライン会社は2007年時点で，サブプライムローンが組み込まれたCDOに1,250億ドルのCDSを販売（金融保証）しており，これがモノライン問題の発端となった[7]。モノライン会社の格付けが低下すれば，モノラインが保証している広範な債券全般に影響が生じる（価格低下，金利上昇）リスクが高まるためであった。

　米国のモノライン保険業界は，大手4社中心に寡占化が進んできた。大手4社は，Ambac，FGIC（Financial Guaranty Corp.），FSA（Financial Security Assurance inc），MBIAである。地方債保証業務については，これら4社で82％を占めている。また証券化商品保証業務についても，やはり4社で59.4％を占めており，地方債ほどではないが，やはり寡占化が進んでいる。保証引受元本額で見ると，首位はAmbacであるが，上場企業である同社には主要な株主として，JPモーガン・チェースやシティバンク，フィディリティーなどが入り，金融機関系とみられる。Ambacは1971年以来，S&PからAAA格を維持してきたが，2008年6月にAA（ダブルA）格に引き下げられた。第二位のMBIAは，複数の保険会社の共同出資により1973年に設立されたが，現在は上場しており，投資会社ウェリントン・マネージメント・カンパニーが大株主となっている。同社はもともと地方債市場の保証業務で22.1％と高いシェアを有していた。MBIAも2008年6月にAA格に引き下げられた。保証引受元本額では，AmbacとMBIAが4社のなかでも120兆ドルを超す巨額の保証額に達している[8]。

　第3位はFSAであるが，99％の株式を欧州系のデクシア（Dexia，仏系）が保有している。デクシアは日本でも近年，地方債市場へ参入していたが，EUで公共債に強みを有しており，アメリカ地方債保証業務でもFSAを買収した

ものとみられる。FSAは地方債保証では22％と高いシェアを有している。第4位はFGICであるが，同社の大株主には住宅ローン保険のPMI,投資運用業のBlackstone,バンク・オブ・アメリカ，GEなどが顔を出している。

　以上のように見ると，モノライン保険会社は上場企業である場合も含め，保険会社や商業銀行，投資会社等の金融機関系であることが多い。モノラインはもともと地方債の保証業務をしていたが，証券化商品に進出し，さらに子会社によりCDSに進出した。CDSにより買い手は保証料（手数料）を支払うことで，デフォルト・リスクを売り手に転嫁できる。またCDSの参照証券を保有しなくとも，トレーディング目的でCDSを購入することもできる。CDSはサブプライム関連にも販売されていたが，モノライン会社のサブプライム比率（Subprime mortgage net par as % of total net par insured portfolio）はFGICで2.49％に達していた。サブプライム関連の保証額が保証額合計に占める比率としては小さいようであるが，モノライン保険会社はサブプライム関連で準備金を引き当てておらず，この点も懸念された要因である[9]。

3. SIV

　証券化商品の投資家としては，SIV（Structured Investment Vehicle），ヘッジファンド，商業銀行を含む金融機関等を挙げることができる。まずSIVについて検討する。SIVとは,1980年代後半にシティバンクが始めた投資子会社（当初は連結対象外）であった。これはBISの自己資本規制をかいくぐるスキームであった，とも言われている。しかし同時に銀行系のSIVの場合，銀行からの資金供与契約が付されており，銀行にとってのリスクが遮断されていたわけではない[10]。SIVの資金調達はミディアム・ターム・ノート（MTN）とコマーシャル・ペーパー（CP）が中心となっている。MTNはCPより期間がやや長めの中期社債に近い債券であるが，SIVによるCPはABCPと呼ばれる資産担保型のCPであった。ABCPとは，SIVが保有する証券を担保として発行するCPである。MTNもABCPも短期の資金調達手段であり，短期金利が低いなかで，SIVにとり有利な資金調達手段であった。近年，イギリスの民間による資金調達手段

において，MTNやCPがきわめて高まっていたが，その発行において金融機関の比重も高く，SIVによる発行増加も一因と推定される[11]。SIVについては，米銀がサポートする場合でも，ロンドンに設置される場合が少なくなく，ロンドンでの金融市場が資金調達上有利であったと推定される。

　SIVの資金運用はサブプライムなどの証券化商品が中心を成していた。格付け機関がサブプライム関係の証券化商品に高い格付けを出していたため，SIVの資産構成はAAA（トリプルA）格が68％（2007年現在）も占めていた[12]。資金運用サイドの格付けが高格付けであるため，SIVが発行するABCPもAAA格での発行が可能であり，低コストでの資金調達が可能であった。いわばSIVは短期性の資金を高格付けによる低コストで調達し，証券化商品で運用することでスプレッドを稼ぐビジネスモデルであった。短期金利が長期金利を下回る金利情勢であることが，このモデルの大前提であった。

　SIVの総資産は2003年には1,000億ドル程度であったが，2007年には3,000億ドル程度まで膨張していた。さらにイギリスの金融監督機関であるFSAが指摘するように，銀行以外の金融機関（SIV，投資銀行，投資信託等，別名「シャドー・バンキング」）が短期中心の資金調達・長期中心の資金運用といった構造を深め，結果として「市場に依存した流動性」といった状態をもたらした。こうした状態は平時においては問題が小さいが，ひとたび多くの金融機関が資金調達に向かうと，大きな問題が発生しやすい[13]。

　もともとシティバンクが開始したSIVであったが，欧州系銀行のSIVがきわめて多かった。欧州系銀行のSIVは多くの場合，ロンドンに拠点を置いていたようだが，これはやはりロンドンでは規制が甘く，銀行本体とSIVの関係がイージーであったことも一因と推定される。SIVは2007年に金融危機が発生する前には，世界で30強存在したが，破綻したSIV15のうち11が欧州系銀行のSIVであった。バークレイズ銀行（英），ザクセン・ランデス・バンク（独），IKB（独），香港上海銀行（英），ウエスト・ランデス・バンク（独），HSHノルド・バンク（独），Standard Chartard（英），Rabobank（オランダ），Societe General（仏）といった欧州系銀行のSIVが2007年の秋から冬にかけて，あいついで破綻した。サブプライムローンの証券化商品の価格が暴落し，ABCPが発行できなくなり，

資金繰りに窮したためであった。結果として，親銀行が緊急に救済融資することになり，親銀行の財務にも深刻な影響を与えた。なかでもドイツのウエスト・ランデス・バンク（WLB）はSIVであるHarrierに110億ドルの救済融資を実施したため，WLBにも大きな影響が生じた。いわゆるパリバ・ショック（仏パリバ銀行のファンドにサブプライム関連証券が含まれ，解約と償還が一時停止）が2007年8月9日であったから，以上のSIV破綻はパリバ・ショックに続いて年末にかけて連続して発生した。8月17日にはザクセン・ランデス・バンク（LBBW, Landesbank Baden-Wurttemberg）というドイツの州（公的）銀行本体が救済されることとなったが，8月上旬に系列のSIV・Sachsenが破綻し，20億ドルの救済融資をせざるをえなかったことが背景であった。

4. ヘッジファンド

　証券化商品（MBS，ABS，CDO等）の保有者としては，SIVとならび，ヘッジファンドが注目される。まずヘッジファンドとは何か，について明確にしておきたい。ヘッジファンドとは1990年代から増加したファンドで，ミューチュアル・ファンドなどの投資信託とは明確に区別される。図表1-2が世界のヘッジファンド残高を示している。1990年には389億ドルであったが，2000年には4,906億ドルに増加し，2008年6月には1兆9,300億ドルに達した。1990年代の後半に，LTCM（ロングターム・キャピタル・マネージメント）の破綻などで，一時的に伸び悩んだ時期もあったが，おおむね増加基調を続けてきた，と言える。近年では，年金基金や投資信託といった機関投資家がヘッジファンドを購入することが増加し，市場におけるプレゼンスを高めていた。アメリカで最大の年金基金として有名なCalpers（カリフォルニア州公務員年金基金）なども，債券や株式など伝統的な投資対象に代わる代替投資として，ヘッジファンドを購入している[14]。背景には，世界的な低金利により，債券・株式では運用利回りが低迷し，ヘッジファンドの高利回りが注目されることがある。

　ヘッジファンドの第一の特徴は，従来アメリカのSECに登録されておらず，結果として情報開示義務が免除されてきたことである。アメリカで代表的な投

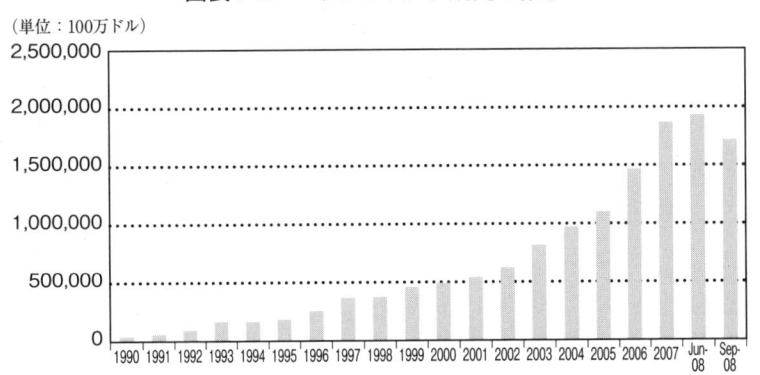

図表1-2　ヘッジファンド残高の推移

(単位：100万ドル)

出所：Hedge Fund Research, *HFR Industry Report-Year End 2007*から作成。

資信託であるミューチュアル・ファンドは公募証券であるが，ヘッジファンドは私募であり，SECへの登録の必要がない。この点は金融危機以降，規制を強化する議論が高まっており，情報開示を進めるべきといった議論もある[15]。第二の特徴は，ヘッジファンドは多くの場合，投資会社ではなく，リミテッド・パートナーシップの形態が多いことである。アメリカでは1940年に投資会社法が制定されたが，同法は所有が100名以下で，かつ証券の公募をしていない場合，投資会社ではない，と規定している。他方，ミューチュアル・ファンドは投資会社であり，会社として統治機構を備えなければならない。この場合，取締役の40％は投資会社と利害がない者で構成される必要がある。しかし，ヘッジファンドは会社ではなく（法人税非課税），パートナーシップであり，しかもパートナーですらファンドの運用に発言できない。結果として，ヘッジファンドではガバナンスがきわめて弱くなる[16]。第三の特徴は，ヘッジファンドはアメリカの投資顧問法でいう投資顧問ではなく，ファンドマネージャーが報酬規制を受けないことである。投資顧問法はパフォーマンス報酬を禁じている。ミューチュアル・ファンドでは株価指数との相対比較による報酬が支払われるが，ヘッジファンドでは絶対的な利回りを基準にパフォーマンス報酬が支払われている。第四の特徴は，ヘッジファンドでは出資者による資本金のほか，借り入れが大きく，レバレッジを効かせた運用がなされることである。IMFに

よると，ヘッジファンドのレバレッジは2007年夏の金融危機前夜には70倍程度まで上昇した[17]。結果として，借り入れの金利を上回る利回りが求められ，空売りなどハイリスクな運用スタイルがとられることになる。

　2009年時点で世界最大のヘッジファンドはアメリカのBridgewaterとされる。上位100のヘッジファンドによる総資産額は2009年に1兆300億ドルであり，1年前には1兆3,500億ドルであったから，平均して23.7％減少となった[18]。業界ランキング（資本金による）第二位のJPモルガン・アセット・マネージメントが資本金ベースで2009年に26.4％減少，ゴールドマン・サックス・アセット・マネージメントも29.5％減少となったが，これは業界平均を反映したものである。しかし他方で，1位のBridgewaterは7.2％増加，Brevan Hawardは27.8％増加，ソロス・ファンドも23.53％増加となった。したがってヘッジファンド全体としては，金融危機を契機に資産残高を減らしたが，個別では運用に成功しているファンドもあり，こうしたファンドでは資産残高や資本金を増やしている[19]。

　ヘッジファンドが全体としてABS CDO等を保有しており，証券化商品の価格下落によって大きな打撃を受けたことは明らかである。IMFによると，ABS CDOの保有者構成は2007年に保険会社が約10％，資産運用機関が約20％，銀行が約25％に対し，ヘッジファンドが約45％であった。内訳として，ヘッジファンド保有の約45％について，25％分はシニア（格付けA格〜AAA格），約8％分はメザニン（同BB格〜BBB格），約12％分がエクイティー物であった[20]。ヘッジファンドが証券化商品の大きな保有者であり，サブプライム問題で損失を被ったことは明らかであろう。

第1章 世界金融危機の構図

第3節 巨大銀行のファンド化と金融緩和

1. 欧州系銀行の高レバレッジ

　ABS CDOは相対的に利回りが高いこともあって，ヘッジファンドが多くを購入したが，欧米の商業銀行，ユニバーサル・バンクも少なからず購入していた。特に，欧州系の銀行もアメリカの証券化商品を購入していた。
　図表1-3は，主要銀行のレバレッジ（総資産残高÷Tier1＝レバレッジ）を示している。これによると，ドイツ銀行のレバレッジは2006年には46倍であったが，2007年には71倍にまで上昇した。またUBSについても同じく59倍から69倍へ上昇した。この他欧州系の銀行のレバレッジがおしなべて高いことがわかる。他方，米銀では20倍を超えるケースは少なく，15倍から20倍未満になっている。

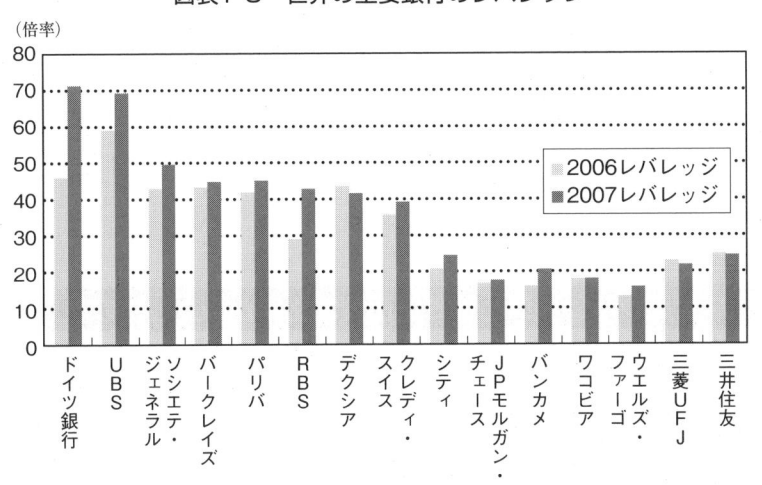

図表1-3　世界の主要銀行のレバレッジ

注：レバレッジ倍率＝総資産÷Tier1自己資本。Tier1はコアTier1（主として普通株と内部留保）以外に，優先株，少数株主持分，繰延税金資本等を含む。
出所：*The Banker*, July 2007, July 2008から作成。

スイスを代表する銀行であるUBSが2007年度の年次報告書で公表したところでは，総資産においてトレーディング勘定の有価証券が34.1%を占め，またこれとは別にデリバティブが18.8%あり，両者を合わせると52.9%に達している。他方で，銀行の伝統的な機能である貸出は総資産の14.8%に過ぎない。同銀行がトレーディング（売買）のために保有する有価証券は，ほとんどが米国のMBS等であった。負債・資本サイドを見ると，伝統的な資金調達手段である預金は28.8%に過ぎず，デリバティブが19.9%となっていた他，社債が9.9%，トレーディング勘定の証券が7.4%であった。またUBSは総資産の地域構成（2007年末）において，アメリカが50％超となり，スイスは10％未満，欧州・中東・アフリカは32％となっていた。すなわちUBSは多国籍銀行そのものであり，スイスの銀行といっても実質的にはアメリカで収益をあげていたことになる。そして資金調達においても，運用においても，デリバティブなど市場性資金の比重が高まっていた。

　こうした傾向は他の欧州系銀行にも共通しており，ドイツ銀行の総資産においても，トレーディング勘定の有価証券は22.3％，ほかにデリバティブが29.9％となっていた他，貸出は9.8％に過ぎなかった。また負債・資本サイドでも預金は23.1％に過ぎず，デリバティブが30.7％を占めていた。さらにドイツ銀行の純収入の地域別構成で，ドイツは25％（2006年）であり，アメリカは28.6％となっていた。欧州系の巨大銀行は資金調達と運用の両面においてデリバティブなどの比重を高め，ファンドと化し，多国籍銀行としてアメリカに収益の基盤を移していた，とも言える。

2. なぜ高レバレッジとBIS自己資本比率が両立したのか

　UBSやドイツ銀行に見られるように，トレーディング勘定の有価証券やデリバティブが総資産を膨張させた要因であり，このためにレバレッジが異常な水準まで上昇したと見られる。レバレッジが70倍ということは，単純に考えれば自己資本比率は1.4％程度となる。しかしUBSにしても，ドイツ銀行にしても，BIS自己資本比率は11.6～12％であり，BIS規制の8％を大きくクリア

していた。この点が問題であろう。

イギリスの金融監督機関であるFSA（Financial Services Authority）が発表したターナー・レビューでは，銀行勘定に比べトレーディング勘定で銀行の自己資本の必要性がきわめて軽減されたこと，その背景としてVAR（Value at Risk）によるリスク計測がリスクを縮小させたこと，を指摘している[21]。VARによるリスク計測では，過去の価格運動パターンの観察から将来のリスクが予測される。またトレーディング勘定では資産が急速に売買され，ポジションも解消されるため，リスクは低いとされた。そしてVARは民間の金融機関だけではなく，監督当局の手法にも大きな影響を与えた。BISの自己資本比率規制においても，VARによるトレーディング勘定評価が使われ，バーゼルⅠ（最初のBIS規制，1980年代後半から実施，その後1996年にトレーディング勘定など市場リスクに関し改定）において決められたが，その後のバーゼルⅡ（改定されたBIS規制，2007年以降に導入）においても変わらぬまま持ち越されてきた[22]。銀行勘定では貸出についてリスク・アセット・ウエイトが100%となるが，トレーディング勘定では上記の理由からリスク・アセット・ウエイトが非常に低くなり，自己資本の必要性も小さくなってきた。大枠として，BIS自己資本比率規制の計算式を示すと，以下のようになる。

バーゼルⅠでの自己資本比率規制

$$\frac{\text{Tier Ⅰ（資本）} + \text{Tier Ⅱ（劣後ローン，有価証券含み益等）}}{\text{リスク・アセット}} \geqq 8\%$$

リスク・アセット＝信用リスク＋市場リスク
　　　　　　　＝（国債等×0%）＋（銀行向け与信×20%）＋（住宅ローン×50%）
　　　　　　　　＋（企業向け与信×100%）＋市場リスク

バーゼルⅡでの自己資本比率規制

$$\frac{\text{Tier Ⅰ（資本）} + \text{Tier Ⅱ（劣後ローン，有価証券含み益等）}}{\text{リスク・アセット}} \geqq 8\%$$

リスク・アセット＝（国債等×0%）＋（銀行向け与信×20%）＋（住宅ローン×35%）
　　　　　　　＋（企業向け与信×20〜150%）＋市場リスク＋オペレーション・リスク

バーゼルⅠからバーゼルⅡにかけて，変化があった部分は，主として信用リスクに関する部分であり，銀行勘定に基づく貸出等に関する規定である。他方，市場リスクとは，トレーディング勘定など市場に係るリスクであるが，バーゼルⅠからバーゼルⅡにかけて大きな変化は見られない。1996年に導入された市場リスクに関する規定がバーゼルⅡでも存続している。

　第一の問題点として，証券化商品がAAA格に格付けされる場合など，自己資本計算式におけるリスク・ウエートは20%になってきた。バーゼルⅡにおいて，標準化手法（外部の格付け機関の格付け等を使用）と内部格付け手法が導入されたが，銀行がオリジネータであっても，投資家であっても，証券化商品のリスク・ウエートは20%とされた[23]。BIS自己資本比率は8%であり，20%というリスク・ウェートでは，実質1.6%の自己資本比率を意味する。BB+以下の格付けになると，証券化商品のリスク・ウエートは350%などと非常に高くなるが，銀行がこうした低い格付けの証券化商品を保有するケースはほとんど少ない。

　第二の問題点として，信用リスクについてはTier3というカテゴリーが認められていないが，市場リスクについてはTier3を算入することが2009年まで認められてきた。Tier1は株主資本と内部留保であり，中核的ではないTier1には優先株が含まれる。さらにTier2には劣後債が入る。そして市場リスクについては，Tier3として短期劣後債が認められてきた。ここで短期という期間については，当初の満期が2年以上とされている[24]。

　第三の問題として，デリバティブやCDS（クレジット・デフォルト・スワップ）の問題がある。銀行が外部から信用デリバティブを購入し，これが銀行勘定のヘッジとみなされれば，信用デリバティブはトレーディング勘定の市場リスクには算入されない[25]。またCDSについては，カウンターパーティー（相対の）信用リスクとして自己資本の賦課要因となるが，そのリスク・ウエートは5～10%とされている[26]。これも実質0.4～0.8%の自己資本比率を意味する。

3. 高レバレッジはROEを上昇させる

　近年，ROEが株主からの指標として重視されている。しかしROEは総資産利益率とレバレッジに分解され，レバレッジを高めることでもROEは上昇する。

$$\text{ROE}\left(\frac{\text{利益}}{\text{株主資本}}\right) = \text{ROA}\left(\frac{\text{利益}}{\text{総資産}}\right) \times \text{レバレッジ}\left(\frac{\text{総資産}}{\text{株主資本}}\right)$$

　したがって，総資産利益率が上昇しなくとも，レバレッジを高めることでROEは上昇することができる。ROEの上昇は，株主資本の有効活用の成果とされるが，半面において過小な株主資本と過大な負債によっても達成される。ターナー・レビューにおいても，UBSやドイツ銀行を中心として，2000年以降急速にレバレッジが上昇したが，それが負債におけるデリバティブの急増に起因していたことが指摘されている[27]。

　IMFによると，米系銀行のROEは2003年には15.3％であったが，2006年には13％と低下傾向すら示している。他方で米系銀行のROAは2002年から2006年にかけて1.3〜1.4％程度で推移している。米系銀行のROAは比較的高く，その一因は利鞘（net interest margin）が同時期に3.6〜4.1％と比較的高いことにあると見られる。米系銀行の自己資本比率（Equity capital/total assets）は9.8〜10.1％と比較的高く，欧州系銀行に比較してレバレッジは低い。したがって米系銀行は利鞘が高く，ROAが相対的に高いために，レバレッジが低くても，ROEは13〜15％であった。

　しかし欧州系銀行は利鞘が薄く，ROAも相対的に低いにもかかわらず，ROEは2002年の9％から2006年には14.8％まで上昇した。欧州系銀行の利鞘は0.9％（2006年）しかなく，ROAも同時期に0.4〜0.8％しかない。これは米系銀行が個人向け等で高い金利を維持しているのに対し，欧州系銀行は貸付金利が低いと見られる。しかし，欧州系銀行のROEは米系銀行とほぼ肩を並べる水準にあったが，それは低い自己資本比率と高いレバレッジに起因している。欧州系銀行の自己資本比率（Equity capital/total assets）は2.9〜4.1％しかなく，米系銀行の半分以下であった。すなわち欧州系銀行は低いROAを高いレバレッ

ジで補完して，米系銀行と同じ水準のROEを維持していた[28]。

　高レバレッジによって達成された高ROEは，株価に反映され，株主から歓迎されやすい。高ROEと株価上昇のもとで，経営者報酬は巨額に達し，またストック・オプションによっても報酬を得た。ドイツ銀行のファイナンシャル・レポートによると，ドイツ銀行の取締役報酬総額は3,318万ユーロ（2007年，うち2,883万ユーロが可変性の報酬），448万ユーロ（2008年）であった。取締役は2008年は5名であったが，2007年の1人あたり単純平均額664万ユーロを，1ユーロ＝135円とすると，日本円換算では8億9,586万円となる。可変性とはいえ，高額報酬であることは否めないであろう。

　金融危機前夜の欧州系銀行のレバレッジは50～70倍とヘッジファンドのレバレッジとほぼ同水準にあった。欧州では利鞘が小さいこともあり，商業銀行業務よりもトレーディング業務にユニバーサル銀行（ドイツ銀行，UBSなど）が傾斜していったと見られる。しかしその過程はレバレッジを高め，銀行がファンド化していく過程でもあった。

第4節 金融危機を促した背景

1．金融緩和の背景

　今回の金融危機の背景として，2000年以降の世界的低金利があったことは否定できない。2000年にアメリカの実質短期金利は4％程度であったが，2002年には実質金利は0％に近づいていった。アメリカの政策金利であるFFレートは2000年には6.5％であったものの，2003年には1％にまで低下し，インフレ率（GDPデフレーター）は1.7～2.4％程度であったためである。

　また欧米に向けて日本からゼロ金利政策によるゼロコスト資金が「輸出」されていたことが大きい。日本では2001年からゼロ金利政策がとられ，基準割引率（公定歩合から名称変更）が0.1％とされるとともに，政策金利である無

担保コールレート（オーバーナイト物）を実質ゼロとするように促された。さらに2003年4月から量的緩和政策がとられ，日銀当座預金残高という量的指標が目標とされ，国債買い切りオペにより当座預金残高は高水準で推移した。銀行など準備預金制度適用先にとり，準備預金（当座預金の主要部分を占める）残高が必要準備額を超過していれば，コール市場から資金調達する必要性はなくなる。このため日本のコール市場など短期金融市場は実質的に機能を停止し，麻痺状態となった。

2. 円キャリートレードの急増

　コール市場で主要な取り手であった都市銀行が調達額を著しく減少させていった一方で，外国銀行は調達額を急増させた。1995年に都市銀行は約33兆円コール市場で調達していたが，2006年には約5.3兆円まで減少させた。他方，外国銀行は1996年に約1.4兆円の調達であったが，2007年には約8兆円と都市銀行を上回った[29]。外国銀行がコール市場で資金調達を増加させた背景には，いわゆる円キャリー・トレードと言われる運用が関連していた。実質ゼロ金利で円資金を調達し，米ドルなどで運用すれば，為替リスクを除外すれば数パーセントの利鞘を抜くことができる。非常に高リターンの資金調達・運用の機会を，日本のコール市場が提供していた。同時に，円キャリー・トレードの動きは，円売り・ドル買いという外国為替市場での動きをもたらし，円安に為替レートをふれさせた。

　外国銀行の円キャリー・トレードは，外国銀行の本支店勘定増加も伴っていた。すなわち在日外銀の支店がコール市場などで資金調達し，外銀本店へ貸し付けるといったクロスボーダーの勘定である。在日外銀の本支店勘定における対外貸付は，次ページの図表1-4が示すように1996年には7兆円程度であったが，2006年には19.6兆円まで増加した。日本のゼロコスト資金は海外に「輸出」された。円資金の海外流出が多様な形態で，欧米における過剰流動性をもたらしたことは想像するに難くない。

　こうした日本からの資金「輸出」は別の面からも確認できる。国際収支表は

図表1-4　在日外銀本支店勘定と対外貸付・借入収支

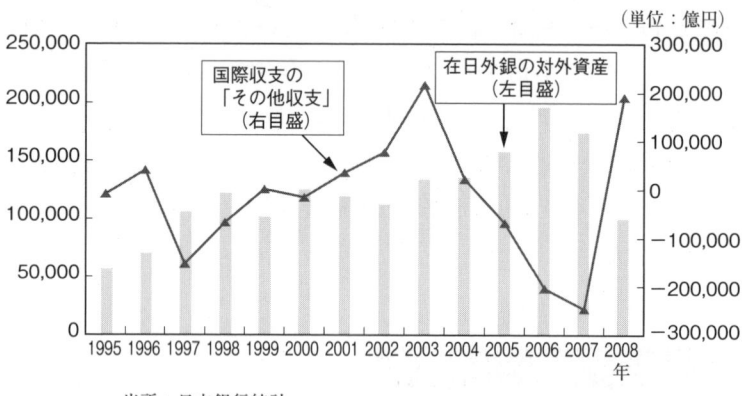

（単位：億円）

国際収支の「その他収支」（右目盛）

在日外銀の対外資産（左目盛）

出所：日本銀行統計。

経常収支と資本収支から成るが，資本収支は証券投資収支，直接投資収支，その他収支に区分される。「その他収支」とは，証券投資や直接投資に区分されない収支で，国際的な貸付・借入が中心となっている。この「その他収支」が図表1-4に示されるように，2005年の6.8兆円流出から，2007年には24.6兆円流出へと拡大していた。この金額はきわめて大きく，同時期の資本収支の動向を左右する要因となっていた。以上のように，日本からの資金流出が欧米での過剰流動性の一因となり，金融危機の背景ともなったと見られる。金融危機発生以降，日本に資金が還流することとなり，円キャリー・トレードの解消とともに円高要因となっていった。

3. ユーロ導入と低金利

　金融緩和はEUにおいても2000年以降進められた。そもそも1999年にユーロが導入された時，欧州中央銀行の政策金利は基本的にドイツ連銀の政策金利を引き継いだと見られる。例えばスペインの場合，インフレと高金利の国であり，1995年には政策金利は9％程度あったが，1999年に欧州中央銀行の政策金利が適用されたため，3％程度まで低下した。ユーロ導入以降，観光・リゾート産業が成長し，住宅（別荘）需要も強かったために，銀行貸出は著しく伸び

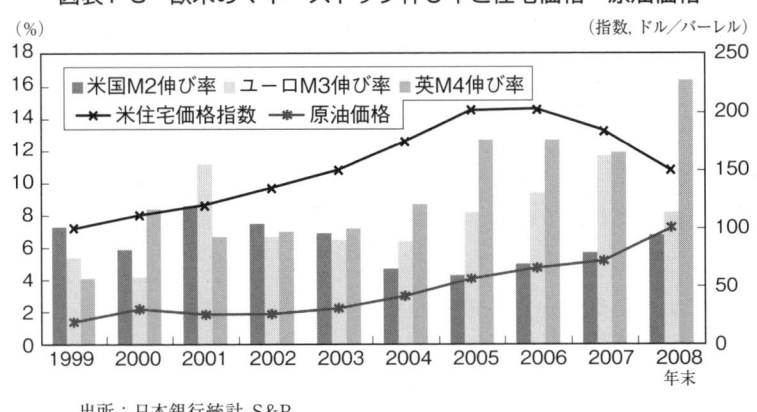

図表1-5 欧米のマネーストック伸び率と住宅価格・原油価格

出所：日本銀行統計，S&P。

た[30]。図表1-5はスペインを含むユーロ圏におけるマネーストック伸び率を示すが，ユーロ圏M3対前年比伸び率は2001年に11.2％，2006年に9.4％，2007年に11.7％と高い伸び率を示した。またイギリスのM4伸び率もきわめて高く，2005年と2006年にいずれも12.7％増，2007年に11.9％増，2008年に16.4％増となった。

アメリカにおけるM2伸び率は，むしろ欧州に比較すると，低めですらあった。アメリカでM2伸び率は1999年以降2008年まで10％を超えることはなく，2004年から2005年にかけては4％台であった。しかしアメリカでの利上げについては，「市場からの独立性」について批判されている。すなわち2002年以降の利上げ幅が0.25％刻みであったために，市場は利上げから受ける損失を最小化できた，といった批判である。この間，アメリカの住宅価格指数（ケース・シラー指数）は1999年の100から2006年には203まで上昇した。また原油価格は1999年における1バーレルあたり19.31ドルから，2008年には100ドルまで上昇した（いずれも図表1-5参照）。原油価格の上昇は，ヘッジファンドなど非商業部門の投機に部分的にせよ起因し，ヘッジファンドに銀行貸出が流れていたことも否定できない。こうした関連において，やはり金融政策の責任はまぬがれないであろう。

第5節　まとめに代えて

　以上で述べてきたように，今回の金融危機にはSIVやヘッジファンドといった金融当局が規制できない，新しいタイプの金融プレーヤー（シャドー・バンキング）が深く関わっている。また商業銀行や投資銀行がファンド化し，高いレバレッジであったことも明らかとなった。

　しかしこれらの問題がBIS規制をかいくぐり，いわば規制の抜け穴をついて発生した現象であることは共通している。BIS規制ではSIVは連結対象から当初はずれていたし，ヘッジファンドも規制対象外であった。また銀行もBIS規制によって，格付けが高ければ証券化商品のリスク・ウエートを低くできる，またCDSによってCDOをオフバランス化できる，といった盲点を利用してきた。BIS規制の再検討が必要である。2009年現在，レバレッジ比率規制の導入などが議論されている。

　また今回の金融危機で米系銀行が震源地とされることが多いが，むしろ欧州系銀行の高レバレッジやデリバティブ運用が目立った。欧州系銀行は預金と貸出の利鞘も小さく，商業銀行ビジネスの収益性が低い。したがってユニバーサルバンクとしては投資銀行ビジネスに傾斜しやすくなる。欧州系銀行は収益構成で欧州以外の比重が高まり，多国籍化を深めている。国家という枠組みを超える規制が求められている。

（注）
1) 進藤〔2008〕64ページ参照。サブプライムローンの与信にあたっては，ローンの大量かつ迅速な生産を可能とすべく，自動審査ソフトにより甘い審査が横行していた，と指摘される。この点は，江川〔2008〕23ページ参照。
2) 安岡〔2008〕4ページ参照。
3) これらとは別に，ファニーメイ（FNMA,連邦住宅抵当公庫）やフレディマック（FHLMC,連邦住宅金融抵当公庫）によるローンがあるが，これは適格ローンであり，信用度が高い。前掲進藤論文参照。日本の地方銀行が米国3住宅公社の証券化商品を保有しており，多額の損失を計上した（第10章参照）。
4) 滝田〔2008〕54ページ参照。
5) Financial Services Authority〔2009〕pp.76-79.
6) 江夏〔2006〕。モノラインは金融保証保険だけを専業としており，モノラインとして

の語源もこの点にある。
7) 安岡〔2008〕参照。大手投資銀行や金融機関がCDSを購入した背景には，CDOにCDSをつければ，評価損を計上しなくともよい，といった会計上のメリットが大きかった。さらにCDSをつけたCDOについては，バランスシートに計上しなくともよいことになっていた。この点は欧米銀行がBIS自己資本比率をクリアしつつ，レバレッジを高めた一因と見られる。
8) 日本政策投資銀行ニューヨーク駐在員事務所〔2004〕参照。
9) Standard & Poor's〔2007〕p.25.
10) 武藤・大和総研〔2009〕152～163ページ。
11) 代田〔2005〕52～53ページ，代田〔2009〕48～49ページを参照されたい。イギリス企業の証券発行は債券中心であるが，多くはCPやMTNであり，その発行は金融機関が中心である。
12) 進藤〔2008〕70ページ参照。
13) Financial Services Authority〔2009〕p.20.
14) *The Pensions & Investment*〔2009〕January 26, p.16. アメリカで上位200の確定給付型年金の総資産額は2008年9月末に3兆6770億ドルであるが，うちヘッジファンドが806億ドルを占めている。
15) *International Herald Tribune*〔2008〕December 23. SECは2004年に登録制を導入したが，2006年6月にワシントンDC高等裁判所はSEC規制が無効であるとの判決を下した。渋澤〔2007〕17～30ページ参照。
16) 代田〔2002〕89～94ページ参照。
17) IMF〔2008〕p.42.
18) *Institutional Investor*〔2009〕May, p.81.
19) ヘラルド・トリビューン紙によると，トップ25人のヘッジファンド・マネージャーの合計所得は2007年には250億ドル弱に達し，また2008年でも100億ドル程度であった。したがって金融危機後でも，1人あたり約400億円の所得となる（*International Herald Tribune*〔2009〕March 26）。
20) IMF〔2007〕p.15.
21) Financial Services Authority〔2009〕p.19.
22) Financial Services Authority〔2009〕p.58.
23) 北原〔2007〕55～68ページ参照。
24) 全国銀行協会〔2008〕18ページ参照。
25) 全国銀行協会〔2008〕174ページ参照。
26) 全国銀行協会〔2008〕180ページ参照。
27) Financial Services Authority〔2009〕p.19.
28) IMF〔2009〕。
29) 日本銀行〔2009〕177ページ参照。
30) 三菱UFJリサーチ＆コンサルティング〔2006〕参照。

（参考文献）
江川由紀雄〔2008〕「サブプライム問題と米国の証券化市場」『証券アナリストジャーナル』，3月号。
江夏あかね〔2006〕「地方債保証　米国市場の事例から考える日本の地方債市場への応用の可能性」日興シティグループ証券，9月15日。
北原一功〔2007〕「新BIS規制と証券化」，『証券アナリストジャーナル』4月号，55～68ペー

ジ。
渋澤健〔2007〕「ヘッジファンド規制と情報開示　続編」『証券アナリストジャーナル』2月号。
代田純〔2002〕『日本の株式市場と外国人投資家』東洋経済新報社。
代田純〔2005〕「公社債市場」『図説　イギリスの証券市場』，（財）日本証券経済研究所。
代田純〔2009〕「公社債市場」『図説　イギリスの証券市場』，（財）日本証券経済研究所。
進藤久佳〔2008〕「サブプライム問題の現状把握と将来展望」『財界観測』，新春号，野村證券。
全国銀行協会〔2008〕「自己資本の測定と基準に関する国際的統一化　—改訂された枠組—」5月23日。
滝田洋一〔2008〕『世界金融危機　開いたパンドラ』日本経済新聞出版社。
日本銀行〔2009〕『日本銀行統計』177ページ。
日本政策投資銀行ニューヨーク駐在員事務所〔2004〕「金融保証（モノライン）保険業界の概要」10月。
三菱UFJリサーチ＆コンサルティング〔2006〕『投資調査部内外経済マンスリー』9月号。
武藤敏郎・大和総研〔2009〕『米国発金融再編の衝撃』日本経済新聞出版社。
安岡彰〔2008〕「サブプライムローン後のウオール街」『知的資産創造』野村総合研究所，6月号。
Financial Services Authority〔2009〕*The Tuner Review, A regulatory response to the Global banking crisis*, March.
IMF〔2007〕*Global Financial Stability Report*, October.
IMF〔2008〕*Global Financial Stability Report, Financial Stress and Deleveraging*, October.
IMF〔2009〕*Global Financial Stability Report, Responding to the Financial Crisis and Measuring Systemic Risk*, April.
Standard & Poor's〔2007〕*Global Bond Insurance*.

（代田　純）

第2章 金融危機と日本の株式市場

第1節 はじめに

　2005年から2008年にかけて，日本の株式市場では外国人投資家の売買シェアが上昇した。この時期の外国人投資家の特質の1つは，とりわけ欧州系外国人投資家のシェアが上昇したことである。財務省統計で，国別に対内株式投資を見ると，欧州からの投資はイギリスに集中している。欧州系外国人投資家とは，実質的にイギリスの投資家を意味している。そこで問題は，「イギリスの投資家」とは何か，である。伝統的にはイギリスの海外証券投資は投資信託や年金基金が中心となってきた。しかし2005年から2008年にかけてイギリスの機関投資家（投資信託，年金基金等）は日本株を売り越し基調であり，当該期のイギリスからの対内株式投資を説明することは無理である。そこでイギリスの投資家として，ヘッジファンドとオイルマネーが注目される。ヘッジファンドは第1章でも検討してきた。そこで本章では，オイルマネーなど，SWF（ソブリン・ウエルス・ファンド，政府系ファンド）を中心に検討する。限られた情報からであるが，サウジアラビア通貨庁（SAMA）とノルウェー中央銀行等について以下で検討する。ノルウェー中央銀行はノルウェーの石油収入を公的年金に積み立て運用することを，財務省から委託されている。同行は情報のディスクローズも良好である。結論として，ノルウェー中央銀行は2006年における対内株式投資の一翼であったことを明らかにする。

SWFは多くが産油国の石油収入を背景としている。2007～2008年の原油価格上昇には，ヘッジファンドなど投機資金が深く関わっている。したがってSWFの資産増加は広い意味で金融危機前夜における金融肥大化の一環と考えられる。

第2節　外国人投資家の対日株式投資

1. 外国人投資家の実態は何か

　2005年から2008年にかけて，日本の株式市場において，外国人投資家の売買シェアが高まった。後述するように，2000年以降，外国人投資家の売買シェアは継続的に上昇傾向にある。しかし2005年には，委託売買代金における外国人投資家のシェアは45%前後まで上昇し，2006年には55%前後，そして2008年には60%を超えた。外国人投資家の地域別内訳を見ると，2005年から2008年にかけては，欧州の外国人投資家が中心となっている。

　欧州の外国人投資家としては，イギリスの年金基金や投資信託，独仏など大陸の投資信託などが従来からも大きな役割を果たしてきた。しかし2005年からの欧州系投資家の売買額増加は，年金基金や投資信託だけなど既存の投資家だけでは説明しきれない規模であった。そこで原油価格上昇に伴うオイルマネー流入，またヘッジファンドの増加が仮説として有力になった。

　問題は，オイルマネーにせよ，ヘッジファンドにせよ，情報がないことである。ロンドンに拠点を置くヘッジファンドとしては，マン・グループなどが有名であり，日本の株式市場でも売買しているが，情報が公開されていない。その他のヘッジファンドも私募であり，一般に動向は明らかにされていない。またオイルマネーも実態がほとんど不明である。これはオイルマネーと言われる産油国からの証券投資の多くが，富裕な個人とプライベートバンカーとの個人的な契約によるためであろう[1]。他方，石油収入に基づく公的な証券投資につ

いても，情報は極めて限定されている。例えば，クエート投資庁（KIA）は有力な産油国の投資家であるが，運用先はもちろんであるが，運用額も公表していない。

本章では，限られた情報という制約において，オイルマネーの動向を2005年から2009年にかけて解明する。以下では，欧州系外国人投資家の動向を踏まえて，2005年以降の動向がイギリスの年金や投資信託に起因するものではないことを指摘する。そしてサウジアラビア通貨庁（SAMA）やノルウエー投資基金の投資動向から，欧州系外国人投資家の動向がサウジアラビアやノルウエーなどオイルマネーによって部分的には説明できることを明らかにする。

2. 外国人投資家の歴史

外国人投資家による日本株投資は1960年代からの歴史がある[2]。第1次ブームは1961年から1962年にかけてであり，ソニーや本田など日本の成長企業が注目され，ADR（米国預託証券）がアメリカで発行された時期である。第2次ブームは1967年から1970年にかけてであり，日本がIMF8条国に移行することで対日株式投資が増加し，またOECD加盟によって先進国の仲間入りをした時期である。第3次ブームは1971年から1972年にかけての時期であり，スミソニアン協定が成立し，円高が進んだことで，為替差益の観点からも日本株投資が増加した。このように，1970年代末までに3回にわたる外国人の対日株式投資の高まりがあった。日本の高度経済成長や為替規制の緩和等が背景にあったと言えよう。

次ページの図表2-1は，1981年以降の委託売買代金における外国人投資家のシェアを「売り付け」と「買い付け」について示している。東証などのデータが継続して入手できる，最長期の期間である。基本的な特徴としては，1980年代以降若干の波動を伴いつつ，長期トレンドとしては，外国人投資家のシェアは上昇し続けてきた。しかし2009年以降，下降傾向に入った。

図表2-1において1981年から1982年にかけて上昇しているが，第4次ブームであり，オイルショックによりオイルマネーが対日投資を本格的に開始した

図表2-1　外国人投資家のシェア

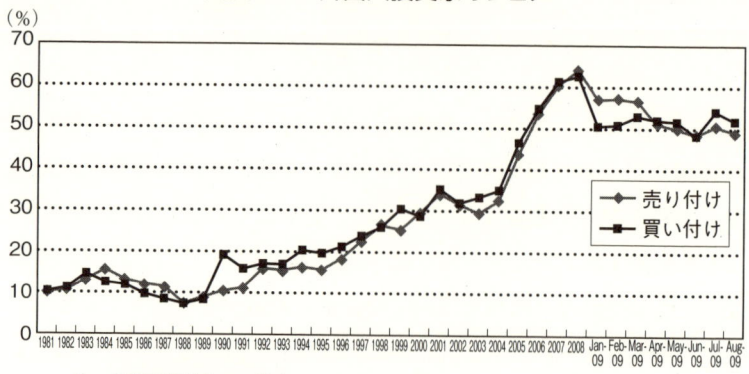

注：委託売買代金での比率。
出所：東証HP等から作成。

時期である。さらに1983年から1984年にかけての期間が第5次ブームとなる。1980年代後半は，国内投資家のシェアが高まったこともあり，外国人のシェアは低下した。しかし1990年にいわゆるバブルが崩壊し，国内投資家のシェアが低下すると，外国人のシェアは急速に高まった。1990年には日本を除いて世界的な株高であり，国際分散投資が開始され，第6次ブームとなった。日本では株価が低下したが，国際分散投資の観点からグローバルなポートフォリオに日本株も組み込まれ，外国人の買い付けが増加した。

　1991年から1993年まで外国人投資家のシェアは若干低下する。しかし1995年から1996年にかけて，再び外国人投資家のシェアが高まる。これが第7次ブームであるが，外国人投資家により日本での構造改革が期待されていた。橋本内閣による財政赤字削減や日本版金融ビッグバンなどによって，日本経済が復活すると期待されていた。1996年にいったん外国人投資家のシェアは低下するが，1997年から1999年にかけて継続的に上昇していく。第8次ブームは，IT革命と呼ばれるような，情報化関連企業が日米ともに注目されていたことを背景としていた。また日本では株式持合いの解消が続くなかで，外国人投資家がその受け皿となっていた。いわゆるITバブルの終焉により，2000年には外国人のシェアは低下する。しかし2001年から第9次ブームとなり，米国系ファンドなどによって，電機や薬品など収益性の高い企業が買われた。年金向けの投資信

託などもプレゼンスを高めたが，ヘッジファンドも増加したと言われる。こうして見てくると，2005年から2008年にかけての外国人投資家のシェア上昇は，歴史的には第10次ブームとなる。第10次ブームでは，外国人投資家のシェアが50％を超えるという過去最高の水準自体もさることながら，欧州系投資家のシェアが外国人のなかで過半を超えることも特質となっている。

　次ページの図表2-2で，地域別の外国人売買状況をみてみる。1980年代には，外国人投資家は欧州系が中心であった。イギリスのマーチャントバンク系など，欧州系投資家は19世紀以来の海外証券投資に長い歴史を有している。イギリスからの海外証券投資は国内が資金余剰で低金利となった19世紀後半に植民地公債投資などによって開始された。さらに第二次大戦後も，傾向的なポンド安によって海外証券投資は為替益の面からも優位性があった。こうした事情から歴史的に欧州系は海外証券投資のスキルで優れていた。他方，米系投資家が海外証券投資を本格化した時期は，いわば最近である。これは国内の社債市場などで運用対象がまかなわれてきたこと，またかつて中南米危機など海外で損失を被ったこともある。1980年代後半の売買代金シェアを見ると，欧州系が50％前後となっていた。ただし後述するように，この時期は大幅な売り越しという特質があった。

　1990年代に入り，米国系のシェアが傾向的に上昇してくる。これは米国国内の事情としては，団塊世代の退職時期が近づき，株式組み入れ型の投資信託やそれを購入する年金（いわゆる401Kタイプも含む）が増加したことが一因であろう。また1990年代後半にはIT景気を背景に，莫大な資金が投資信託などに流入し，国内では運用先が減り，外国株に向けざるをえなかった，とも言える。他方，日本では不況と不良債権処理問題が長期化し，株価は調整していたため，割安な投資対象と評価された面もあろう。1999年には米系投資家は年間6兆円という過去最高の純買い越しとなった。

図表2-2　地域別外国人売買状況

(％, 億円)

	米　国		欧　州		アジア		その他		総　　計	
1987	15.5	▲ 11,999	50.8	▲ 43,085	24.4	▲ 11,829	9.3	▲ 2,294	▲	69,038
88	14.4	445	49.2	▲ 4,234	24.8	▲ 231	11.6	4,809		789
89	17.2	4,182	47.5	▲ 16,727	22.4	4,871	12.9	▲ 357	▲	17,773
90	19.2	323	45.6	▲ 19,859	20.4	4,379	14.8	▲ 232	▲	24,147
91	20.5	17,418	45.5	22,279	24.3	11,970	9.7	5,241		56,907
92	22.3	6,961	43.0	1,861	25.9	1,378	8.8	▲ 1,045		9,156
93	29.0	8,504	39.2	1,746	24.1	2,748	7.7	1,428		14,425
94	33.0	17,140	43.5	16,896	17.0	5,855	6.5	1,904		41,796
95	37.6	23,993	40.9	14,925	16.5	2,548	4.9	227		41,692
96	34.2	9,049	42.2	20,545	19.6	4,150	4.0	66		33,811
97	38.3	11,071	40.1	10,959	17.3	▲ 5,080	4.3	▲ 2,198		14,751
98	43.5	9,140	37.4	▲ 9,754	16.3	▲ 1,730	2.8	▲ 559	▲	2,902
99	43.7	60,701	36.4	15,596	17.9	14,910	2.0	103		91,306
2000	38.7	▲ 28,449	37.9	2,189	18.7	4,113	4.6	▲ 1,451	▲	23,598
2001	38.4	40,183	36.8	▲ 11,097	19.5	▲ 498	5.2	▲ 4,550		24,039
2002	35.7	12,720	37.9	▲ 1,841	20.8	▲ 603	5.7	▲ 1,400		8,876
2003	29.5	44,151	47.3	29,635	20.1	7,682	3.1	817		82,285
2004	28.9	33,836	47.9	31,915	21.4	7,615	1.9	2,153		75,520
2005	27.6	54,564	47.0	36,976	24.4	10,552	1.1	1,911		104,005
2006	25.7	4,312	51.3	25,962	22.2	22,458	0.9	3,367		56,100
2007	25.2	26,652	48.4	8,144	26	18,944	0.5	967		54,707
2008	25.5	▲ 8,751	49	▲ 15,406	25.2	▲ 12,055	0.3	▲ 1,002	▲	37,215
2009・1	27.7	▲ 1,321	58.4	▲ 5,578	13.5	▲ 1,406	0.4	▲ 10	▲	8,297
2009・2	25.1	▲ 1,440	61.0	▲ 5,107	13.4	▲ 1,752	0.5	▲ 11	▲	8,310
2009・3	23.2	▲ 5,665	62.9	▲ 2,769	13.3	▲ 1,888	0.6	30	▲	10,291
2009・4	23.9	▲ 200	62.3	4,652	13.3	50	0.5	▲ 87		4,815
2009・5	26.5	1,507	58.9	2,620	14.2	602	0.4	▲ 25		4,704
2009・6	26.8	1,128	58.5	▲ 1,475	14.2	907	0.6	▲ 40		520
2009・7	26.1	2,691	59.5	6,545	14.1	339	0.5	▲ 43		9,532
2009・8	25.5	2,168	59.6	3,628	14.4	454	0.4	▲ 62		6,188

注：％は売買合計金額における地域別の構成比率。売買金額は純売買差額。
出所：東証HP等から作成。

3. 金融危機前は欧州系が中心

　こうした特質は2005年まで継続してきたが，米国系のシェアは2000年以降漸次的に低下してきた。対照的に欧州系投資家がシェアを上げてきた。そして2006年には欧州系のシェアは51.3％に達した。もっとも2005年に米系投資家の純買い越し額は5兆円を超えており，その存在は大きい。ただ2006年に入り，米系の買い越し額が4,312億円と縮小した半面，欧州系は約2兆6,000億円の買い越しであり，2006年に欧州系の外国人投資家が注目されることとなった。2007年には縮小したが，なお欧州系は8,144億円の買い越しであった。しかし2008年に入ると，欧州系も1兆5,406億円の売り越しとなった。欧州系投資家は2003年から2007年まで，毎年2～3兆円規模で買い越してきたため，売り越しに転じた時のエネルギーもまた強かった。2009年に入っても，欧州系による売り越し基調は継続している。2009年1月には5,578億円，同2月にも5,107億円の売り越しであった。

　しかし2009年には外国人全体として4月から8月まで買い越しに転じた（図表2-2参照）。特に2009年7月には9,532億円の買い越しとなった。7月の外国人買い越しは欧州系を中心としていた。こうして，金融危機後，株式市場には再生の気配も生まれている。

　最近の傾向として補足される点は，アジア系の動向である。2006年には買い越し額は2兆円を超え，最高額となっている。こうしたアジア系の買い越しは，華人系富裕層によるもの，また税制優遇からシンガポールに拠点を置くヘッジファンドの増加といわれる[3]。同時に後述するように，シンガポールなどのSWF（政府系ファンド）も可能性がある。また「その他」については，中東のオイルマネーが対日株式投資する場合に含まれるとされている。1980年代後半にオイルマネーが影響力を保持していた時期，「その他」の売買代金におけるシェアは11～14％台にあった。しかしその後，「その他」のシェアは低下しており，これは1990年代以降に原油価格が低下し，証券市場においてオイルマネーの影響が弱まったこと，ならびに2005年以降はオイルマネーはイギリス経由の対日投資が中心となったためと推定される。

4. 欧州系の特質とは

　次に欧州系外国人投資家の投資パターンを歴史的に振り返っておきたい。大きな特徴と考えられる点は，欧州系の売買シェアが高まった80年代後半には，日経平均は39,000円台まで上昇したが欧州系は売り越しであった。他方，2005～2006年は日経平均の上昇のなかで買い越しであった。換言すれば，1980年代後半には「逆張り」であったが，最近は「順張り」に変わっている。こうした「順張り」への変化は，すでに1990年代にも萌芽が見られる。1994～1996年に欧州系は買い越しとなっていたが，この時期株価は上昇傾向にあった。1998年に欧州系が売り越しに転じると，株価は下落し，1999年に買い越しに転じると，株価は上昇し，さらに2001年に売り越すと，株価は低下している。

　こうした「逆張り」から「順張り」への変化をもたらした要因は以下のように考えられる。第一に，1980年代後半までは国内投資家の売買が活発であったため，底値で買い，高値で売るといったパターンがとりやすかったことである。他方，1990年代以降には国内投資家の売買が細り，欧州系を含む外国人投資家の売買が株価を規定するようになったことである。第二に，インデックス運用の増加である。イギリスを拠点とするバークレイズ・グループなどはインデックス運用で非常に高い世界的シェアを有している。このためもあり欧州系の投資信託や年金基金などはインデックス運用を多く採用するようになっている。インデックス運用は市場追随型であり，売買が市場動向と同じになるとみられる。第三に，短期的な運用成績が求められるようになり，逆張りスタイルがとりにくくなったことが考えられる。年金や投信などの運用評価機関が多数誕生し，3ヶ月もしくは月ごとに運用成績を比較するようになり，逆張りなど長期的な運用スタイルはとりにくくなったと見られる。

　2005年から2006年にかけて外国人投資家全体と欧州系投資家の純買い越し額は増加した。買い付け代金における欧州系のシェアも2006年4月から同年12月まで50％を超え続け，同年9月には54％に達していた。一般に外国人投資家は夏前には売りやすい，と言われる。これは夏休みに入るまえに，株式を売却してリスクを軽減するためと言われる。逆に，1～3月には新年度入りに

伴って，買いが増加するといわれてきた[4]。しかし実際は2005年の場合，夏場に外国人投資家の買いは大いに増加した。また2006年も，欧州系投資家の買いは8月から9月にかけて増加した。さらに2006年の場合，1〜3月に買いが増えたとは言いがたい。

中東のオイルマネーは，ラマダン（イスラムの断食月）には買いを減らす，とも言われてきた[5]。ラマダンは9月下旬から約1ヶ月であるが，2005年も2006年も，欧州系の買い越しは9月と10月に増加しており，こうした見方も妥当していない。これは中東オイルマネーがラマダンに買い続けた可能性と，ノルウェーなど非イスラム圏のオイルマネーが買いの中心となった可能性と，2つのシナリオが考えられる。

以上で明らかにしたように，2005年の外国人買いは米系が中心であったが，2006〜2007年の外国人買いは欧州系が中心であった。以下で欧州系投資家の内実について検討してみる。まず欧州系の国籍であるが，これは財務省の統計で判明する。東証の統計では，「欧州系」や「北米系」といった地域別内訳であるが，財務省の統計では各国別に対内株式投資額が示されている。財務省統計の「欧州」については，2004年までが「EU」ベースであり，2005年からは「欧州」ベースである。このため，EU未加盟のスイスについて，「欧州」合計に影響している可能性がある。こうした前提であるが，2005年の場合で欧州からの対内株式投資6兆3,274億円のうち6兆2,186億円（98.3%）がイギリスからの投資である。また2006年でも同じく4兆6,033億円のうち3兆8,300億円（83.2%）がイギリスからである。ただし2008年については，欧州からの売り越し額は2兆8,757億円であったが，イギリスにフランスが匹敵している。このフランスからの売り越しについては，定かではない。しかし欧州系投資家とは，基本的にイギリスからの投資が中心と言えよう。

第3節　SWF（政府系ファンド）の台頭

1. BRICS中心に原油消費が増加

　2000年以降の世界経済で大きな変化の1つが，原油価格の上昇であろう。オイルショック時の1980年に，代表的な原油である「ドバイ」の価格は1バーレルあたり35.69ドルであったが，その後の需給緩和によって1998年には12.21ドルまで低下していた[6]。しかし1999年ごろから上昇傾向に転じ，2005年には49.35ドルまで上昇した。さらに2008年には94.34ドルまで上昇した。原油価格の上昇には，背景として複数の要因が指摘されている。イラク問題に代表されるような中東情勢の悪化による原油生産量の減少懸念，また中国のような新興国の経済成長による需要増加などである。

　実際，原油価格の上昇をもたらした背景として，これら2点は否定できない。まず中東地域における産油量であるが，2000年に2,352万バーレル（日量）であったが，2002年には2,162万バーレルへ減少した。これはイラク情勢などの悪化に起因するものと，政策的な減産に起因するものがあろう。しかし2008年には産油量は2,620万バーレルまで増加した。またロシアなどが産油量を大幅に増加させており，世界的な産油量は2006年までは増加した。しかし2007年には世界的な産油量はやや減少した。また中東の産油量も2007年に若干減少し，2006年の日量2,550万バーレルから2007年には2,517万バーレルへ減少した。中東の産油量減少は，投機資金が流入する原油市場で材料視されやすいと見られる。

　次に消費量であるが，やはり中国での消費量は近年急増している。中国の原油消費量は1995年に340万バーレル（日量）であったが，2005年には700万バーレル，2008年には800万バーレルとなっている。日本の2005年時点での消費量は536万バーレル，2008年では485万バーレルであるが，2003年に中国が日本の消費量を超えて逆転している。このほか，2005年現在で，ブラジルの消

費量が182万バーレル, ロシアが275万バーレル, インドが249万バーレルとなっており, 中国やインド, ブラジルなどBRICSの増加が目立っている[7]。こうした背景で世界の原油消費量は2000年の7,613万バーレルから, 2007年には8,488万バーレルへ増加した。

2. ヘッジファンドが原油高を先導

　以上のような原油のファンダメンタルな需給関係で原油価格が上昇したことは否定できない。しかしWTI（ウエスト・テキサス・インターミディエイト）で2001年に25ドル/バーレルであったものが, 2008年には100ドル/バーレルを超えており, 需給関係以外の投機的要因があったことは明らかであろう。ヘッジファンドなど投機的資金が原油価格を急騰させたと見られる。

　図表2-3はNYMEX（ニューヨークマーカンタイル取引所）における原油先物取引での大口投機筋（非商業筋, Non-commercial participants）のネット建玉と期近物終値を示している。原油先物取引の投資家別の建玉は, CTFC（米商品先物取引委員会）から公表されている。ただし「投資家別」は大きく3つに

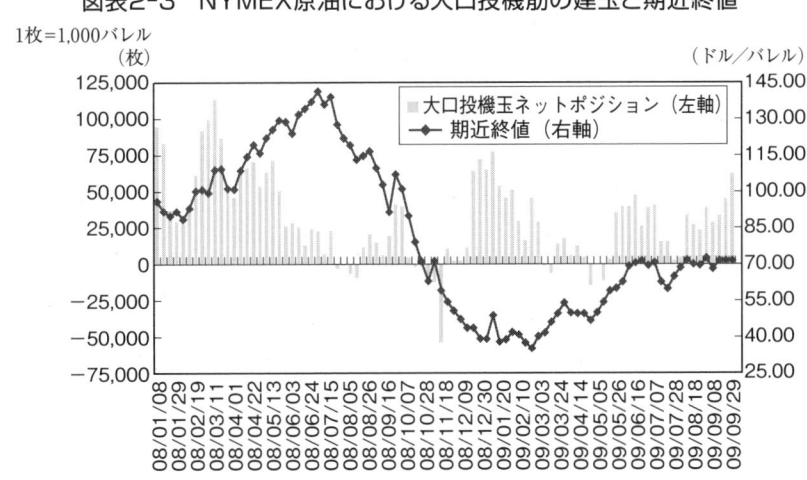

図表2-3　NYMEX原油における大口投機筋の建玉と期近終値

出所：《http://kanetsu.co.jp/futures/position/NYc-oil.html》から作成。

区分されている。大口投機筋とは非商業筋とも言われ，ヘッジファンドやブローカー＆トレーダーなど投機資金と言われている。この他，実需取引に近い投資家として，商業筋（Commercial participants）があり，コモディティ・ディーラーなどが区分される。この他に「非報告筋」がある[8]。図表2-3は，大口投機筋のネットポジション（買い越し玉—売り越し玉）を棒グラフで，原油先物価格（ドル/バーレル）を折れ線グラフで示している。大口投機筋のネット売買動向が原油先物におおよそで先行していることがわかる。原油価格上昇にヘッジファンドが影響してきたことは否定できないが，ヘッジファンドはレバレッジ比率が高く，商業銀行等から借入してきた。こうした関連で，原油価格上昇は金融肥大化の結果と言えよう。

　ヘッジファンドを一因とし，原油価格は上昇してきたが，これは中東など産油国経済を潤すこととなった。そもそも中東の産油国は，経済的な事情がかなり異なっている。1人あたりGDPを見ると，イランが1,750ドル，イラクが942ドルに対し，カタールが44,500ドル，クウェートが23,069ドル，UAEが22,643ドル，サウジが10,936ドルとなっている[9]。域内の経済格差は著しく大きいと言えよう。

3. 産油国からイギリスへ資金流入

　原油価格の上昇に伴い，豊かな中東諸国には膨大な石油収入が流入した。サウジの経常収支は2005年に871億ドルの黒字となり，その多くが国家財政に計上されるため，財政収支も577億ドルの黒字となった。さらに2008年には約1,500億ドルもの財政黒字となった[10]。この大幅な黒字は，国内のインフラ投資などにも支出されているが，少なくない部分が金融証券市場で運用されていると推定される。

　イングランド銀行は四半期ベースで，イギリスで営業する銀行の対外ポジションについて公表している[11]。これはイギリス（U.K.）で営業する銀行の対外的な貸出と債務（預金）の増減を地域別に示したものである。イギリスから見ると，海外からの預金受け入れは債務（Liabilities）の増加となる。したがっ

て一見すると，イギリスの海外からの預金受け入れは，イギリスの対外負債の増加となり，イギリスの国際収支が悪化しているかに見える。しかし，イギリスの国際金融センターとしての信頼から，海外資金が受け入れ先を求めて流入している。イギリスの対外債務増加は，国際金融センターという側面と表裏一体である。

イングランド銀行の対外貸出と債務の統計によると，途上国（Developing Countries）のなかではロシア，サウジアラビア，UAE，クウェートなどの産油国からの，イギリスへの預金流入（負債増加）が2005年以降目立って増加している。また先進国（Developed Countries）のなかでも，産油国であるノルウェーからの資金流入が増加している。

こうしたロシア，サウジアラビア，ノルウェーなどの産油国から，イギリスでの預金増加が2005年から2007年にかけて目立って増加した。この時期は原油価格が上昇した時期であり，OPECバスケット価格の3ヶ月平均で見ても，2005年1〜3月に43.66ドルであったが，2006年7〜9月には65.68ドルまで上昇した[12]。原油価格上昇と産油国からイギリスでの預金増加には，タイムラグがあると見られるが，2005年から2008年にかけて継続して原油価格が上昇しており，産油国からイギリスでの預金増加も継続している。

産油国からイギリスに資金が流入しており，このイギリスに流入したオイルマネーが，イギリスから日本を含む海外証券投資に向かった可能性は否定できない。一部は対米証券投資へ向かったと見られ，米国債やアメリカ株式を取得したと推定される[13]。しかし日本株に向かった部分もあると推定される。

第4節　サウジ，ノルウェーの資金運用

1. SAMA（サウジアラビア通貨庁）

オイルマネーの投資家として周知の存在が，サウジアラビアの中央銀行で

あるサウジアラビア通貨庁（SAMA）である。SAMAは1952年に設立された，サウジアラビアの中央銀行である。中央銀行であるから，サウジアラビアの通貨であるサウジ・リヤルの発券業務を担っている。しかし同時に本体勘定とは別の独立勘定で，石油収入の運用を委託されて，外国証券を含む証券等で運用している。

SAMAがホームページに掲載している，貸借対照表によると，本体勘定（政府および政府機関の預金が負債の中心）の資産総額は2005年には6,194億リヤルであったが，2008年12月には1兆7,100億リヤルまで増加した。サウジのリヤルをはじめとして，湾岸協力会議（GCC）諸国の通貨はドル連動となってきたが，切り上げ圧力が強まっている[14]。サウジのリヤルは2006年5月現在，3.7ドルとなっており，SAMAの資産総額は約4,621億ドルに達するものであり，大きい規模と言えよう。資産のなかで，最大の項目が海外証券投資であり，1兆1,542億リヤルに達している。SAMAは内訳を公表していないが，この海外証券投資の大半は米国債と言われている。米国債の海外からの国別内訳が米国から公表されている[15]。中東などオイルマネーは日本，中国と並び，米国債の主要な投資国である。

図表2-4は主要なSWF（ソブリン・ウエルス・ファンド）であるが，資産

図表2-4　主要なSWF

	ファンド名称	資産額（10億ドル）	設立	資金源
1	アブダビ投資庁	627	1976	石油
2	サウジアラビア通貨庁	431		石油
3	中国准金投資公司	347	1997	外貨準備
4	ノルウェー政府年金基金	326	1990	石油
5	シンガポール政府投資公社	278	1981	外貨準備
6	ロシア国民福祉基金	220	2008	石油
7	クウェート投資庁	203	1953	石油
8	香港金融管理局	193	1998	外貨準備
9	中国投資有限公司	190	2007	外貨準備
10	タマセク（シンガポール）	85	1974	外貨準備

注：2009年6月現在。
出所：《http://www.swfinstitute.org/fund》から作成。

額首位はアブダビ投資庁とされ，6,270億ドルと推定されている。SAMAはこれに次ぐ規模で，4,310億ドルとされている。SAMAホームページからの推計とおよそ一致する。また以下で取り上げるノルウェー政府年金基金も3,260億ドルで第4位とされている。

SAMAが本体勘定で保有している海外証券は，近年急増している。2004年には約2,000億リヤルであったが，2005年には約3,700億リヤルに倍増し，2008年には1兆1,500億リヤルを超えた。実質的に多くは米国債と推定されており，SAMAはアメリカ財政とドルを買い支える一因となってきた。

以上はSAMAの本体勘定であるが，これとは別にSAMAには独立勘定がある。これは公的年金の運用（Retirement Pension）と開発基金（Development Funds）の資金を受け入れて，運用している勘定である。この勘定の金額も大きく，2008年に6,315億リヤルである。うち4,648億リヤルが公的年金の運用であり，開発基金の運用が1,222億リヤルとなっている。独立勘定でも海外証券は2003年に1,405億リヤルであったが，2008年には2,276億リヤルに増加した。

2. ノルウェー銀行と公的年金

ノルウェーは欧州で有数の石油輸出国である。石油による外貨獲得によってノルウェー経済は潤ってきた。2007年1月にブルガリアとルーマニアがEUに加盟し，EU加盟国は27カ国となり，欧州地域の国家のほとんどはEUに加盟したが，ノルウェーは従来と同様に加盟する可能性はないと見られる。これはノルウェーが石油収入により豊かであり，EUに加盟する必要がないためと言われる。EUに加盟すると，EU財政への負担金を課されるため，豊かな国にとってはデメリットも発生する。またEUに加盟すると財政金融政策においてフリーハンドを失い，制約されることにもなる。こうした事情もあり，ノルウェーはEUに加盟していない。

ノルウェー政府は石油収入を公的年金に積み立てている。石油収入は公的年金の原資に積み立てられ，ノルウェー政府は公的年金の運用を中央銀行であるノルウェー銀行に委託している。このノルウェーの公的年金の資産残高は

2006年12月末で1兆7,837億ノルウェー・クローネであるが、2008年末には2兆2,750億ノルウェー・クローネまで増加した。1米ドルは約7ノルウェー・クローネ（2009年現在）であり、米ドル換算で3,250億米ドルとなる。これは世界最大の年金基金、少なくとも最大手の1つと言っても過言ではない。アメリカで最大の年金基金であるカルパース（CALPERS、カリフォルニア州公務員年金基金）でも2008年9月現在の資産総額は2,146億米ドルであり[16]、ノルウェーの公的年金が上回っている。また欧州で最大手のオランダ公的年金（ABP）やスウェーデンの公的年金よりも規模が大きい。ただしノルウェーの公的年金自身は、世界最大の年金は日本の公的年金であり、その資産総額は8,740億米ドル（1ドル110円で、約96兆円）としている[17]。しかし、日本の公的年金が国内債券、特に国債中心の運用であるのに対し、ノルウェーの公的年金は株式と債券の構成比がおよそ4対6とされてきたこと、また株式と債券に関わりなく、ほぼ全額が外貨建ての運用となっていることに特徴がある。他方、日本の公的年金の株式組み入れ比率は極めて低く、またカルパースも株式組み入れ比率こそ60％を超えるが、国内株が約40％と中心で、外国株は20％強である。したがって株式組み入れ比率が高く、海外での運用比率が高い年金基金としては、ノルウェーの公的年金は世界最大と言えるだろう。

図表2-5がノルウェー公的年金基金の資産残高を示しているが、石油収入を

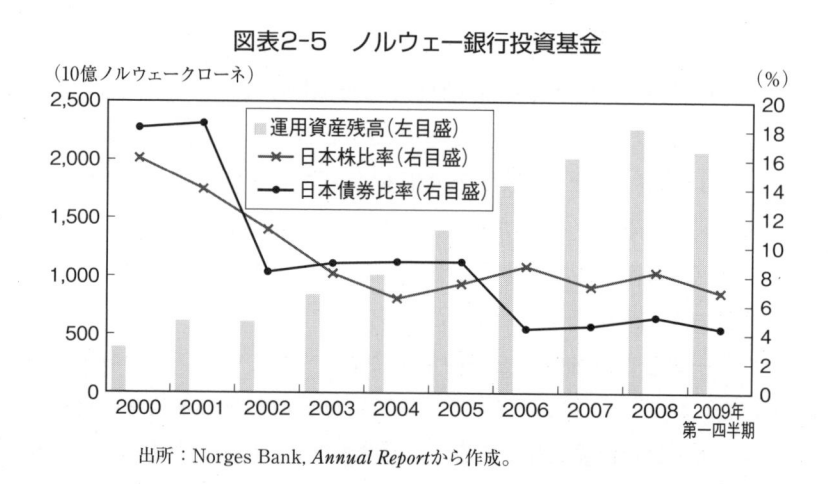

図表2-5　ノルウェー銀行投資基金

出所：Norges Bank, *Annual Report*から作成。

年金基金に積み立てているためもあって、2004年に約1兆160億クローネであったが、2006年には上記のように1兆7,837億クローネ、2008年には2兆2,750億クローネとなっている。ノルウェーの公的年金基金はオイルマネー関連としては、極めて投資情報がディスクロージャーされている。毎年のベンチマーク・ポートフォリオ（目標もしくは指標としてのポートフォリオ構成）が示されている。

　2000年には株式比率は40%あり、日本株比率は16.1%あったが（株式を100とする）、2004年には日本株の組み入れ比率は6.5%まで低下した。また債券での日本比率も2000年には18.2%あったが（債券100とする）、2004年には9%まで低下した。外部運用を委託する業者にも、株式については日本の証券業者は入っていない。

3. ノルウェー公的年金とSRI（社会的責任投資）

　2005年には、従来政府石油基金（Government Petroleum Fund）と呼ばれてきた基金が、正式に政府年金基金（Government Pension Fund）と名称変更された。日本株の組み入れ比率は7.5%へ引上げられ、債券の日本比率は9%で推移した。組み入れ比率としてはわずかであるが、資産残高が大幅に増加しているため、2005年に日本株はかなり買い越しになったと推定される。2005年には、ノルウエーの公的年金として投資を禁じた企業を個別で公表した。2005年8月には、クラスター爆弾の製造に関わったことを理由としてロッキード・マーチン（米）など7社が、2005年12月には核兵器製造に関与していることを理由にボーイング（米）など7社が挙げられている。こうした姿勢は、政府による公的年金の社会的責任投資方針として注目される。2005年には石油収入が大幅に増加し、2,203億クローネが政府から年金基金へ払い込まれた。2005年には株式を保有する海外企業3,452社のうち2,705社に、株主総会で投票している。日本については628社のうち619社（99%）で投票している。投票している案件は取締役関連が中心であり、特に取締役会の独立性を問題視している。

　2006年には公的年金による運用資産残高は1兆7,840億クローネとなったが、

前年度からの増加分は3,840億クローネであり，うち政府からの払い込み（石油収入）が2,880億クローネあった。したがって960億クローネが運用による増加分となる。ノルウェー中央銀行が運用している資金には，公的年金の他，外国為替準備金と政府石油保険基金がある。

　2006年には公的年金の資産残高も急増したが，株式と債券の比率は40：60に維持された。株式のうちアジア・オセアニア地域に15％が配分され，うち8.7％が日本株の組み入れ比率とされた。しかし債券については日本の比率は4.4％へと引下げられた。2006年に日本の債券の運用利回りはアメリカとならび，マイナスとなった。この利回り評価では，「カレンシー・バスケット（currency basket）」という合成通貨で評価されており，為替の影響は中和される。日本の場合，やはり低金利が大きいと見られる。

4．ノルウェー公的年金は日本企業の隠れた大株主

　2006年現在，株式の外部運用を委託している業者は27業者いるが，ガートモアやシュローダーなどイギリス系の業者が多数含まれている。したがって，ノルウェーの公的年金が，日本株に投資する場合にも，ロンドンから発注されている可能性は極めて高い，と言えよう。2005年から2006年にかけて，ノルウェーの公的年金は運用資産額を著しく増加させ，しかも日本株比率を引上げた。こうして，この時期に日本株にオイルマネーが流入したこと，その場合イギリス経由でノルウェーの公的年金が一部分であった，と言えよう。

　2009年第一四半期現在，ノルウェーの公的年金は資産総額が2兆760億クローネあり，この他に外国為替準備金が1,608億クローネ，政府石油保険基金が1,789億クローネ（2008年年末）となっている。

　なお，同年金はホームページ上で，すべての保有銘柄の時価総額，保有比率，投票権での比率を個別で開示している。2008年末現在，保有時価ではキヤノン15億クローネ，日本たばこ14.7億クローネ，三菱UFJフィナンシャル・グループ28.3億クローネなどは2006年より買い増しされている。しかし，みずほフィナンシャル・グループ11億クローナ（2006年現在22.2億クローネ），住友三井フィ

ナンシャル・グループ15.1億クローネ（同28.8億クローネ），トヨタ自動車29億クローネ（同31.4億クローネ）などは売り越されている。他方，保有比率では日本アジア投資（コード番号8518）3.95％（2006年現在3.5％），オリジン電気（同6513）3.9％（同3.2％），良品計画（同7453）3.5％（同2.9％），などが高くなっている[18]。保有比率が高い企業では，本来大株主として名義が出るはずであるが，『日経会社情報』では全くノルウェー公的年金の名義は出ていない。すべてカストディアン銀行の名義となっている。

第5節　まとめに代えて

　すでにわが国の株式市場で外国人のシェアが高まった時期は，金融危機前で10回目となっている。これは国際的な資金余剰や為替規制の緩和と廃止などを背景にしている。対内証券投資のなかでは，最近債券投資がやや増加する傾向にあり，公社債市場でも外国人投資家が注目されている。しかし最近まで，国債の保有シェアにおいても外国人のシェアは低かったので，やはり対内証券投資でも株式が中心となっていた。

　日本の株式への海外からの投資は，近年ではアメリカ系のシェアが上昇する兆しがある。しかしアメリカ系とならび欧州系のシェアが2005年から2008年にかけて上昇した。この欧州系資金はイギリスの年金基金や投資信託ではなく，オイルマネーがイギリス経由で日本株に向かったようである。オイルマネーとしては，SAMAなどが注目されるが，2006〜2008年の場合にはノルウェーのオイルマネーが一部分であったと見られる。

　金融危機前までの原油価格上昇はヘッジファンドが主導した部分が少なくない。ヘッジファンドはレバレッジ比率が高く，銀行からの借入を増加させていた。こうした関連では，原油価格上昇とSWFの資産額増加も金融危機前夜の金融肥大化を反映したものであった。

(注)
1) 吉田〔2006〕74～81ページは，サウジ財政の石油収入と鉱物輸出額の差額が100億ドル以上あり，これが王族等の個人所得と推定している。
2) 保田〔1995〕〔1987〕〔1998〕を参照。
3) 日本経済新聞，2007年1月20日付。
4) 日本経済新聞，2006年9月10日付。
5) 日経金融新聞，2006年9月27日付。
6) 原油価格は，*BP Statistical Review of World Energy*, June 2006を参照。以下，原油に関するデータもBP資料を参照した。
7) ロシアだけは1995年での303万バーレルから低下している。したがってロシアが増産した産油量は輸出され，外貨獲得に向かったと推定される。
8) *Interim Report on Crude Oil, Interagency Task Force on Commodity Markets, Interim Report of the ITF*, July 2008
9) 大工原〔2006〕24～30ページを参照。
10) *Institutional Investor*, February 2009.
11) Bank of England Statistical Release, *External Business of Banks Operating in the UK*《http:www.bankofengland.co.uk/statistics/ebb/current》。
12) OPECのH.P.に掲載されているSpot OPEC Reference Basket Pricesの月次データから3ヶ月平均（単純平均）を算出した。
13) 日本経済新聞，2007年1月10日付。
14) 日経金融新聞，2006年5月17日付。GCC諸国通貨は2010年に通貨統合を計画している。
15) 小西〔2007〕を参照。
16) *Pension & Investment*, January 26, 2009.
17) *Annual Report 2006*, Norges Bank Investment Management, p.20.
18) ここでの記述は，《http://www.norges-bank.no/》に掲載されているレポート等に基づく。

(参考文献)
大工原桂〔2006〕「中東産油国：オイルダラー活用で石油依存体質から脱却を」『国際金融』1166号，7月1日。
小西宏美〔2007〕「米国債と外国人投資家」代田純編著『日本の国債・地方債と公的金融』税務経理協会。
保田圭司〔1995〕『外国人投資家』日本経済新聞社。
保田圭司〔1987〕『国際機関投資家』日本経済新聞社。
保田圭司〔1998〕『グローバル・マネー』徳間書店。
吉田健一郎〔2006〕「オイルマネーの構造と行方について」『国際金融』1170号，11月1日。

(代田　純)

第3章 金融危機と企業買収

第1節 はじめに

　2000年以降の日本の株式相場を振り返ると，企業の合併・買収（M&A）の触媒として，内外の投資ファンドが可能性を試した時期だったと考えることができる。2007年に日本企業が関係するM&Aの総件数のうち，14.9%に当たる401件に，投資ファンド[1]が関与していた。しかし，同年の金融危機の到来とともに，投資ファンドの活躍の場は徐々に狭まり，2009年には株式市場であまり話題にならなくなった。

　投資ファンドの退潮に合わせ，外国人の株式保有比率も2007年度を境に低下に転じた。東証1部上場企業でも，外国人の株式保有比率が20%以上の企業は，2007年に全体の27%を占めていたが，2009年には21%まで減少した。一時，多くの企業の株式を保有して，企業経営者を身構えさせたアクティビスト（行動する株主）系の投資ファンドも，保有株の大半を売却し，戦線を大幅に縮小している。

　ただ，日本の企業経営に与えた影響は大きく，約3,800の上場企業の1割強が買収防衛策を導入した。企業からの要請もあって，新たな法整備も進められた。その多くは，投資ファンドによる大量の株式買い集めをけん制することを主眼としたもので，こうした流れは海外から「内向き」と受け止められ，外国の一般の機関投資家からも「日本企業の株式は積極的に買いにくい」という批

判を招いた。

　日本が国際的な金融センターになる可能性も遠のいたように見える。M&Aが活発化すれば，世界的な投資銀行，法律事務所，会計事務所などがビジネスチャンスを求めて，日本の事業を増強する可能性がある。しかし，現実には投資銀行などでも「日本に勤務をしたい」という外国人のエキスパートが減っている。M&A案件の少ない日本で何年か過ごすことは，自らのキャリア形成の障害になるとして敬遠されているのである。

　今後，金融危機が克服されれば，世界的には再び，投資ファンドの動きが活発になる可能性がある。しかし，「閉鎖的」との印象が広がった日本に，投資ファンドが再び目を向けるとは限らない。国際金融センターの地位を周辺国に奪われることになれば，いずれ，日本企業のファイナンス力の低下，つまり，有利な条件で機動的に資金調達をする能力の衰退という問題を招く恐れもある。

　本章では，まず，ここ数年の投資ファンドの戦線の拡大と縮小の経緯を振り返る。次に，ある米国系アクティビストファンドを題材に，日本市場でどうビジネスを展開してきたのかを検証する。その次に，日本企業の対応ぶりを示しながら，急変する国際金融市場のなかで，日本企業がファイナンス力を維持するにはどうすればよいかを考察する。

▼第2節　市場化したM&A

1. 支配証券としての株式

　企業同士，あるいは企業と銀行間の株式持ち合いの解消に伴い，2000年ごろから，市場での単純な売買による値上がり益や，保有による配当を享受するのとは異なる動機で，株式を取得する投資家が目立ってきた。株式には利潤証券，支配証券，物的証券の3つの側面があるが，このうちの支配証券，つまり，経営参加できる権利に積極的に価値を見出し，株式を大量に仕込んでは，売却

先を探る動きが広がったのである。

　具体的な事業を展開している企業の経営陣が，相手企業の経営陣の合意を得たうえで株式を取得し，傘下に収めるといういわゆる友好的な戦略的買収は，以前から存在した。しかし，この取引は一般に企業自身が主導しており，仕掛け人の投資ファンドが利益を上げたり，投資銀行が巨額の助言報酬を受け取ったりしたわけではない。

　2000年以降の特筆すべき動きは，この戦略的買収に介在する投資ファンドの台頭である。具体的な投資行動は個々のケースによって異なるが，基本的には収益力や技術力，保有資産の価値などから見て，市場で割安に評価されている企業の株式を経営陣の承認を得ないままに大量に買い集め，その企業を戦略的に買収しようとする別の企業に転売するのである。

　例えば，元通商産業省（現・経済産業省）官僚の村上世彰氏は，内外の投資家から資金を集めて，1999年に全体として「村上ファンド」と総称される投資事業組合群を設立し，株式をさまざまな手法で買い集めた。一例をあげると，そのなかの1つに阪神電気鉄道株があったが，結局，阪急ホールディングスが阪神を買収する呼び水となり，最終的に村上ファンドは2006年6月に阪神株を阪急側に売却して，利益を上げた。

2. M&Aの市場化

　このようにファンドが介在して大量の株式が動く企業の合併・買収（M&A）を，専門家は「M&Aの市場化」と呼んでいる。そして，米国の低所得者向け住宅融資（サブプライムローン）の焦げ付き急増に端を発した世界の金融危機が起きる前には，世界の金融市場に，もっとリスクを取ってでも利益を上げたいという投資家の資金があふれ，ファンドも比較的容易に設立できたのである。

　トムソン・ロイターによると，世界のM&A金額は2006年に3兆8,000億ドルと，情報技術（IT）株ブームで膨らんだ2000年の記録3兆4,000億ドルを6年ぶりに上回った。さらに，2007年4〜6月期には3カ月で1兆5,500億ドルと，4半期ベースの最高額を記録した。その後，金融危機を背景に急減したが，そ

図表3-1　世界のM&A金額

（単位：兆ドル）

凡例：中東・アフリカ／日本／アジア・大洋州／欧州／米州

注：2009年は1〜6月，完了ベース，トムソン・ロイター調べ。

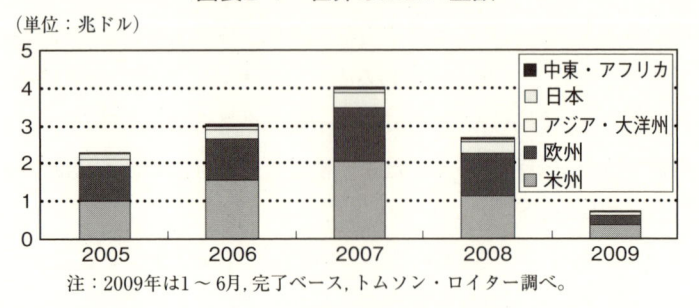

図表3-2　日本企業に対する投資会社のM&Aの推移

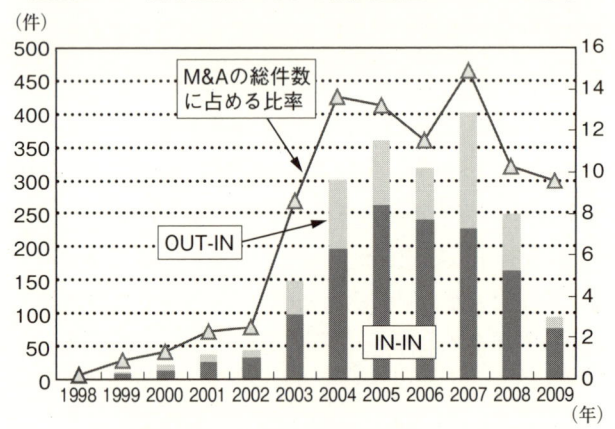

（件）

M&Aの総件数に占める比率

OUT-IN

IN-IN

注：レコフ調べ。IN-INは国内同士のM&A，OUT-INは海外から国内へのM&A。2009年は1〜6月。

　れでも2007年の年間実績は06年を24.2％上回る4兆4,800億ドルに達した（図表3-1）。

　投資助言会社レコフによると，日本企業が関係するM&Aで，投資ファンド（投資回収を目的とした事業会社も含む）が関係した案件数は，2007年の401件がピークだった（図表3-2）。これは同年の日本企業のM&A全体の14.9％を占めていた。中期的に見ると，2003年（149件）ごろから目立って増え，2004年から2007年までは，年間300件以上で推移していた。日本の株価の上昇局面とほぼ一致している。

M&Aに関係する投資ファンドといっても，実態は多種多様だ。村上ファンド，スティール・パートナーズ，ザ・チルドレンズ・インベストメント・ファンド（TCI）など，派手な活動で名が知られるようになったアクティビストファンド[2]だけではない。多くの外国のファンドが日本に進出し，企業経営者にさまざまなかたちで働きかけ，その一部はM&Aなどに結びついてきた。M&Aに関係する投資ファンドは，ほかにも「バイアウトファンド」「再生ファンド」「プライベートエクイティ[3]」などがある。

3. 投資銀行とM&A

　M&Aに投資ファンドなどが関係せず，経営者同士がお互いに合意して合併や買収などの経営統合を模索していた時代から，投資銀行（法人向け証券会社）はM&Aのあっ旋や助言で手数料を受け取るビジネスをしていた。現在は，証券会社の正規の業務として助言手数料を得ているが，昔はM&Aを実施すれば，大量に株式が移動するため，証券会社は株式の委託売買手数料という名目を利用して，M&Aをアレンジした報酬を受け取っていた。

　投資ファンドがM&Aの触媒役になり，M&Aが市場化するとともに，投資銀行の役割は大きくなった。M&Aの回数が大幅に増え，規模も大きくなって，投資銀行が受け取る手数料収入も膨らんだ。買収が友好的でも，価格などの買収条件を決めるにあたっては，双方が投資銀行を財務アドバイザーに立てた。敵対的買収に発展するようなケースでは，攻める側と守る側のそれぞれに，助言役としての業務が出てくる。買収資金の調達にも，証券の引き受けというかたちで，投資銀行は積極的に関与した。

　2005年にライブドアがニッポン放送の株式を大量に買い集めたときには，リーマン・ブラザーズ証券が転換価格下方修正条項付の新株引受権付社債（MSCB）800億円の発行をお膳立てした。ライブドアの株式買い集め行為が，東京証券取引所の時間外取引を利用した意表を突くものだったこともあり，MSCBの引き受けで100億円前後の利益を上げたリーマンの行為も一部で批判を招いたが，投資銀行の業務として法律に抵触したわけではない。

米国の情報会社ブルームバーグニュースの集計では，2006年に世界の投資銀行がM&A助言業務や株式・債券の引き受けで受け取った手数料の総額は710億ドル（約8兆4,000億円）と，前年の531億ドルから34%増え，同社が集計を始めた1999年以来で最高だったという（2007年3月1日付の同社報道に基づく）。
　その後，同社からの報道はないが，M&A金額が図表3-1のように推移している点から判断すると，M&A関係の手数料の総額は2007年上期（1～6月）にかけてさらに増え，その後は減少に向かったと思われる。

4．戦略的買収と非戦略的買収

　M&Aの市場化は，非戦略的な買収の増加を意味する。非戦略的といっても戦略が伴わないあてずっぽうの買収という意味ではない。具体的な事業をしている企業が同業他社を買収すれば，事業上の相乗効果も期待できるが，投資ファンドによる買収では事業上の相乗効果が期待できない。この点を指して，非戦略的と呼ぶのである。経営権を握ったファンドが経営陣を送り込んで，より効率的な経営に向けてリーダーシップをとることもあるが，その目的は，原則として買収後に企業価値を高めて他社に高く売却することである。非戦略的買収を実施する主体は，フィナンシャル・バイヤーと呼ばれる。
　これに対して，戦略的買収とは一般に，事業上の相乗効果を求めて実施する。例えば，銀行が証券会社を買収すれば，これまでになかった商品を顧客に提供できたり，銀行の取引先企業が証券を発行して資金調達をする際の手伝いがしやすくなったりする。正社員の解雇への制約が大きい日本では実施しにくいが，買収後に重複する部門の従業員を削減することも，株主から見れば，経営効率を高める重要な戦略である。戦略的買収を実施する主体は，ストラテジック・バイヤーと呼ばれる。
　理屈のうえでは，同じ企業を買収するにしても，相乗効果が期待できる分，戦略的買収のほうが非戦略的買収よりも，相手企業の株式を高く評価する余地がある。だから，投資ファンドは対象先企業の同業他社など戦略的買収者に高く売ることを期待して，市場で株価が安く放置されていると思われる企業を懸

命になって発掘するのだとも言える。

5. 金融危機で土俵が崩壊

ところが，2007年夏に米国のサブプライムローン問題が欧州に飛び火したころから，M&A市場の状況が変わっていった。銀行が保有する証券化商品の価格が急落して銀行の経営健全性に対する不安が広がった結果，世界の多くの銀行がこれ以上，損失を出したくないと考え，融資残高の圧縮に乗り出した。企業買収は買収者の手元資金だけでは不足することが多い。それなのに，銀行がリスクの大きい買収資金の融資に消極的になったのである。M&Aの不活性化は，投資ファンドの事業機会を奪うかたちになった。

こうした状況をさらに悪化させたのが，2008年9月15日に起きたリーマン・ブラザーズの経営破たんだった。世界の株価は急落した。アクティビストファンドなど投資ファンドの多くは，出資者から5年程度の約束で資金を預かっているため，ただちに大量解約が出てくるわけではないが，保有する株式が値下がりし，多額の評価損が発生するのは避けられなかった。出資者には運用成績の急速な悪化を報告せざるをえなくなった。

追加資金が集まりにくくなっただけでなく，解約期限が近づいた投資家からは，事前に解約の意向が伝えられた[4]。となると，株式の買い集めどころではなくなり，解約資金の確保のために，保有株を手放さざるをえなくなった。2009年に入ると，ファンドが積極的に株式を買い集める動きはほとんど見られなくなった。

さまざまな形態のファンドが金融危機の影響を受けたが，特にアクティビストファンドの退潮が著しかった。アクティビストファンドはもともと，「そうした装備（証券市場での不正行為を実効性をもって監視・排除しようとする機構やルール＝筆者注）が存在しない日本につけ込む形で金儲けに専念」（上村〔2007〕221頁）してきたという批判も受けてきた。次節では，米国の投資ファンド，スティール・パートナーズの売買行動を振り返り，金融危機がファンドの運営にどのような影響を与えてきたのかを検証する。

第3節　外資ファンドの躍進と撤退

1. スティール・パートナーズとは

　日本でアクティビストファンドとして活動した外国のファンドは複数あるが、最も投資先企業が多かったのは、米国のスティール・パートナーズである。正式には日本企業に投資しているのは、ケイマン籍のファンドである「スティール・パートナーズ・ジャパン・ストラテジック・ファンド・オフショア・エル・ピー」(Steel Partners Japan Strategic Fund (Offshore), L.P.)であり、スティール・パートナーズはそのファンドに対して、運用のアドバイスをする形態になっている。米ペンシルベニア大学を1987年に卒業したウォーレン・リヒテンシュタイン氏が設立したものである。

　2003年から2004年に掛けて、ユシロ化学工業とソトーという、キャッシュリッチ[5]だが比較的地味な企業に対して、突然、株式の公開買い付け（TOB）を実施し、日本で知られるようになった。ユシロ化学に対しては、株価が800円前後で推移していたときに、1,150円の買い付け価格でTOBを開始。これに対して、ユシロ側は2004年3月期の期末配当を当初予定の11円から192円に引き上げるとともに、その後も税引き利益のすべてを配当に回すと表明して対抗した。この発表を受けて、株価が急騰し、TOB価格を大幅に上回ったため、TOBに応募する株主はいなかった。

　一方のソトーは、スティールによる公開買い付け価格は1,150円だったが、大和証券系の投資会社が1,250円のTOB価格を示してこれに対抗した。その後、スティールが1,400円、大和側が1,450円、スティールが1,470円、大和側が1,550円と買収合戦に発展した。ソトーの防衛策は大和証券系投資会社と組んで、MBO（経営陣による買収）を実施し、株式を非公開化することだった。

　ただ、買収価格がつり上がれば、MBO後の負担が大きくなる。そこでソトーは、ユシロ化学が大幅増配でスティールの攻勢から逃れたのを見て、方針変

更を決めた。期末配当を当初予定の6.5円から193.5円に引き上げると発表したため，株価が一時2,000円を超えるなど，両社の買い付け価格を大幅に上回り，結果的にどちらのTOBも応募者が十分に集まらなかった。

ユシロ化学，ソトーともに設備投資などに具体的に活用する予定がないお金を大量に保有するキャッシュリッチ企業だった。収益は安定しているが，成長力の乏しさから株価が割安に放置されていた。買収して企業を分解しても投資採算に合うのではないかと思わせる状態が，投資ファンドから目を付けられた理由である。スティールは，ほかにも似たような企業が多い日本を宝の山と考えて，乗り込んできたのではないかと思われる。

2. 明星食品

次ページの図表3-3は，スティールが提出した大量保有報告書をもとに作成した。大量保有報告書制度はいわゆる5％ルールと呼ばれ，特定の投資家（共同保有者を含む）が上場企業の株式を5％を超えて保有した時点で金融庁に提出しなければならず，最初の提出後も株式を取得，あるいは処分して保有比率に1％以上の変動があれば，そのたびに変更報告書として，最新の状況を記して提出し直さなければならない。

5年間の公衆縦覧義務があるため，2009年9月現在では，金融庁が管理・運営するEDINET（金融商品取引法に基づく有価証券報告書等の開示書類に関する電子開示システム）で，2004年10月以降の状況を見ることができる。

それによると，スティールは2004年末時点で少なくとも日本企業24社の株式を5％を超えて保有していたことがわかる。なかでも10％を超えていたのは，先のユシロ化学工業のほか，明星食品，三精輸送機，TTK，日本特殊塗料の4社だった。

ユシロ化学とソトーの一件以来，表面的には鳴りを潜めていたスティールが次に健在振りを示したのが，2006年10月27日の明星食品へのTOBだった。ただ，買い付け価格は1株700円で，直近1カ月間の明星食品の平均株価を14.6％上回っていたに過ぎず，本気で株式を買い集める気があるのかわからないとの批判も

図表3-3　スティール・パートナーズによる株式保有比率の推移（単位%）

あすか製薬		三精輸送機		TTK		ノーリツ		丸一鋼管	
2004.9.27	2.57	2009.7.1	18.44	2008.4.24	4.71	2009.7.1	16.77	2009.5.26	5.74
これ以前	5.01	2009.6.18	19.93	2007.1.1	5.82	2007.10.30	18.60	2009.5.22	7.87
アデランスHD		2009.6.17	21.39	2006.4.3	6.00	2007.7.18	17.59	2009.5.20	10.59
2008.2.20	26.00	2009.1.5	23.05	2009.2.28	7.05	2007.4.11	16.50	2009.1.5	12.38
2007.1.1	24.69	2007.1.1	24.57	2006.1.18	8.05	2007.2.15	15.50	2008.5.30	13.72
2006.10.5	24.50	2006.10.18	24.57	2005.12.19	9.12	2007.1.1	14.48	2007.10.30	14.76
2006.8.22	23.48	2006.9.15	23.28	2005.3.7	10.16	2006.10.23	13.97	2007.8.28	13.74
2006.6.15	22.48	2005.8.5	20.75	2004.8.13	11.38	2006.8.3	12.90	2007.1.1	12.72
2006.6.6	19.91	2005.2.8	16.55	これ以前	10.38	2006.7.19	11.88	2006.6.22	11.99
2006.5.18	18.74	2005.2.1	13.02	電気興業		2006.7.6	10.74	2006.5.18	10.93
2006.4.19	17.71	2004.11.12	11.95	2009.6.18	3.64	2005.6.22	9.61	2005.11.14	9.91
2006.1.18	16.13	2004.11.9	10.87	2009.1.5	8.66	2005.5.26	8.37	2005.10.18	8.85
2005.12.1	15.01	これ以前	9.87	2007.1.1	9.84	2004.11.12	7.31	2005.5.26	7.79
2005.11.30	13.19	シチズンHD		2004.11.29	9.10	2004.11.2	6.14	2005.2.8	6.73
2005.11.18	12.15	2008.8.26	4.96	2004.11.26	8.03	2004.10.15	5.11	2004.11.15	5.67
2005.11.8	10.15	2008.8.15	6.32	2004.11.24	6.70	ハイレックスコーポレーション		2004.11.5	4.55
2005.7.13	9.08	2008.8.13	7.60	2004.11.22	5.35	2009.5.29	4.81	明星食品	
2005.6.3	8.08	2008.8.8	8.72	天龍製鋸		2007.11.21	8.37	2006.12.14	0.00
2005.3.28	7.06	2008.8.6	10.21	2009.7.1	9.89	2007.6.5	6.30	2006.10.26	23.11
2004.12.16	6.05	2008.7.31	11.46	2007.9.7	11.36	2007.4.12		2005.4.19	23.11
2004.10.20	5.04	2007.8.16	12.62	2007.7.4	8.61	ハウス食品		2004.12.14	22.64
石原薬品		2007.6.5	11.57	2007.1.1	7.93	2009.3.11	4.86	2004.8.16	13.96
2009.2.10	0.00	2007.1.1	10.52	2005.9.8	7.41	2009.1.5	4.86	これ以前	12.94
2007.1.1	6.77	2006.11.28	10.25	これ以前	6.39	2008.12.4	5.70	みらかHD	
2006.3.30	6.77	2006.8.8	9.20	中北製作所		2007.1.1	6.45	2009.5.7	2.60
2004.10.15	5.08	2006.7.21	8.13	2008.5.9	0.00	2005.6.13	5.61	2007.8.9	6.57
因幡電機産業		2006.7.14	6.70	2007.1.1	13.05	2004.11.16	4.51	2007.1.1	5.33
2009.1.5	4.80	2006.6.8	5.26	2006.11.14	13.02	2004.10.29	3.52	2004.9.21	6.15
2008.12.9	6.02	松風		2005.11.11	10.78	日阪製作所		2004.8.24	5.10
2007.1.1	7.09	2009.5.20	4.88	2004.10.19	9.27	2008.4.15	3.74	モスフードサービス	
2005.2.8	6.87	2007.11.6	10.31	2004.9.17	8.12	2008.4.8	5.06	2006.6.28	4.06
江崎グリコ		2007.8.6	9.28	2004.7.26	7.10	2008.2.6	6.34	2006.4.18	5.09
2008.12.17	0.00	2007.1.1	8.14	これ以前	6.07	2007.10.24	7.64	2004.11.12	6.12
2008.12.16	9.66	2006.6.17	8.09	名村造船所		2007.10.12	8.71	2004.10.18	5.03
2008.9.5	12.27	これ以前	7.07	2005.2.16	3.84	2007.1.1	9.73	ユシロ化学工業	
2008.8.21	13.32	新コスモス電機		これ以前	5.09	2004.10.21	9.12	2008.12.25	0.00
2007.1.1	14.37	2009.2.26	0.00	日清食品HD		2004.8.19	8.10	2008.12.18	12.22
2006.4.20	13.38	2007.1.1	9.25	2009.5.21	4.06	これ以前	7.06	2007.1.1	13.69
2005.11.10	12.38	2005.12.13	9.25	2009.5.20	7.36	フクダ電子		2004.12.16	13.52
2005.11.4	6.16	2004.10.21	6.31	2009.3.30	9.47	2009.7.1	11.82	2004.10.21	12.36
2005.6.30	5.14	2004.10.20	5.11	2008.12.18	10.42	2009.5.22	13.08	2004.9.22	11.36
金下建設		高田機工		2008.10.1	11.44	2007.1.1	14.09	これ以前	10.33
2009.1.5	4.54	2007.4.11	0.00	2008.9.4	12.61	2005.12.6	13.25	理研ビタミン	
2007.5.25	5.55	2007.1.1	14.88	2008.8.26	13.91	2005.11.10	12.22	2005.7.15	0.00
2007.1.1	6.61	2006.11.29	14.61	2008.8.13	14.69	2005.8.26	11.05	これ以前	5.03
2005.5.25	6.39	2005.9.15	13.61	2008.8.5	15.69	2005.2.16	9.05	菱洋エレクトロ	
2005.2.18	5.02	2005.6.13	12.58	2008.8.1	16.63	2005.2.3	7.58	2006.1.27	3.94
キッコーマン		2005.5.26	11.47	2007.10.31	18.08	2004.12.2	6.25	2006.1.5	5.12
2008.2.18	3.77	2005.5.25	9.98	2007.8.28	17.06	2004.10.20	5.20	2005.11.29	6.19
2007.1.1	5.27	2005.4.19	8.67	2007.8.2	16.05	ブラザー工業		2005.7.7	7.23
2005.10.20	4.69	2005.2.2	7.47	2007.7.6	13.99	2008.12.25	3.86	2004.9.22	8.26
小松精練		2004.10.13	6.44	2007.4.20	12.77	2008.12.24	6.55	2004.8.10	7.12
2006.6.8	4.14	2004.8.31	5.39	2007.4.5	11.67	2008.12.18	7.79	これ以前	6.06
2006.3.9	5.18	これ以前	4.38	2007.4.2	10.50	2008.12.12	8.81	ワコールHD	
2006.1.25	6.20	中央倉庫		2007.3.16	9.41	2008.10.8	10.17	2006.3.20	3.26
2004.10.21	7.27	2008.6.30	0.00	2007.1.1	8.38	2007.8.8	11.27	2006.2.27	4.02
2004.10.19	5.09	2007.11.15	11.49	2006.11.29	7.85	2007.8.3	10.23	2006.2.15	4.85
サッポロHD		2007.1.1	10.46	2006.11.21	6.47	2007.1.1	9.19	2006.1.25	5.66
2007.1.1	18.13	2006.9.14	9.53	2005.11.30	5.33	2006.7.21	9.16	2006.1.10	6.56
2006.6.13	17.43	2006.8.18	8.51	2005.10.26	4.27	2006.6.8	8.11	2005.7.28	7.39
2005.8.19	16.40	2005.2.16	7.49	日清紡HD		2006.4.20	7.06	2005.7.11	6.33
2005.8.9	15.24	2004.12.30	6.48	2008.3.24	3.00	2006.1.20	6.05	2005.1.13	5.31
2005.8.1	14.16	2004.10.13	4.34	2007.2.20	4.46	ブルドックソース		2004.11.2	4.24
2005.7.15	12.85	これ以前	3.35	日本特殊塗料		2007.11.19	3.58	2004.10.15	3.14
2005.4.20	11.76			2009.2.16	4.07	2007.9.25	4.44		
2005.3.4	10.72			2009.2.13	10.42	2007.8.23	2.55		
2005.2.8	9.65			2007.1.1	13.38	2007.8.9	9.25		
2005.1.5	8.63			2004.12.16	13.05	2007.1.1	9.25		
2004.12.13	7.54			2004.9.10	11.92	2004.12.30	9.24		
2004.10.22	6.32			2004.8.5	10.87	これ以前	5.67		
2004.10.20	5.14			これ以前	9.85				
2004.10.15	3.93								

注1：2004年9月以降に提出された大量保有報告書をもとに作成。
注2：HDはホールディングスの略。

出た[6]。

　ところが，明星食品の要請を受けて日清食品がホワイトナイトとして名乗りを上げ，買い付け価格を870円に設定して，TOBに乗り出した。スティールはこの時点で明星食品株の23.1％を保有していたが，870円という価格に満足して，保有株を全部，TOBに応募するかたちで日清食品に売却してしまった。売却代金は約85億円で，そこから取得費の約49億円を差し引いた約36億円がスティールの明星食品株投資での利益となった。

3. ブルドックソース

　スティールが日本でさらに関心を集めたのは，2007年5月18日に表明したブルドックソースへのTOBである。その時点でブルドック株を10.52％保有する筆頭株主だったが，直前1カ月間の株価の終値平均の1,342円を18％上回る1,584円で，上限を設定せずに買い付けると発表した。

　これに対して，ブルドックはTOBへの反対を表明するだけでなく，定時株主総会の開催日を月末から6月24日に繰り上げ，そこで承認を得ることを条件に，行使条件が差別的な新株予約権を発行する方針を打ち出した。具体的には7月10日付で全株主に1株について3個ずつの新株予約権を付与するが，スティールは行使できずに，代わりに1個396円の現金を渡すという内容だった。

　つまり，スティール以外の株主は保有株式数を4倍にできるが，スティールだけは保有株式を増やせずに，3株分の現金を受け取ることになる。この結果，スティールの持ち株比率が10.52％から3％以下に下がるという仕組みだった。

　スティールは「株主平等原則に反する」との理由で，まず東京地裁に対して，新株予約権の発行差し止めの仮処分を申請した。これに対して東京地裁は新株予約権の発行が株主総会で総議決権の83.4％（出席議決権の88.7％）もの同意を得たうえで実施されたことを重視し，株主平等原則に違反しないし，対抗策として著しく不公正ではないとの理由で却下した。

　スティールからの即時抗告を受けた東京高裁も同様に棄却したが，ここではスティールが初めて乱用的買収者と認定された。東京高裁の決定文では，棄却

の理由として「抗告人関係者は，投資ファンドという組織の性格上，当然に顧客利益優先の受託責任を負い，成功報酬の動機付けに支えられ，それを最優先にして行動する法人であり，買収対象企業についても，対象企業の経営には特に関心を示したり，関与したりすることもなく，当該会社の株式を取得後，経営陣による買収を求める一方で突然株式の公開買付けの手続に出るなど，様々な策を弄して，専ら短中期的に対象会社の株式を対象会社自身や第三者に転売することで売却益を獲得しようとし，最終的には対象会社の資産処分まで視野に入れてひたすら自らの利益を追求しようとする存在といわざるを得ない」と記述している。

スティールはこれに対して，最高裁に許可抗告をしたが，そこでも却下された。最高裁はスティールが乱用的買収者かどうかの判断には踏み込まずに，「ほとんどの株主は，スティールの経営支配権の取得が企業価値を毀損すると判断した」と指摘した。

この件では，スティールは新株の代わりに現金を取得したわけだから，投資として失敗したわけではなかった。ブルドックは新株を渡す代わりに対価約21億円をスティールに支払い，これを特別損失に計上した結果，2007年4〜9月期決算は最終損益が約19億円の赤字になった。ブルドックには安定株主が多く，スティールが経営権を握る可能性は小さかったと見られるのに，防衛策として過剰ではなかったのかとの批判も聞かれる。

4．保有株の売却

スティールはブルドックソースの買収防衛策発動を阻止できなかった。この出来事を境に投資活動が鈍り始めた。大量保有報告書制度では保有株比率が1％以上変動した場合に，変更報告書を提出しなければならないが，次ページの図表3-4に示すとおり，持ち株比率の上昇を示す報告書の数を3カ月ごとにみると，2007年1〜3月の25件をピークに減り始めた。07年7〜9月には再び13件とやや増えたが，08年4〜6月以降は皆無である。

一方で，持ち株比率の減少を示す変更報告書の数は08年4〜6月期に6件，

第3章　金融危機と企業買収

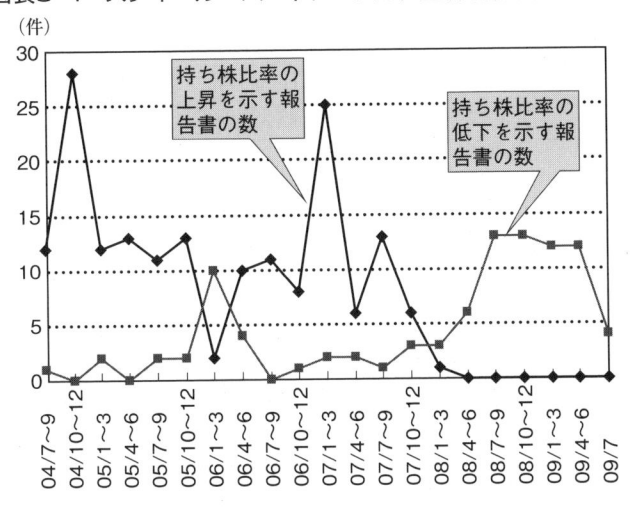

図表3-4　スティール・パートナーズの大量保有報告書の分析

持ち株比率の上昇を示す報告書の数

持ち株比率の低下を示す報告書の数

7〜9月期に13件と急速に増えてきた。大量保有報告書には保有比率を減らした経緯も記載されているが，「市場で売却」「市場外で売却」「ToSTNeT3（自己株式立会外買付取引）によって発行会社に売却」[7]など，さまざまな形で現金化をした様子がわかる（次ページの図表3-5）。現金化が間に合わずに「現物交付による償還」という事例も散見される。

アクティビストファンドを機関投資家としてみた場合には，一般の投資信託と同様，ロング（買い持ち）オンリーの市場参加者ということになる。売りと買いとを組み合わせ，下げ相場でも利益を追求するヘッジファンドとは異なる。相場下落には弱いポートフォリオであるとも言える。ただ，買い付け対象の選定時には，一定のキャッシュフローと配当余力があり，株価が割安に放置されている銘柄を選んで投資する傾向があるので，株式相場全体の下落ほどには保有株の時価は下落しないことが多いといわれる。

しかし，出資者の解約に応じて保有株の売却を迫られるような場合には，自らの売りで株価を下げる悪循環にも陥りやすい。実際，スティールは金融危機に巻き込まれ，出資者からの解約要求が強まるなかで，損失覚悟の売却などもしながら，退出せざるをえなかった。もし金融危機に巻き込まれなければ，ブ

図表3-5　大量保有報告書の記述
（投資対象ごとに最後に提出されたもの，上段は提出基準日，下段は保有比率（％））

銘柄	日付／比率	内容
ノーリツ	2009.7.24 / 12.56	3.94%(2000000株)を1000円で市場外で売却 1.52%(771700株)を現物交付による償還(7・1)
天龍製鋸	2009.7.1 / 9.89	0.90%(50269株)を現物交付による償還
三精輸送機	2009.8.11 / 16.43	1.2%(231500株)を400円で市場外で売却
フクダ電子	2009.7.31 / 9.61	1.02%(200000株)を1995円で市場外で売却 1.06%(206800株)を現物交付による償還(7・1)
電気興業	2009.6.18 / 3.64	4.35%(3066000株)を464円で市場外で売却
ハイレックスコーポレーション	2009.5.29 / 4.81	2.62%(1000000株)を650円で市場外で売却
丸一鋼管	2009.5.26 / 5.74	2.13%(2000000株)を1790円で市場外で売却
松風	2009.5.20 / 4.88	4.65%(750000株)を700円で市場外で売却
日清食品ホールディングス	2009.5.21 / 4.06	1.41%(1800000株)を2658円で市場外で売却
みらかホールディングス	2009.5.7 / 2.6	3.42%(2000000株)を1907円で市場外で売却
ハウス食品	2009.3.11 / 4.86	0.86%(956200株)を1400円で市場外で売却
新コスモス電機	2009.2.26 / 0	8.70%(1093000株)を1000円で岩谷産業に市場外で売却 現物交付による償還(1・5)
日本特殊塗料	2009.2.16 / 4.07	2.12%(500000株)を277円で市場外で売却
石原薬品	2009.2.10 / 0	6.23%(464700株)を920円で市場外で売却 現物交付による償還(1・5)
因幡電機産業	2009.1.5 / 4.8	0.32%(73870株)を現物交付による償還
金下建設	2009.1.5 / 4.54	0.30%(56810株)を現物交付による償還
ブラザー工業	2008.12.25 / 3.86	1.44%(4000000株)を市場外で440円で売却
ユシロ化学工業	2008.12.25 / 0	12.22%(1856800株)をトストネット3で1169円で発行会社に売却
江崎グリコ	2008.12.17	9.12%(13209249株)をトストネット3で1035円で発行会社に売却
シチズンホールディングス	2008.8.26 / 4.96	0.33%(1256100株)を市場内で売却
中央倉庫	2008.6.30 / 12.66	11.91%(2390000株)を市場外で1030円で売却
中北製作所	2008.5.9	12.96%(2483000株)を市場外で日興シティグループ証券に1210円で売却
TTK	2008.4.24 / 4.71	0.12%(25000株)を市場内で売却
日阪製作所	2008.4.15 / 3.74	0.33%(108000株)を市場内で売却
日清紡ホールディングス	2008.3.24 / 3	0.70%(1394000株)を市場内で売却
アデランスホールディングス	2008.2.20 / 26	取得
キッコーマン	2008.2.18 / 3.77	0.71%(1408000株)を市場内で売却
ブルドックソース	2007.11.19 / 3.58	0.04%(27000株)を市場内で売却
高田機工	2007.4.11 / 0	14.88%(3330000株)を市場外で458円で売却
サッポロホールディングス	2007.1.1 / 18.13	取得
明星食品	2006.12.14 / 0	9842000株を870円で日清食品に売却
モスフードサービス	2006.6.28 / 4.06	15000株を市場内で売却
小松精練	2006.6.8 / 4.14	4000株を市場内で売却
ワコールホールディングス	2006.3.20 / 3.26	94000株を市場内で売却
菱洋エレクトロ	2006.1.27 / 3.94	60000株を市場内で売却
理研ビタミン	2005.7.15 / 0	1225000株を市場内で売却
名村造船所	2005.2.16 / 3.84	250000株を市場内で売却
あすか製薬	2004.9.27 / 2.57	350000株を市場内で売却

ルドックの一件で東京高裁から乱用的買収者の汚名を着せられたのを返上すべく、出資先であるアデランスホールディングスの経営再建に力を尽くす方針だったとも伝えられている。

なお、2009年9月現在で、スティール・パートナーズはサッポロホールディングスの株式を17.6%保有し、筆頭株主の地位にある。アデランスホールディングスでも株式を26.7%保有する筆頭株主である。2009年5月のアデランスの株主総会では会社側と組んだ別の国内系ファンドと経営主導権を争い、勝利して、スティールが提出した取締役リストの承認を得た[8]。

第4節　内向きになる日本企業

1. ファンドの関与の仕方

投資ファンドが企業経営に関与する方法は千差万別だが、大きく分ければ、企業経営者が好む方法と好まない方法とがある。友好的か敵対的かといってもよい。ただし、ここでいう友好的か敵対的かはあくまでも経営者にとってであって、一般の株主にとってどちらにメリットがあるのかは、また別の話だと思われる。

敵対的な投資ファンドの代表例が、村上ファンドやスティール・パートナーズなどアクティビスト系のファンドである。経済産業省のファンド事例研究会報告書はアクティビストファンドの手法について、「上場株式を対象に、フリーキャッシュフローが多く、負債比率が低く、株式持ち合い比率が小さく、株価が割安である企業に対し、株式投資を行う。その上で、株主としての権利を行使して、会社に影響力を及ぼし、潜在的企業価値の向上や配当増額等を図り、最終的な株主価値の向上を目指すことを標榜する。最終的には、一定の目標期間内にターゲットとするリターンを実現するために、株価を上昇させて、株式を証券市場で売却することなどにより、利益を確定することが多い。アクティ

ビストファンドの投資手法は，株主提案や敵対的TOBを行い，自社株買い，配当増や経営陣の解任等などによって収益獲得を目指すものが多いと指摘されている」（ファンド事例研究会〔2008〕13頁）と述べている。

友好的ファンドの代表例がバイアウトファンドである。同報告書ではバイアウトファンドについても，「基本的に未上場企業を友好的に買収し，または，上場企業を友好的に買収の上，非上場化を実施し，当該企業への人材派遣や取引先の紹介等を通じ，経営に関与し，企業価値を向上させる。最終的には，株式市場での上場又は他企業への売却によるエグジットによって，収益を確定する」（ファンド事例研究会〔2008〕9頁）と説明している。

2．少数株主の視点

経産省の区分だけを読むと，アクティビストファンドは企業に対して株式を上場させたままで，経営陣にいろいろな圧力を掛け，値上がり益を狙うように見え，バイアウトファンドは自らが知恵を出して企業の中身を改善し，上場益または再上場益を狙うように見える。アクティビストファンドは敵対的で悪玉，バイアウトファンドは友好的で善玉だと言っているようにも受け取れる。

しかし，どちらもフィナンシャル・バイヤーであることには変わりなく，以下のように，両者についてまったく異なる説明もできる。

アクティビストファンドは一般の投資家と同様，経営陣の意思に関係なく，自らの判断で市場あるいは市場外で株式を取得し，企業を上場させたままで，経営効率の改善につながる提案を繰り返し，思惑通りに株価が上昇すれば，一般株主とともに値上がり益を分かち合う。バイアウトファンドは経営者による企業買収（MBO）を経営陣に提案し，相手の同意を得たら，非公開化によって一般株主を排除し，経営効率を改善させたうえで再上場して，ファンドと経営陣だけで値上がり益を分かち合う。

つまり，どちらのタイプも自らの利潤目的で行動しているのであり，経営陣にとっては悪玉でも一般株主にとっては善玉ということもあるし，その逆もありうる。値上がり益の追求の仕方，つまり，得意技が違うだけと考えること

もできる。MBOに関しては、一定の対価と引き換えに株主の地位を追われた、つまり、スクイーズされた一般株主から、買い取り価格をめぐって訴訟が起こされることもあったので留意したい[9]。

3. MBOの隠された意図

　バイアウトファンドの提案に乗り、MBOによって株式を非公開化するのは、一種の買収防衛策と考えることができる。上場したままで、短期的な利益を追求する傾向があるとされる機関投資家らの声にこたえつつ、将来に向けて、大胆な企業の再編をするのは、経営陣にとってハードルが高いというのも、MBOによる非公開化が正当化される理由の1つであろう。

　しかし、投資ファンド側からみれば、上場している企業を買収して非公開化するには、株価に既存株主が納得するだけのプレミアムを乗せて、すべての株式を買い取らなければならず、このためには、銀行からの借入金も含めて、多額の資金が必要なのである。そして、最終的には買収した企業をもう一度、証券取引所に上場するか、他の戦略的買収者、あるいはファンドに売却して、資金の回収をしなければならない。

　とすれば、最初の買い取り価格は低ければ低いほど、買収用に借り入れてくる資金は少額で済み、投資ファンドの投資効率は高くなる。経営陣が同意しない敵対的買収に比べると、経営陣の同意を得たMBOは、買い取り価格を低く設定できると考えることもできる。日本のようなファンド事業に理解の薄い社会では、敵対的買収を手掛けるファンドは悪玉、バイアウトファンドは善玉と見られがちなので、この点でもMBOという手法は優位性をもつであろう。

　敵対的に企業を買収するには、法廷闘争なども予想され、時間と手間とコストがかかるので、どうしてもファンドビジネスとしての効率を考えると、手掛ける案件の規模が大きくなりがちである。この点、相手企業の経営陣の協力が得られるMBOならば、中堅上場企業でも対応しやすい側面もある。結局、日本では敵対的買収の成功例はほとんどない一方で、MBOはいつの間にか浸透している。既存株主からしてみれば、保有株を比較的安く売却させられるよう

な案件だけが，日本で市民権を得たと考えることもできる。

　ただ，外国のバイアウトファンドは日本での事業展開に限界があるようだ。主なファンドとして，日本長期信用銀行（現・新生銀行）の再生に取り組んだリップルウッドや，あおぞら銀行を買収したサーベラスなどの名前が挙がるが，多額の利益を上げた点だけが着目されて「ハゲタカ」と呼ばれることもあり，さらに活動領域が広がっているようにはみえない。

　日本企業が外資ファンドを敬遠するのは，MBOを実施した後も，再上場などの出口に向けて経営効率を高め続けなければならず，外資ファンドに過半の株式を握られたままでは，いつ経営陣が追い出されるのかわからないという不安感が先立つからではないかと推察される。しかし，国内系のファンドでも，野村ホールディングスの完全子会社の野村プリンシパル・ファイナンスが取り組んだすかいらーくのMBOでは，結局，業績回復が果たせず，2008年8月12日の臨時株主総会と取締役会で社長が解任される事態に至っている。

4. 株式の持ち合い

　M&Aの市場化に対応して，日本の企業の多くは意図せざる株主が登場しても，経営権が奪われることがないように対応を進めた。ここで念頭に置いたのは，アクティビストファンドによる投資だけではない。買収によって企業規模を拡大しているような世界の同業他社が，内外のファンドの買い集めた株式を買い取ることによって，支配株主として突然，名乗り出ることなども想定し始めている。

　第一の対応は，安定株主による議決権固めである。図表3-6は新日本製鉄，住友金属工業，神戸製鋼所による株式持ち合いの構図を示している。3社が2006年3月29日に，共同で買収防衛策を講じることで合意し，その一環として株式の持ち合いの強化を決めた。ルクセンブルクに本社を置き，買収攻勢で巨大化した世界最大の鉄鋼メーカー，アルセロール・ミタルなどの動きを警戒したと言われている。

　例えば，新日本製鉄は住友金属工業の発行済み株式の9.4%に当たる4億5,176

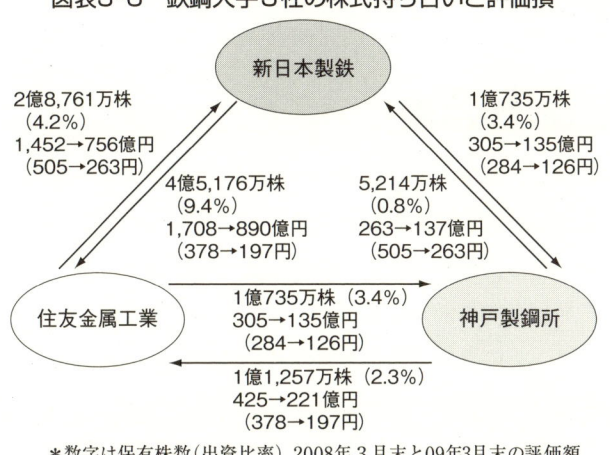

図表3-6 鉄鋼大手3社の株式持ち合いと評価損

```
                          新日本製鉄
    2億8,761万株                          1億735万株
      (4.2%)                              (3.4%)
   1,452→756億円                        305→135億円
    (505→263円)                         (284→126円)

         4億5,176万株         5,214万株
           (9.4%)             (0.8%)
        1,708→890億円       263→137億円
         (378→197円)        (505→263円)

                      1億735万株 (3.4%)
   住友金属工業        305→135億円         神戸製鋼所
                      (284→126円)
                      1億1,257万株 (2.3%)
                      425→221億円
                      (378→197円)
```

＊数字は保有株数（出資比率），2008年3月末と09年3月末の評価額，カッコ内は株価の変化

万株を保有し，これに対して住友金属工業は新日本製鉄の発行済み株式の4.2%に当たる2億8,761万株を保有している。新日本製鉄と神戸製鋼所，住友金属工業と神戸製鋼所との間にも，それぞれ同様の持ち合い関係がある。

　アルセロール・ミタルは2009年9月現在では，日本の鉄鋼会社の買収に乗り出していない。金融危機が発生し，自社の株価が下落したため，自社株を担保に買収用の資金を手当てするという手法が通用しなくなったためと思われる。ただ，鉄鋼株の下落は世界的な現象で，新日本製鉄など3社も持ち合い株に巨額の評価損を計上せざるをえなくなった。

　図表3-6では，2009年3月期末の持ち合い株の評価額が，1年前の2008年3月期末からどう修正されたかも示している。例えば新日本製鉄がもつ住友金属工業株の評価額は2008年3月期末の1,708億円から2009年3月期末には890億円に目減りした。

　鉄鋼3社だけでなく，株式の持ち合いの復活は幅広い産業で見ることができる。1991年度から継続して上場企業の株式持ち合い状況を調べている大和総研によると，2007年度の銀行を含む上場企業全体の持ち合い株の比率（対市場全体）は，金額ベースで2006年度の8.7%から9.0%へ上昇し，株数ベースで

も5.9%から7.1%へ上昇したという（伊藤正晴〔2008〕3頁）。

5. 買収防衛策の導入

　上場企業の第二の対応として広がったのは，買収防衛策の導入である。日本企業が採用している買収防衛策には大きく分けて2つのタイプがある。信託型と事前警告型である。細かなスキームは各社ごとに異なるが，信託型はすでに新株予約権を発行して信託銀行に預かってもらっており，意図せざる買収者が表れた場合には，その新株予約権を買収者以外の株主に付与し，買収者の持ち株比率を引き下げる仕組みである。

　新株予約権を発行済みなので，発動しようとする際に，敵対的買収者から新株予約権の発行差し止め請求を受けることがないという利点がある半面，買収者が現れるかどうかに関係なく，信託銀行に年々，信託報酬を払い続けなければならない問題点もある。敵対的買収者を退けることが一般株主の利益につながるかどうかは何ともいえないにも関わらず，会社の財産から買収防衛対策費を払い続けることが批判される可能性があるとも言える。

　事前警告型は，意図せざる買収者が表れ，例えば発行済み株式の20%以上の株式を取得しようとする場合には，企業が定めた手順に従って，株式買い集めの意図や資金源，企業価値向上プランなどを提示してもらい，取締役会に十分な考慮の時間を与えてくれるように求めるものである。この手順に従わなければ，新株予約権の発行をはじめ，さまざまな手段で対抗することを事前に警告するというスキームになっている。

　この方式の利点は，最初の導入時に法律事務所に設計料を払う必要があるが，その後のメンテナンスフィーはほとんどかからないことである。その一方で，新株予約権などを発行しているわけではないので，いざ発動となると，金銭的打撃をこうむる恐れがある敵対的買収者は発行差し止め請求をする可能性が大きい。裁判所が差し止めを認めれば，企業は買収者が株式を買い増すことに対抗しにくくなる可能性がある。

　どちらの防衛策にしても，実際の発動にあたっては，取締役会とは別の第三

者委員会が発動の可否を審査し，取締役会に提言するのが一般的だ。導入時についても，経済産業省の企業価値研究会が取締役会の判断だけでの導入は好ましくなく，必ず株主総会に諮るなど何らかの手順で株主意思を確認するように提言している（企業価値研究会〔2008〕）。総会での承認は法律上の要請ではないが，買収防衛策発動が法廷闘争になった場合のことを考慮して，ほとんどの企業がこの手続きを踏んでいる。

買収防衛策は，2006年6月と2007年6月の株主総会で導入する企業が増え，2009年2月現在で約570社が備えている（藤島裕三〔2009〕2頁）。その他の約3,200の上場企業は，導入していないわけだが，もともと安定株主が発行済み株式数の過半を握っているところが多いので，この点も考え合わせると，日本の上場企業の大半は敵対的買収の対象にならないといってもよい。

なお，日本企業の買収防衛策の問題は，実際にこれを使用する企業が現れたことである。前節で記述したとおり，ブルドックソースは差別的な行使条件の付いた新株予約権を本当に発行した。米国では買収防衛策が実際に発動されることはまずない。敵対的買収者に対し，買い付け価格を引き上げないと，防衛策を発動する用意があると伝える，つまり，交渉の道具として使うだけである。

どんな敵対的買収者であろうが，価格さえ合理的ならばOKであるという米国の文化と，どんな値段だろうが買収は困るという日本の文化との違いが表れているのかもしれない。資生堂など，買収防衛策を導入後に廃止した企業もごく一部に出始めた[10]が，2009年の段階ではまだ主流にはなっていない。

第5節　まとめに代えて

金融危機にも足を引っ張られ，日本企業の経営に大きな影響を及ぼす可能性があった投資ファンドは，十分な成果を上げられずに活動の大幅な縮小を迫られた。外資系のアクティビストファンドは結局，日本の企業社会に受け入れられなかった。MBOを仕掛けるバイアウトファンドも外資系はやはり活動領域を広げることができず，国内系も投資先企業の収益回復の遅れに苦慮している

模様である。

　こんななかで，浮き彫りになったのは，日本企業の閉鎖性と，個人株主など少数株主の利益を軽視する姿勢である。英国系のザ・チルドレンズ・インベストメント・ファンド（TCI）は2008年4月に，投資先だったJパワー（電源開発）の株式買い増しを政府に申請したが，関税・外国為替等審議会（外為審）がまとめた意見書は，「公の秩序の維持が妨げられる恐れがある」との理由で，却下を促すものだった。

　Jパワーは2004年10月に株式を公開し，これから企業価値向上に取り組むので外国人投資家も積極的に株式を買ってほしいとPRしてきた。しかし，投資家が重視する自己資本利益率（ROE）は年々低下し，TCIが株主総会などで増配や自社株買いを求める株主提案をすると，対抗上，株式の持ち合いを強化するなど，少数株主の利益を軽視する方向で動いてきた。

　米系の投資ファンド，ペリーキャピタルもNECの子会社のNECエレクトロニクスの株式を保有し，2007年ごろから，もっぱら親会社NECのために作っている携帯電話用LSIなどの赤字事業から撤退するように促してきた。併せて親子上場の問題点などもただしてきたが，結局，前向きの反応を得られなかったため，保有株を売却して出ていった。

　投資ファンドの攻勢に対し，日本側はとにかく排除することばかりに主眼を置き，双方の利益につながるウィンウィンの関係を築こうという意欲が見えない。企業価値を高め，株価を上げることによって売って出ていってもらえばよいだけなのだが，こうした発想をもたない企業のほうが圧倒的に多い。「とことん追い詰められて日本企業同士で小さな再編をすることの繰り返しだ」。日本でM&A助言業務をしている外国人が話していた。

　こうした市場では投資ファンドのビジネスチャンスが小さいだけでなく，「日本ではダイナミックなM&Aが起きにくい」という理由で，一般の機関投資家も日本企業の株式を積極的に買おうとしなくなる恐れがある。価格変動に着目した短期売買は活発になっても，成長力に着目して中長期保有をする投資家が減る可能性がある。最終的には企業のファイナンス力の低下という問題に結びつき，経済の長期低迷をもたらすであろう。

M&Aが世界的に少ないのは，金融危機を背景にした一時的な現象だと思われる。世界の金融・資本市場が危機を克服し，機能を回復していくにつれて，M&A取引も正常化し，投資ファンドも本格的な活動を再開すると思われる。そのエネルギーを日本経済の活性化にどう結び付けていくのかの視点を大切にしたい。

（注）
1) ファンドとは特定の目的のために集められたお金の束，あるいは，こうしたお金の束を管理・運営する組織のことを指している。投資活動によって収益を追求するお金の束は，すべて広い意味での投資ファンドということもできるが，本章では株式の支配証券的性格も考慮に入れて投資活動をする狭義の投資ファンドを論考の対象にしている。
2) アクティビストは日本では「行動する株主」「もの言う株主」などと訳されるが，敵対的買収に取り組むファンドも，株主総会で増配提案をするだけのファンドも，ともに「アクティビスト」と呼ばれるなど，正式な定義があるわけではない。経済産業省が2008年6月にまとめたファンド事例研究会報告書は，上場企業の株式の売買で利益を上げることを目的としたファンドを，ヘッジファンドとアクティビストファンドの2種類に分けている。
3) バイアウトファンドは上場企業の既存の株主の保有株式をすべて買い取り，企業価値を高めて，再上場や他の企業，投資家への転売によって投資利益を得ることを目的とする。再生ファンドは上場，非上場を問わず，主に経営に窮した企業に投資する。プライベートエクイティは一般に非上場企業に投資し，企業価値を高めて第三者に転売することを目的とする。いずれも投資先企業の協力を得て実施する点で，アクティビストファンドとは行動様式が異なる。
4) 上場株式に投資する投資信託などは一般にいつでも解約が可能だが，出資者が限られる投資ファンドやヘッジファンドの場合には，運用を安定させるために解約には一定の制約がある。出資時に「解約できるのは半年に1回で，45日前に事前通知が必要」などと書いた契約書を交わすことが多い。
5) 企業の貸借対照表の資産の部には，売掛金や在庫，機械設備，工場用地などさまざまな資産が金額換算されて書き込まれているが，現預金や有価証券を多く持ち，借入金の少ない企業をキャッシュリッチ企業と呼ぶ。増配や自社株買いの余地が大きい企業と受け止められる。上場する前には対外的な信用を高めるために現預金を積み上げてきた企業も，上場すると株主から「事業に必要のないお金を過剰に持つと，資産効率が悪化する」などの批判を招くことがある。
6) 投資先の企業がTOBの対象になった場合に，一般株主はTOBに応じて将来の値上がり期待をあきらめるか，TOBに応じないで将来の値上がり期待を持ち続けるかを選択する。TOBを成功させるには，過去1カ月間，3カ月間，半年間，1年間などの株価の平均値に比べて，十分に高い買い取り価格を提示する必要があり，それぞれの市場の状況にもよるが，最低でも2割ぐらいのプレミアムを付けるのが一般的である。
7) 通常の立会取引だけでは，大口の株式の売買が円滑にできないため，東京証券取引所は1998年から立会外取引（時間外取引）の仕組みを拡充させてきた。ToSTNeT1では単一の銘柄や複数銘柄のバスケットを，相手方を特定して売買できる。ToSTNet2で

は立会市場終了後に終値で売買できる。2008年に始まったToSTNeT3では終値による自己株式の取得が円滑にできる。
8) 2008年の株主総会で前経営陣の再任を否決した後，スティール・パートナーズは取締役1人を送っていたが，経営の主導権は握っていなかった。経営改善が進まないため，スティールは2009年3月に大半の取締役の刷新を提案。これに対して，アデランスの経営陣は国内系のユニゾン・キャピタルと組んで別の取締役リストを提示し，TOBの計画も打ち出すなどして，スティールの影響力の排除を目指した。株主総会では結局，スティールが勝利を収めた。
9) レックス・ホールディングスが2006年10月に実施したMBOでは，その後に1株当たり23万円だった買い取り価格が低すぎるとして，元株主ら120人が価格引き上げを申し立てた。東京地裁は株主らの主張を認めなかったが，東京高裁は33万6,966円への引き上げを認め，2009年5月には最高裁がレックスの抗告を棄却して，高裁の提示した価格が確定した。
10) 資生堂のほか，2008年には日本オプティカル，イー・アクセス，王将フードサービスが廃止した。2009年にはロームも廃止を決めた。同社は米国の投資ファンドが大株主に名を連ねるが，「大量の株式買い付けの情報開示に関する法整備が進んだほか，濫用的買収の脅威も相対的に低くなった」などと廃止の理由を説明している。

(参考文献)
伊藤正晴〔2008〕『株式持ち合い構造の推計：2008年版』大和総研。
上村達男，金児昭〔2007〕『株式会社はどこへ行くのか』日本経済新聞出版社。
企業価値研究会〔2008〕『近時の諸環境の変化を踏まえた買収防衛策の在り方』経済産業省。
ファンド事例研究会〔2008〕『ファンド事例研究会報告書』経済産業省。
藤島裕三〔2009〕『買収防衛策を巡る近時の動向』大和総研。

(前田　昌孝)

第4章 金融危機とコーポレート・ガバナンス

第1節 はじめに

　近代株式会社の発展は，株式の高度な分散をともない，所有者（株主）と経営者（専門経営者）とに機能的な分離をもたらした。そのため，コーポレート・ガバナンスは株式市場に上場する公開株式会社を対象として論議される。コーポレート・ガバナンス問題は，株式会社の発展にともなう巨大株式会社における所有と経営の分離を基底とするのである。また，コーポレート・ガバナンスは，「『そもそも企業を支配する者は誰か』，『企業はいったい誰のために，またいかに運営されるべきか』といった根本的な問題にまで及んでおり，そうした認識のもとに企業の公正かつ効率的な運営システムを構築していくことが模索されている」[1)] という問題に関わっているのである。

　サブプライムローン問題に端を発し2008年9月のリーマン・ブラザーズの経営破綻以降，世界的な金融危機がますます深刻化しており，企業をめぐる環境が厳しくなっている。金融危機後の大手金融機関への公的支援や保険会社AIGの一連の高額報酬・賞与問題など個別企業をめぐって批判が高まっている。個別企業の再建に関して，シティバンクを中核とする金融グループであるシティグループは事実上の「政府管理」のもとで再建が進められ，既存事業の包括的リストラ案を打ち出すとともに取締役会メンバーの大幅な変更方針も挙げられている。また，GMをめぐり公的支援問題が論議され，2009年6月連邦破産法

第11条（チャプター・イレブン）の適用を申請し，政府支援による再建の措置がとられている。破産法申請以前の経営再建プロセスにおいても，GMはコスト削減策として大規模な人員削減策を公表し，GMはレイオフ中の労働者にも賃金を保障するジョブ・バンク（Job Bank）制度の廃止をUAWと合意するなど，労務・雇用問題にも顕著に影響が表れている。

コーポレート・ガバナンスは企業経営に対する効率的側面と公正性の側面を有している。コーポレート・ガバナンスの対象となる巨大株式会社は営利追求組織としての私的側面と社会文化的存在としての公的側面をもっている。特に社会的文化的存在としての巨大株式会社は社会に対して多大な影響を与える存在でもある。

世界的な金融危機の状況下で企業は事業の存続，業績悪化と企業間競争の激化，雇用削減といった多様な問題に直面しており，コーポレート・ガバナンスのあり方が問われている。本章では，近年のアメリカ企業をめぐるコーポレート・ガバナンス，いわゆるアングロ・アメリカ型コーポレート・ガバナンスの現状を考察していきたい。

第2節　コーポレート・ガバナンスのパースペクティブ

コーポレート・ガバナンス問題は，株主と経営者との関係あるいは社会と企業との関係を視野に入れて論議が展開される。トップ・マネジメントの組織と機能のあり方が問われているのである。トップ・マネジメントへのガバナンス機構は，トップ・マネジメントによる戦略的意思決定に対する構造的制約条件として作用するのである。こうしたコーポレート・ガバナンス問題は，各国・地域において共通してみられるが，それぞれの経済的・社会的背景によって，コーポレート・ガバナンス改革の現状や方向性が異なるのである。トップ・マネジメントである経営者の基本的役割は，企業の存続・維持をはかることであるが，企業間競争の激化にともなって一連の企業不祥事が表面化し，コーポレー

ト・ガバナンス体制が問題となり，企業経営に対する監視・チェック体制が必要とされるようになった。それとともに，法律遵守，社内ルール・注意義務の遵守，公正な投資の誘引など企業経営に対する公正・効率的な経営システムの構築，すなわちコーポレート・ガバナンスの実効性が問われ，経営システムの再構築が求められるようになった。

コーポレート・ガバナンスは，コーポレート・パワー（corporate power）概念と関連づけて捉える必要があり，コーポレート・パワーを行使するシステムや手法を表現するものである。この権能行使の担い手は会社それ自体，株主，取締役（director），役員（officer）であり，権能行使者間でコーポレート・パワーが配分されるのである。コーポレート・ガバナンスはコーポレート・パワー行使のシステムや手法を表現するものである[2]。

株式会社において，株式の分散化や企業規模の大規模化にともない，所有と経営の分離現象が生じ，出資者とは異なる専門経営者が出現することになった。企業規模の大規模化にともない，企業の経営活動は社会的にも広範な範囲で影響を与えることになる。巨大株式会社における専門経営者のパワー行使に対して，経営者をいかに監視・監督するかが問われることになった。

コーポレート・ガバナンスを論議する場合，社会と企業との観点からコーポレート・ガバナンスを区別する必要がある。出見世信之によると狭義のコーポレート・ガバナンスは「株主・経営者関係と会社機関構造」，広義のコーポレート・ガバナンスは「企業と利害関係者との関係」と定義される[3]。

狭義のコーポレート・ガバナンスは，株主と経営者との関係に焦点を絞って論議される。株式会社制度に関連付けたコーポレート・ガバナンス研究として，株主の利益保護の観点からエージェンシー理論に基づき，巨大株式会社と株主との関係における株主利益の追求を目指したコーポレート・ガバナンス改革が論議され，シェアホルダー志向型コーポレート・ガバナンスとして展開される。また，高度に株式が分散化した巨大株式会社における支配主体をめぐって展開される会社支配論の研究がある。

広義のコーポレート・ガバナンスは，広くステークホルダーと企業との関係でとらえ，社会の構成単位体としての企業経営のあり方を主に論じている。広

義のコーポレート・ガバナンス論では，ステークホルダー論，CSR論などに基づき，企業とステークホルダーとの関係におけるコーポレート・ガバナンス改革，すわなち社会的利益を志向したステークホルダー志向型コーポレート・ガバナンスとして展開される。

第3節　コーポレート・ガバナンスのシステム

1. コーポレート・ガバナンスの類型

　コーポレート・ガバナンス改革が展開される際，トップ・マネジメントの組織構造の改革を通じて行われる。トップ・マネジメントは，企業における最高意思決定機関であり経営組織上最上部に位置しており，受託経営層，全般経営層，部門管理層に分類することができる。受託経営層は出資者である株主に対する受託責任をもち，戦略的意思決定とともに業務執行に対する監督機能を担う。全般経営層は全社的観点から経営業務執行，すなわち戦略的管理を担う。トップ・マネジメントは，資本調達・投資決定・利益分配，最高首脳人事を含む人事・労務，生産・販売などマーケティング，合併など対外的諸問題に関わる戦略的意思決定と経営業務執行の機能を担うのである。
　トップ・マネジメント組織は，企業形態や各国・地域ごとの法制度の相違によって異なる構造をもっている。トップ・マネジメント組織の構造的相違により，コーポレート・ガバナンス体制も異なるのである。地域ごとの会社機関構造の特徴を概観しておこう（図表4-1）。

(1) アメリカのトップ・マネジメント
　会社機関としての取締役会は，株主総会で選任された取締役により構成され，最高経営責任者（CEO:Chief Executive Officer）執行役・オフィサー（Officer）の選任・解任，業績評価，CEOなどオフィサーの業務執行に対する監督機能

第4章　金融危機とコーポレート・ガバナンス

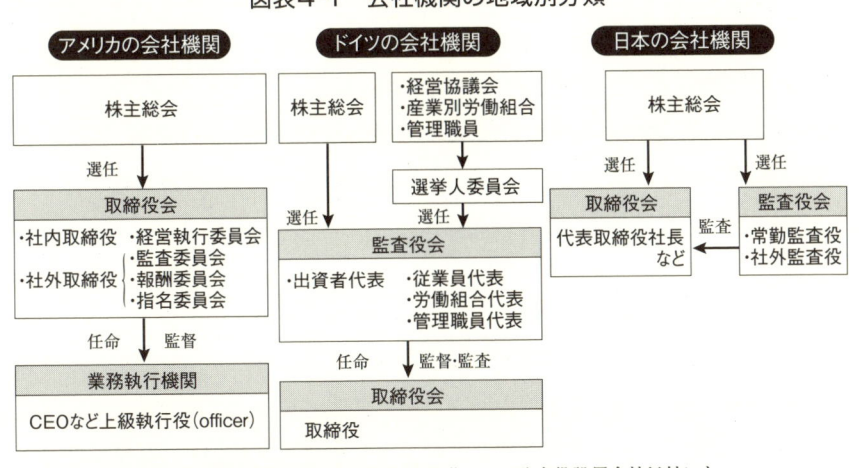

図表4-1　会社機関の地域別分類

アメリカの会社機関
- 株主総会
  - ↓選任
- 取締役会
  - ・社内取締役
  - ・社外取締役
  - ・経営執行委員会
  - ・監査委員会
  - ・報酬委員会
  - ・指名委員会
  - ↓任命　監督
- 業務執行機関
  - CEOなど上級執行役（officer）

ドイツの会社機関
- 株主総会
- ・経営協議会
- ・産業別労働組合
- ・管理職員
  - ↓
- 選挙人委員会
  - ↓選任　　↓選任
- 監査役会
  - ・出資者代表　・従業員代表
  　　　　　　　　・労働組合代表
  　　　　　　　　・管理職員代表
  - ↓任命　監督・監査
- 取締役会
  - 取締役

日本の会社機関
- 株主総会
  - ↓選任　　↓選任
- 取締役会　　監査役会
  - 代表取締役社長　・常勤監査役
  - など　　　　　　・社外監査役
  - ←監査

注：日本企業の会社機関は，本図表記の従来型と称される監査役設置会社以外にも，重要財産委員会設置会社，委員会設置会社がある。
出所：筆者作成。

を担う。前述したように受託経営層に相当する取締役会の構成員・取締役は株主総会において選任され，取締役会が全般経営層であるCEO以下，執行役の業務執行を監督するのである。アメリカのトップ・マネジメント組織は一層制システムとなっている。監督機能を担う取締役と業務執行機能を担うオフィサーを兼務することがある。戦略的意思決定と業務執行を迅速にするため取締役会会長あるいは社長とCEOを兼務することが多い。機能的には受託経営層と全般経営層とに分化しているが，同一人物が監督機能と執行機能を担うことになる。

取締役会には経営執行委員会（executive committee），監査委員会（audit committee），報酬委員会（compensation committee），指名委員会（nominating committee）などが設置されている。監査委員会，報酬委員会，および指名委員会はコーポレート・ガバナンス機能を担う。監査委員会は，会計監査，内部統制の審査，外部会計監査人の独立性の審査などを職務とする。報酬委員会は，CEOなど上級執行役，取締役の報酬計画について検討する。報酬計画には，給与，企業業績連動型のボーナス，ストック・オプションに代表されるインセ

ンティブ報酬などが含まれる。指名委員会は，取締役会に取締役候補者を推薦し，取締役の評価，現取締役の再任に関する事案を審査する。

　2002年に制定されたSOX法（Sarbanes-Oxley Act）により，コーポレート・ガバナンス機能を担う委員会の構成員は社外取締役（independent directors）でなければならないとされる。株主利益の保護の観点から，社外取締役によるトップ・マネジメントへの監督機能の強化がはかられているのである。

(2) ドイツのトップ・マネジメント

　ドイツ企業における資本調達は，間接金融中心であったが，1990年代以降株式市場での直接金融の比率が増大傾向にある。アメリカ機関投資家による株式所有の増大にともない，株式公開会社のトップ・マネジメントに対する資本市場からの圧力も高まっている。ドイツでは産業企業に対する銀行の影響力が強い。銀行による産業企業に対する融資関係や株式所有関係だけでなく，銀行はユニバーサルバンク・システムによる寄託議決権（Depotsimmrecht）を行使するとともに，企業に監査役を派遣し，企業に対する影響力を行使するのである。

　ドイツの会社機関の特徴は，トップ・マネジメントが二層構造となっている点である。すなわち，監督・統制機関としての監査役会（Aufsichtsrat）と業務執行機関としての取締役会（Vorstand）の重層構造となっている。監査役会は，取締役を任命・解任することができ，取締役会の意思決定に対して同意権を有する。監査役会の構成は，株主総会により選任される監査役と労働側代表の監査役からなることを特徴とする。監査役会への労働側代表の参加について，1976年の共同決定法の制定により，監査役会に労働側代表が半数参加できることになった。労働側代表の監査役は，選挙人委員会により従業員組織（経営協議会），産業別労働組合，管理職から選出される。株主総会で選任される監査役，すなわち資本側監査役には，寄託議決権を有する銀行から派遣される監査役も含まれるのである。監査役会の議長は，株主総会選任の監査役が就くことになる。

　ドイツのコーポレート・ガバナンスは，出資者中心の企業体制の下で出資者利害を優先する側面があるが，労働側代表を監査役構成メンバーとするステー

クホルダー志向の側面も有しているのである。

(3) 日本のトップ・マネジメント

トップ・マネジメント組織は，2002年の商法改正以降，監査役設置会社，委員会設置会社，重要財産委員会設置会社と3類型に区分される。ここでは，監査役設置会社と委員会設置会社をみていこう。

監査役設置会社におけるトップ・マネジメント組織は，戦略的意思決定と監視・監督機能を担う取締役会，業務執行の責任者としての代表取締役やCEOなど，取締役会の監査を行う監査役（会）により構成される。監査役設置会社における会社機関構造は，株主総会が取締役の選出，取締役会の業務執行決定を監督し，取締役会が代表取締役，業務担当取締役による業務執行を監督し，監査役（会）が取締役会の適法・適正監査を行うのである。監査役はドイツにおける監査役のような権限をもっていない。

委員会設置会社におけるトップ・マネジメント組織は，商法改正にともない，商法・会社法上の大会社において選択できることになった。アメリカのトップ・マネジメントのように取締役会内部に取締役の選任・解任議案を審査する指名委員会，取締役・執行役の報酬を検討する報酬委員会，取締役・執行役の業務執行を監査する監査委員会を設置するものである。アメリカとは異なり，各委員会は3名以上の取締役で構成され，過半数の社外取締役によって構成されることになっている。業務執行を担う代表取締役は代表執行役と改称され，会社機関としての執行役の代表責任者となる。会社機関構造は，株主総会が取締役の選出，取締役会の業務執行決定を監督し，取締役会内部の委員会が取締役会・取締役を監督し，取締役会が業務執行を担う代表執行役など執行役を監督するのである。委員会設置会社は，決定・監督と執行を明確に分離するとともに，それぞれの機能強化を図るものである。

2. トップ・マネジメントへの監視機能

コーポレート・ガバナンス改革の一環として社外取締役の機能が着目され

る。SOX法により，経営者を監視する機能をもつ指名委員会，報酬委員会，および監査委員会は，社外取締役により構成されなければならなくなった。SOX法（301条(3)(B)・規則10A-3(b)81）(ii)に定める社外取締役の独立性基準より厳格化されたNYSE（New York Stock Exchange：ニューヨーク証券取引所）の上場マニュアル（NYSE Manual 303A.01）において，社外取締役の独立性基準は，雇用関係，報酬制限，監査人との関係，兼務関係，事業上の関係という客観的観点から定められている。コーポレート・ガバナンス改革において監視機能としての社外取締役の機能が重視されているのである。

　経営者を独立的・社会的観点から監視する社外取締役の必要性が1970年代以降に積極的に展開されたアメリカにおける社外取締役に関する経緯をみていこう。1970年代に企業不祥事が多発し，企業の社会的責任に対する社会的関心が高まり，経営者を独立的・社会的観点から監視する必要性が論議された。1973年には，NYSE（New York Stock Exchange：ニューヨーク証券取引所）が上場企業に対し3名以上の社外取締役による監査委員会の構成の明記を上場要件として求めた。1978年には，NYSEは上場企業に対して社外取締役のみで構成される監査委員会の設置を義務づけた。それ以降，社外取締役によって構成される監査委員会がアメリカの大企業に定着することになった。1980年代以降，社外取締役を取締役会の半数までに増員し，経営者と利害関係をもたない独立の社外取締役が選任されることになった。

　参考までに日本企業の社外取締役選任状況を紹介しておこう。2007年の日本経済新聞の調査（「日本経済新聞」2007年11月7日付朝刊）によると全国の証券取引所に上場する企業のうち2007年6月末までに開催された株主総会で社外取締役を選任した企業は1,545社となっており，全国上場企業全体の39%を占めている。社外取締役を選任した企業は，2006年に比べ126社増となっており，社外取締役を増員した企業も121社となっている。社外取締役を選任している企業のうち71社は委員会等設置会社である。委員会等設置会社に移行した企業は253社であり，廃止した企業は127社となっている。新たに選任された社外取締役の経歴は，社長経験者，弁護士などが多くなっており，投資家や株主の声を代弁する機能を担っている。議決権行使助言会社の一部が買取防衛策を

導入した企業に対し，社外取締役を2名以上選任するように求めることもその要因でもある。社外取締役を新設した253社のうち，JFEホールディングス，住友金属鉱山など28社が買収防衛策を導入している。

2008年の日本経済新聞の調査（「日本経済新聞」2008年11月26日付朝刊）によると，東証一部上場企業1,718社のうち，社外取締役を選任した企業は2007年度には前年度比103社増の776社（45.2％）となった。2003年度と比べると1.6倍であり，06年度では7％増となっている。また，すでに社外取締役を選任している企業でも，社外取締役を増員するケースがあり，2006年の26社から44社へと18社増となっている。買収防衛策導入にともない社外取締役を選任するケースが14社あった。

近年では，アメリカ企業と同様にわが国でも社外取締役を選任する企業が増加しており，コーポレート・ガバナンスにおいて社外取締役による監視機能としての役割が重視されるのである。

第4節　アメリカ企業におけるコーポレート・ガバナンス

1．株式市場の構造変化

1980年代には，アメリカにおける株式所有構造の変化にともない，コーポレート・ガバナンス改革の議論が活発になった。その背景には，NYSE上場会社における投資部門別株式所有比率の推移に見られるように，個人投資家の株式所有比率が低下しているのに対し，機関投資家の株式所有比率が上昇している（次ページの図表4-2）。アメリカにおける株式市場の機関化現象が生じているのである[4]。

アメリカにおける発行済み株式総額に占める株主類型別の株式保有比率をみておこう（図表4-3）。個人投資家の株式保有比率は，1955年には88.1％であったが，株式所有比率が低下傾向にあり，2000年には46.3％となった。機関投資

図表4-2　NYSEにおける投資部門別株式保有比率

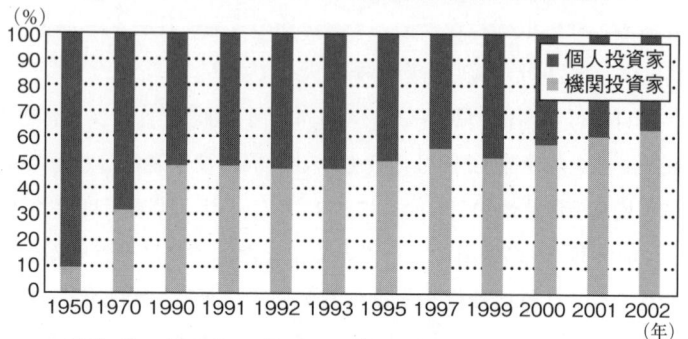

出所：New York Stock Exchange, "Holdings of Corporate Equities in the U.S. by Type of institution"より作成。
《http://www.nyxdata.com/nysedata/asp/factbook/viewer_edition.asp?mode=table&key=2673&category=12（2009年9月13日）》。

図表4-3　株主類型別の株式保有比率

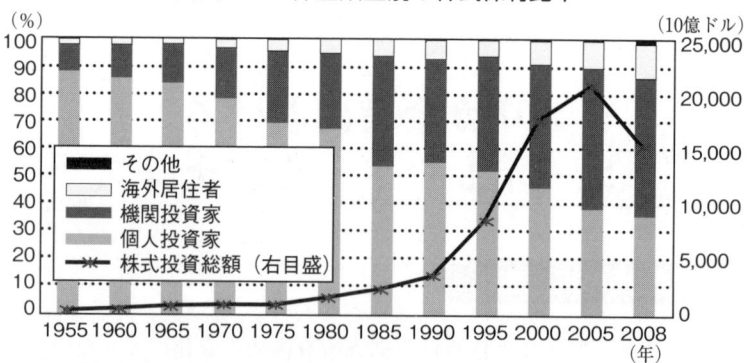

出所：Borard of Governors of the Federal Reserve System, "Flow of Funds Account in the United States Histrical data"より作成。
《http://www.federalreserve.gov/Releases/Z1/20090312/data.htm（2009年8月20日）。》

家の持株比率は増加傾向にあり，NYSE上場企業にみられるように株式市場の機関化現象が確認できる。2000年にかけた持株比率の上昇はITバブルが影響していると考えられる。機関投資家の株式保有比率は，1970年の17.9％から増加傾向を示している。また，株式投資総額は，1955年には1,298億ドルから増大傾向にあり，特に1990年の3兆5,314億ドルから2005年20兆6,427億ドルに

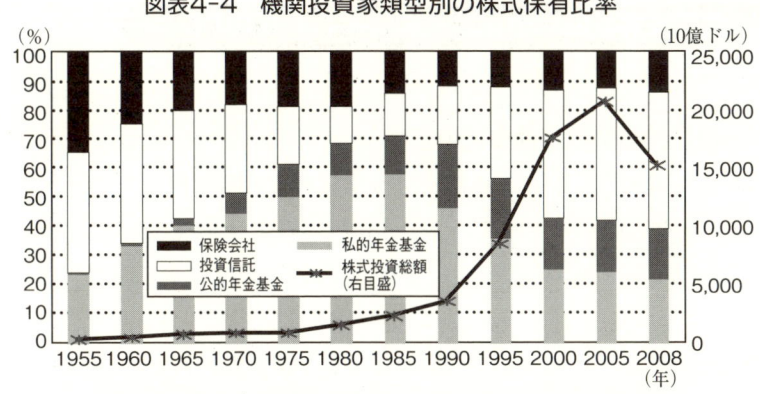

図表4-4　機関投資家類型別の株式保有比率

注：公的年金基金の持株比率は，連邦政府，州政府・地方政府職員退職年金基金の株式持株総額より算出している。私的年金基金には，企業年金，個人年金，労働組合共済基金が含まれている。投資信託には，クローズド・エンド・ファンド（closed-end funds）が含まれている。
出所：図表4-3に同じ。

まで株式市場に資金が流入した。2008年には15兆1,898億ドルにまで投資総額が減少したが，1995年水準にまでは減少していない。この投資総額の減少はサブプライムローン問題に端を発する金融危機と関連しているといえよう。

　機関投資家を私的年金基金，公的年金基金，投資信託，保険会社に類型化し，各機関投資家の株式保有比率をみておこう（図表4-4）。機関投資家による株式投資総額は，1990年以降，急激に増大しており，株式市場における投資総額と連動して，2008年には減少している。私的年金基金と公的年金基金を合算した持株比率は，1985年の70.7％をピークとして，90年67.9％，95年56.1％，2000年42.6％，05年41.8％，08年39.3％と減少傾向にある。私的年金基金には企業年金と個人年金が含まれており，1980年代における私的年金基金の持株比率の上昇は，確定拠出型年金プランの増大が影響していると考えられる。株式総額に占める投資信託の持株比率は，1980年には10.9％，85年14.7％，90年19.7％，95年31.3％，2000年43.6％，05年45.2％，08年46.3％と上昇しており，2000年には，投資信託の持株比率が年金基金のそれを上回り，年金基金の持株比率の低下に対し投資信託のそれは上昇傾向にある。

2. 機関投資家の台頭とコーポレート・ガバナンス

(1) 機関投資家の行動様式の変容

　アメリカ株式市場における株式所有構造の変化に関連付けてコーポレート・ガバナンスの変容をみていこう。1974年のエリサ法（ERISA：Employee Retirement Income Security ACT）の制定により，年金基金の管理・運用の受託責任が問われることになった。受託者責任には，投資リスクの分散のため分散投資が義務づけられた。機関投資家はウォール・ストリート・ルールに基づき投資対象会社の株主総会において会社提案を支持する，あるいは業績が向上しない場合，議決権を行使するのでなく，株式を売却することにより問題を解消してきた。1980年代には，敵対的買収ブームが起こるとともに，経営者に対する機関投資家の発言力が増大した。機関投資家の台頭に対し経営者はポイズン・ピルやゴールデン・パラシュートなど買収防衛策を導入した。機関投資家の株式保有比率の上昇の結果，機関投資家の所有株式の大量売却によって株価水準の下落を招くことになるため，機関投資家は運用上の損失を避ける投資行動をとらざるを得なくなった。また，機関投資家の投資運用がインデックス運用に移行したことにより，相対的に長期間の株式保有を行なうようになった。さらに，1988年の労働省によるエイボン・レターによって，議決権行使も投資家に対する信認義務として受託者責任に含まれることになった。1990年代には，機関投資家は，株主利益の実現のために株主総会で議決権を行使し，株主利益を受託する社外取締役を取締役会に送り込み，経営者に株主利益を重視した経営を行うよう圧力をかけるなど企業経営に積極的に関与し，経営改善を促す行動をとるようになった。したがって，機関投資家は，アクティビスト・「モノ言う株主」として株主行動主義（sharehoder's Activism）に基づく投資行動を展開し，株主価値の最大化を追求する投資行動として「リレーショナル・インベスティング（relational investing）」[5] 戦略を展開することになった。

(2) 機関投資家とコーポレート・ガバナンス

　機関投資家による株主行動主義の展開として，アクティビストとしての機関投資家は，議決権行使や株主提案権の行使だけでなく，投資対象企業の経営活動を常時監視し，改善を求める行動をとる。この機関投資家と会社との関係の変容は，リレーショナル・インベスティングとなって表れている。

　機関投資家による株主行動主義は，1985年に設立されたCII（Council of Institutional Investors：機関投資家協議会）の行動にみることができる。CIIはカルパース（CalPERS：California Public Employees Retirement System：カリフォルニア州職員退職年金基金）とカルスターズ（CalSTRS：California State Teachers Retirement System：カリフォルニア州教職員退職年金基金）の2つの巨大公的年金基金の運用実績に責任を有していたカリフォルニア州出納局長の提唱により設立されたものである。CIIの設立目的は株主主権のためのロビーイング集団としての活動を行なうことであったが，議決権行使，株主提案，経営者に対する圧力，経営者との対話，および株主代表訴訟も行なってきた。CIIは本来公的年金基金のための組織として活動を開始したのであるが，現在では公的年金，労働組合基金，および企業年金など140を超える機関投資家が加盟しており，3兆ドル以上の金融資産の運用に関与している。こうした機関投資家の株主行動は1986年と1987年にさらに活動を拡大した。巨大公的年金基金は株主提案を提出するだけでなく，メディアを活用し，企業の問題やアクティビストの提案を他の投資家に情報提供した。また，他の株主との協調的行動を積極的に展開した[6]。

　1990年代になり，議決権行使を行なうアクティビストが増加し，社外取締役の選任，業績低迷企業のCEO解任動議の提案など活動が活発化した。カルパースの一例を挙げると，GMから分離したEDS（Electronic Data Systems）の業績低迷に対して，カルパースは株主総会でCEOと取締役会会長職の分離案を提案し，多くの機関投資家がカルパース案に同調した行動をとった[7]。

　1990年代半ばに年金基金の株式所有比率が低下するまで，年金基金や労働組合基金による株主行動が株主提案や議決権行使において大きな割合を占めていた。近年の投資信託の台頭により，株主行動主義の中心的担い手は，投資信

託に移行したのである。

（3）株主主権とコーポレート・ガバナンス

　株主行動主義に基づく株主行動を通じて，機関投資家は株主価値の増大を目的とし，経営者へのインセンティブ報酬を経営者報酬に組み込んだのである。株主価値の増大と株価の上昇を目指すことにより，機関投資家と経営者の利益を一体化させようとしたのである。

　株主行動主義に基づくコーポレート・ガバナンスは，エージェンシー理論に基づいたコーポレート・ガバナンス改革として展開された。エージェンシー理論では，株式会社における株主と経営者間の関係をプリンシパル・エージェンシー関係として捉える。株主と経営者とは効用極大化を追求するが，必ずしも両者の利害は一致するものではない。両者間には，情報の非対称性が存在しており，経営者は情報の非対称性を活用し，自己利益極大化を追求すると捉えられている。株主と経営者の利益を一致させるために経営者に対する動機付けの付与，経営者に対する監視のためにエージェンシー理論に基づいたコーポレート・ガバナンスが展開されたのである。すなわち，株主主権に基づくコーポレート・ガバナンスの徹底が経済合理性に合致し，企業経営の効率性を実現可能とすると捉えられてきた。

　株主利益の極大化とトップ・マネジメントの利益を一致させるために導入した報酬制度として，ストック・オプション制度や企業業績に連動したボーナス制度がある[8]。経営者報酬は株主からチェック機能としての受託経営責任を付与されている社外取締役により構成される報酬委員会において審議されたものでもある。

　CEOの平均報酬総額に占めるストック・オプションの比率は，1990年代後半以降，上昇している（図表4-5）。1990年代後半のITバブルもあり，株価水準の上昇傾向にともなって，株価上昇を前提としたストック・オプションの比率が高まり，CEO報酬総額も上昇した。2002年には報酬総額の増大とともに，ストック・オプションが60％を超える状況となっている。1990年代後半以降のアメリカ企業の経営戦略の特徴として，製造業における製造コスト削減

第4章　金融危機とコーポレート・ガバナンス

図表4-5　CEO報酬総額（平均）とストック・オプション比率

注：CEO報酬は，1989年から99年までアメリカ国内最大800社，2000年以降は最大500社を対象としている。CEO報酬総額の平均値により作成している。
出所：Forbs, "Histrical CEO Compensation" より作成。
《http://www.forbes.com/2009/04/21/executive-pay-ceo-leadership-compensation-best-boss-09-bosses_map.html（2009年8月15日）。》

を目的とした提携戦略やアウトソーシング戦略，特にOEM委託生産を展開した。OEM委託により，アメリカにおける産業の空洞化，雇用の流出が問題となった。また，製造部門だけでなく事務管理部門におけるアウトソーシング戦略も展開した。いわゆるバック・オフィス（back office）におけるオフショア（offshoring）やオフショア・アウトソーシング（offshore outsourcing）により事業活動の海外移転戦略を展開した。グローバル化の進展による企業間競争の激化に対し，アメリカ企業は企業業績を上げるため固定費の削減・圧縮を行ない，株価の維持・上昇を目的として経営活動を展開した。さらに，ITバブル崩壊により株価水準が下落し，エンロンの粉飾決算など一連の不祥事が発生した。その背景には，株価極大化を志向した経営行動があるといえよう。なお，2009年のCEO総額報酬は金融危機に直面しながらも，2005年水準となっていることも指摘しておきたい。

　CEO報酬に関して個別企業の事例を紹介しておくと，リーマン・ブラザーズのファルドCEOは，2007年までの5年間に報酬総額2億6,997万ドルの報酬を取得していた。報酬総額には，業績連動のボーナスとして4,115万ドル，ストッ

ク・オプションの行使による2億2,507万ドルの自社株売却益を得ていた。報酬総額のうち基本報酬額75万ドルにしか過ぎず，かなりの割合がインセンティブ報酬であった。

ストック・オプションは，株価上昇の際に行使可能なため，株主との利害が共有されることになる。上述した機関投資家の株式所有比率の上昇とCEO報酬総額に占めるストック・オプション比率の上昇がほぼ同時期であることが確認できる。この点に機関投資家による株主行動主義に基づく株主行動が反映しているといえよう。

第5節 まとめに代えて

アメリカ株式市場における株式所有構造の変容が，コーポレート・ガバナンス改革の論議を活発化させたとともに，アングロ・アメリカ型コーポレート・ガバナンスに内在する問題を浮き彫りにさせたといえよう。株主の利益保護を目指した株主価値重視のシェアホルダー志向型コーポレート・ガバナンスは，継続的な株価上昇が前提となったシステムであり，株式市場の機関化現象における株主行動主義に基づく行動として展開されたのである。

コーポレート・ガバナンスは公正かつ効率的な経営システムの構築を目指して展開されるものであるが，アメリカのコーポレート・ガバナンスの現状は，株主価値極大化の追求に特化して展開された。また，リーマン・ブラザーズの経営破綻にみられるようにCEOをはじめとするトップ・マネジメントに高額報酬を付与しながらも，事業の存続自体が不可能になる現象が生じた。株価が上昇基調にあるときには，短期業績に連動した報酬制度は株主利益の極大化と経営者の行動が連動していたかのようにみられた。アメリカにおけるコーポレート・ガバナンスは株主・経営者関係と会社機関構造，特に株主行動主義に基づき一連の改革が展開されたことに特徴づけられる。

株式市場の機関化現象下において，機関投資家の行動がトップ・マネジメントに対するガバナンス機構に与える影響は多大である。機関投資家には，信託

受託者として資金運用に責任があるため,投資運用に第一義的な関心を持たざるを得ないが,SRI（Socially Responsible Investment：社会的責任投資）を積極的に展開し,株主意識として広範な経済的・社会的所有への意識転換が求められる。また,株式市場の機関化現象の変様,すなわち,1990年代以降,機関投資家部門における主要株主が年金基金から投資信託に移行しており,主要株主構成の変化が確認された。それにともなって,投資信託のリレーショナル・インベストメント戦略の特質およびヘッジ・ファンドの投資行動がコーポレート・ガバナンスに与える影響を考察する必要がある。

(注)
1) 植竹〔1999〕1ページ。
2) 仲田〔2008〕25～28ページ。
3) 出見世〔1998〕8ページ。
4) M.ユシーム（Useem〔1996〕pp.25-26.）によれば,機関投資家の台頭による株式市場の機関化現象は,「投資家資本主義（investor capitalism）」と称される。
5) Useem〔1996〕p.7.
6) イギリスにおける機関投資家,特に年金基金の行動に関して次のような指摘もある（Scott〔2005〕51～58ページ）。イギリスでは,政府や証券取引所は,年金基金に対して行動的株主として投資対象企業に対する制約者であるだけでなく,会社支配の行動的参加者となるよう促してきた。機関のファンド・マネジャーが年金基金の議決権行使を通じて経営上の方針に介入する場合,支配的な星座状連関の中の特定の株主間で一時的な提携が生じる。このような提携がコーポレート・ガバナンス問題の追求において主導的役割を担ってきた。
7) 有力株主不在の巨大株式会社において,個別株主の利害に基づき一時的な株主連合や不安定な株主連合が形成され,会社業務や取締役会の構成に関して議決権行使を行うという「利益星座状連関を通じた支配（control through a constellation of interests）」として株主行動が展開される。
8) SOX法施行により,ストック・オプション報酬は株主総会の承認が必要となった。

(参考文献)
植竹晃久〔1999〕「現代企業のコーポレート・ガバナンス構造と経営行動」植竹晃久・仲田正機編著『現代企業の所有・支配・管理』ミネルヴァ書房。
海道ノブチカ・風間信隆編著〔2009〕『コーポレート・ガバナンスと経営学』ミネルヴァ書房。
出見世信之〔1998〕「コーポレート・ガバナンス論争の背景とその意義」坂本恒夫・佐久間信夫編著『企業集団支配とコーポレート・ガバナンス』文眞堂。
仲田正機〔2008〕「コーポレート・ガバナンス改革の位相」鈴木幸毅先生古稀記念論文集刊行委員会編『企業社会的責任の研究』中央経済社。
Scott, J.〔2005〕「英国のコーポレート・ガバナンスの変貌」仲田正機編著『比較コーポレート・ガバナンス研究』中央経済社。
Useem, M.〔1996〕*Investor Capitalism How Money Managers are Changing the Face of*

Corporate America, Basic Books.

(岩波 文孝)

第5章 金融危機と企業金融

第1節　はじめに

　米国における住宅バブルは，特にカリフォルニア，フロリダ，ボストン，ニューヨークなどの地域において2001年から2005年まで続くこととなった[1]。しかし2006年以降，サブプライムローンの延滞率が急激に上昇することにより住宅バブルはその終焉を迎えた。そして翌年（2007年）2月以降，米国におけるサブプライム問題が表面化した。サブプライム問題は当初，1992年度以降の日本における不良債権問題と比較すると小規模であるということから，早急に解決できると考えられていた。しかしながら米国ばかりではなく，欧州や日本の投資家がCDO[2]（Collateralized Debt Obligation，合成債務証券）に投資したことによってリスクがさらに顕在化することになった。そのためサブプライム問題が表面化してから1年以上経過した2008年には，日欧米における金融機関の損失はさらに拡大することとなり，金融機関の再編が進むことになった。

　2008年以降，米国の金融機関を中心にM&A（合併・買収）が実施されている[3]。例えば2008年3月，JPモルガン・チェースがベアー・スターンズを，同年9月にはバンク・オブ・アメリカがメリルリンチを買収するに至った。また，リーマン・ブラザーズが再編されることもなく破綻に追い込まれることになったことは，記憶に新しい。さらに同月には大手保険会社のAIG，11月にはシティグループが米国政府から支援を受ける事態になった[4]。今回の金融危機の

原因は,サブプライム問題の拡大を阻止することができなかったことにあるが,CDOを売却するセカンダリー・マーケットが機能しなかったこと,そしてリーマン・ブラザーズやAIGのような大手金融機関がCDS（credit default swap）に関わったことがこの問題をさらに深刻化させる要因になった[5]。

　上記のような状況の流れを受け,日本の短期金利も信用不安から一時期には急騰した。短期金利などの上昇は,日本の企業金融に大きな影響を一時的に与えた。金融市場や証券市場からの資金調達は金融危機前後では減少した。このためCP（コマーシャル・ペーパー,短期社債）のような市場からの調達は減少し,銀行借入など間接金融への回帰が見られた。日本企業は金融危機により一時的に資金調達難に陥ったが,2009年後半以降,資本市場も落ち着きを取り戻している。2009年において,普通社債や株式などの発行額は急増しており,金融危機前の状態に戻りつつある。本章では金融危機前後において,日本の企業金融に見られた特質を明らかにする。

第2節　金融危機と市場型金融の動揺

1. 金融危機とCP

　アメリカにおける金融危機,そして金融機関の破綻や公的資金の注入は,世界的信用不安となった。世界の基軸通貨はドルであり,アメリカの金融危機や信用不安は,世界経済と世界の金融市場を震撼させるものであった。例えば国際金融市場での指標となる短期金利は,LIBOR（London Inter Bank Offered Rate,ロンドン銀行間金利）であるが,このLIBORもドル建て中心である。米ドル（以下同じ）LIBORは2001年から2002年にかけては1％台で安定していた。2001年から2002年にかけては,欧米を中心に金利が低下した時期であり,LIBORの低下もこうした世界的金利低下を反映していた。しかし,2006年以降2008年9月まではLIBORは4〜5％台に急騰した。サブプライム関連の懸念

図表5-1　国内CP市場の動向

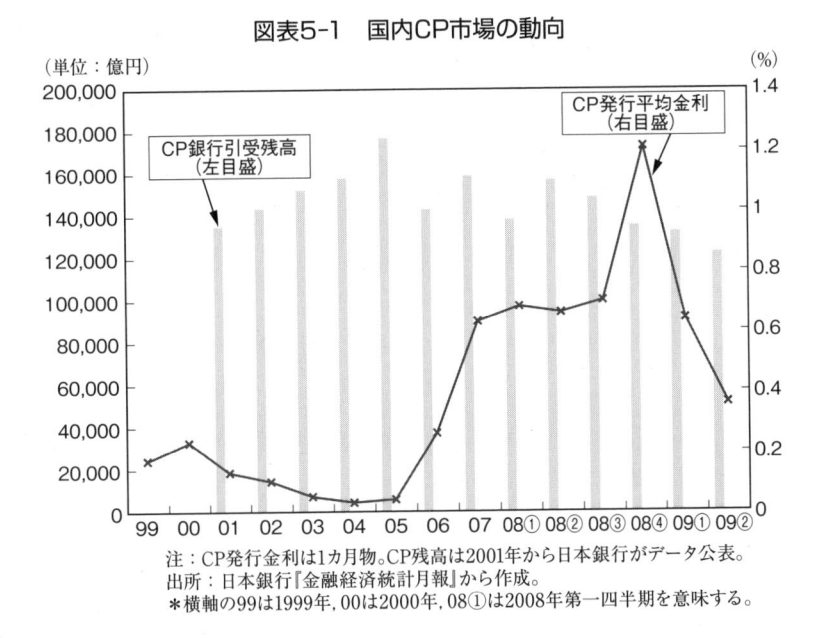

注：CP発行金利は1カ月物。CP残高は2001年から日本銀行がデータ公表。
出所：日本銀行『金融経済統計月報』から作成。
＊横軸の99は1999年，00は2000年，08①は2008年第一四半期を意味する。

台頭や，米系大手金融機関の破綻によって，国際金融市場で不安が高まり，資金の出し手が減少し，短期金利が急騰した。

　こうしたLIBORの急騰など，国際金融市場の動向は，日本の国内金融市場にも影響した。図表5-1は日本のCPの発行金利（1カ月物）と発行残高（銀行引受分）を示している。CP発行金利は2004年から2005年にかけては0.03％から0.04％に低下し安定していた。しかし2006年には0.26％，2007年には0.63％，2008年には0.81％（年平均）へ上昇した。なかでも2008年の10～12月には，1.03～1.34％まで上昇した。短期国債（TB，3か月）の利回りは2008年12月に0.195％であったから，CPとのスプレッド（利回り格差）は1.145まで拡大した。一般的には短期国債は無リスク証券とみなされ，短期国債とのスプレッドはリスクを反映したものとされる。CPと短期国債のスプレッドは2008年後半に大きく拡大しており，民間企業のリスクは金融市場で敬遠された。

　CPは短期社債であるが，銀行借入に代替する短期の資金調達手段として，企業から重用されてきた。CPは総合商社やリース業界等など短期の運転資金へのニーズが強い業種を中心に発行されてきた。総合商社では在庫投資の必要

性が高く，在庫投資のため短期資金を調達しなければならない。またリース業界でも，リース（貸付）資金確保のため，短期の資金調達が不可欠となる。そこで短期の資金を機動的に調達できるCPが商社やリース業界によって活用されてきた。しかし，現在では総合電機など上場企業，特に大企業全体で短期の資金調達手段としてCPは発行されている[6]。

　企業は銀行借入する場合には，相対(あいたい)で借入金利について交渉（企業対銀行）することになる。しかしCPの場合には，格付けによって幅はあるものの，市場金利としてのCP金利が基本となって発行金利が決まる。CP発行金利は市場の影響を大きく受ける。したがってCP発行金利が急騰する場合にはCPの発行自体が難しくなる。図表5-1でも，CP発行残高は2007年末には15兆9,117億円まで増加したが，2009年上半期末には12兆2,578億円まで減少した。金融危機に伴う市場金利とCP発行金利の上昇によって，CPの発行自体が減少もしくは停止された，と見られる。CP発行金利が1.34％まで上昇した2008年12月でも，無担保コール翌日物金利は0.1％程度であったから，金融機関はコール市場において金利0.1％台で調達可能であった。このため，CP発行金利よりも低い金利で，銀行は企業に貸し出したと推定される。

2. 金融危機と銀行貸出

　金融危機の前後で，企業によるCP発行が減少する一方，銀行借入（銀行からは貸出）が増加していった。図表5-2は全国銀行による企業（法人）向け貸出の動向を示している。企業向け貸出伸び率（大企業，中堅企業，中小企業の貸出残高合計の伸び率）は2000年から2005年まではマイナスであり，特に2003年には－9％と著しく減少した。市場金利の低下から，CPなど市場型金融への依存が強まったと見られる。しかしまず貸出伸び率は2006年に3.1％増加となり，銀行貸出が減少から増加に転じた。しかしこの時は図表5-2が示すように，中小企業向け貸出中心の増加であった。中小企業向け貸出残高は2005年に約179兆円であったが，2006年には約188兆円に増加した。2003年以降，企業向け貸出全体の伸び率は減少率を縮小させており，こうした延長で2006

第5章　金融危機と企業金融

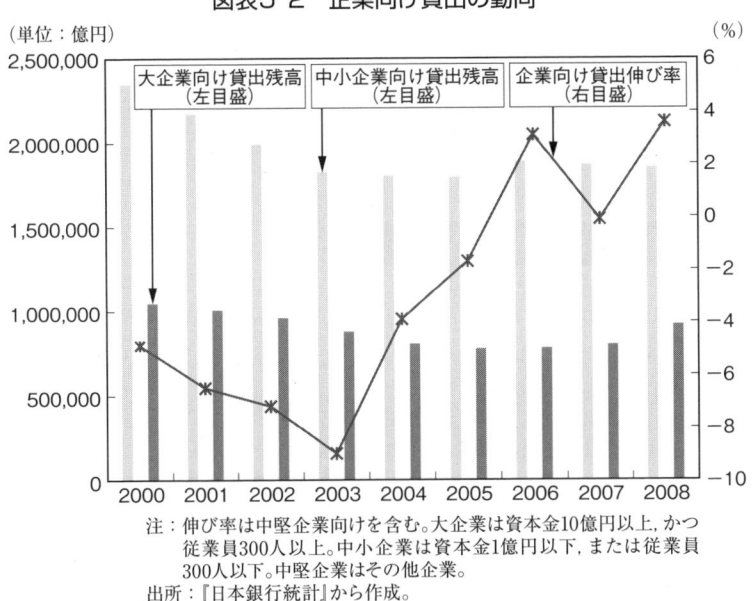

図表5-2　企業向け貸出の動向

（単位：億円）　　　　　　　　　　　　　　　　　　　　　　　　　　（%）

凡例：大企業向け貸出残高（左目盛）／中小企業向け貸出残高（左目盛）／企業向け貸出伸び率（右目盛）

注：伸び率は中堅企業向けを含む。大企業は資本金10億円以上，かつ従業員300人以上。中小企業は資本金1億円以下，または従業員300人以下。中堅企業はその他企業。
出所：『日本銀行統計』から作成。

年には増加に転じたと見られる。景気が比較的良好であったうえ，メガバンクを含め銀行が中小企業向け貸出を強化したことも一因と見られる。

しかし2007年には金融危機が発生し，企業向け貸出全体が－0.1%と減少した。この時，貸出減少は中小企業向け貸出で発生しており，2007年にも大企業向けは増加した。大企業向け貸出は2006年に約78兆円であったが，2007年には約80兆円と増加した。さらに2008年には，引き続き中小企業向け貸出が減少した一方，大企業向け貸出は増加した。大企業向け貸出が2008年に約92兆円（前年比14.7%増）に急増した一方，中小企業向け貸出は約185兆円（同0.9%減）へ減少した。したがって2008年に企業向け貸出全体は3.6%増となったが，それは大企業向け貸出に起因するものであり，中小企業向けは減少した。

中小企業向け貸出残高が低迷した理由として，景気後退により倒産する企業が大幅に増加したことが一因と見られる。そこで中小企業の倒産件数の推移を見ると，バブル崩壊以降2001年をピークに減少の一途を辿ったものの，2005年度以降，再度，その件数が増加することになった。帝国データバンクの調査

によると，2008年度における中小・零細企業の倒産は前年度と比較すると約20%増加している[7]。金融機関はこの不況型倒産によって，中小企業に対する貸出を実施することに消極的となった。また審査を厳しくする必要性が高まったことから，貸出残高が減少したものと考えられる。

3. 中小企業への緊急保証制度

　このような状況を解決するために2008年10月に緊急保証制度が発動されることとなり，中小企業へ金融面からの支援策が導入された。この施策により中小企業が金融機関から借り入れる場合，信用保証協会による全額保証が従来の185業種から781業種対象（導入当初は500超業種）に拡充された。対象となる中小企業では，従来からの一般保証枠とは別に，最大2億8,000万円（無担保8,000万円まで，有担保2億円まで，合計2億8,000万円）まで信用保証協会の100%保証を受けることが可能であった。結果的に全国的に中小企業による緊急保証申し込みが殺到した。

　信用保証制度（緊急保証制度を含む）では，金融機関から借り入れた中小企業が返済できない場合，信用保証協会が中小企業に代わり返済する。これが代位弁済である。全国信用保証協会の代位弁済率（全国，代位弁済額÷保証債務残高）の推移を見ると，2004年度には2.8%であったが，2008年度には3.8%へと上昇してきた。また2009年4月以降にも，信用保証協会による代位弁済額は前年同月を大きく超過して推移している。特に2009年6～8月には，全国の代位弁済額は月あたり1,000億円を超えており，大きな負担となっている。中小企業の経営環境と企業金融は2009年現在，厳しさを増している。

第3節 金融危機と大企業の資金調達

1. 大企業の資金調達と歴史的経緯

　日本の高度経済成長期，拡大経営の時代には，企業はメインバンクを中心とする金融機関からの借入れ，すなわち間接金融を中心に資金調達を行い，継続的に投資しながら事業の規模を拡大してきた。大村・増子〔2003〕は，バブル崩壊に至るまで「経済が成熟していく段階で，企業成長力が鈍化し，業績不振の状況が長期間継続したのにもかかわらず，わが国企業は，右肩上がりの成長神話，土地神話を疑うことなく，システムの見直しをせずに規模拡大を続けてきた[8]」と振り返っている。

　1973年の第1次石油危機以降，公募時価発行増資が進められ日本の企業は，間接金融から直接金融に移行しつつあった。しかし企業の借入金依存度が低下したといっても，大手金融機関は，融資と併行して株式も所有するという企業との関係を築き上げてきた。1985年以降，株価の高騰を利用し，企業はエクイティ・ファイナンスによる資金調達を活性化させていった。日本の企業は調達した資金を，事業の拡大以外にも，不動産投資・株式投資など，本業とは無関係な投機的かつ非効率的な資産に活用した。このことから企業金融に関し，1980年代後半は，「エクイティ・ファイナンスが盛んになるにつれて，野放図な経営がまかり通った[9]」時代であったといえよう。

　しかし1990年代のバブル崩壊以降，株価低迷や金融商品に対する時価会計の導入によって，金融機関は含み損や評価損の問題を抱えた。さらに，金融機関は不良債権処理の問題に直面すると同時に，BIS（国際決済銀行）規制における自己資本比率の改善のためにリスク・アセット（貸出・株式など）の圧縮に迫られていった。そのため金融機関は，企業に対して貸し渋りを行なうようになると同時に保有株式を売却した。そして1990年代後半以降，保有株式の売却が進むことにより，日本的経営のシンボルであった株式持ち合いの崩壊が

始まることになった。

　この状況のなか，その「受け皿」役として日本の株式市場に外国人投資家が台頭することになった。外国人投資家の存在により，日本的経営に変化の兆しが見られるようになった。そのため日本の企業は，これまでの売上高，総資産，シェアの規模拡大重視から，外国人投資家が重視している利益率向上を意識した経営が求められるようになった。企業は，利益率を向上させるために，コスト削減，投資効率の高い企業体質に転換できるような効率的な経営を迫られるようになった。

　以上のように，2000年以降外国人投資家の存在が大きくなり，日本の企業金融がグローバリゼーションに取り込まれていった。このために2007年からのアメリカでの金融危機は日本の企業金融を直撃した。

2. 金融危機と日銀の危機対応オペ

　日本銀行は金融危機に対応すべく，企業金融支援のために，危機対応策をとった。具体的には，①2008年10月からCPを担保とした資金供給オペの頻度・金額を拡充，また多様なABCP（資産担保CP）を担保とする，②2008年12月から格付けがトリプルB格の社債も含め，社債を担保としたオペを実施する，③2009年1月から，社債やCPなどを担保に一定利率（0.1%）で無制限に資金を供給する（企業金融支援特別オペと呼ばれる）。こうした企業金融支援の措置のほかにも，政策金利（無担保コール翌日物）を0.1%に引き下げ，長期国債買い増し月間1.8兆円（1.2兆円から引き上げ），銀行保有株式の買い取りといった危機対応策がとられた[10]。

　本来，中央銀行がオペにおいて，社債やCPを対象とすることは一般的ではない。社債やCPは個別企業が発行するので，中央銀行が社債やCPを対象とすることは，個別企業の信用リスクに踏み込むためである。中央銀行が社債やCPをオペの対象とすれば，当該の社債やCPを発行する企業の信用リスクは低下する。オペ対象とならない社債やCPを発行する企業との間で，信用格差が発生することになる。

しかし日本銀行はあえて社債・CP対象のオペ実施に踏み切った。オペの実施額は2009年9月末で，CPの買い取り額が約1,000億円（上限3兆円），社債の買い取り額が約3,000億円（同1兆円），企業金融支援特別オペ残高が6.9兆円となっている。こうした日本銀行による金融危機対応策は，さまざまな評価が可能であるが，以下に示すように，社債発行額回復の一因となった，と見られる。

3. 金融危機と政策金融の活用

　日本銀行の対応以外にも，金融危機時（2008～2009年度）には政策金融機関が活用された。日本政策金融公庫は旧中小企業金融公庫，旧国民生活金融公庫，旧農林漁業金融公庫の統合により成立したが，この日本政策金融公庫が活用された。財政投融資資金が日本政策金融公庫から，日本政策投資銀行経由で，民間企業に流れるスキームが重用された。財政投融資資金は，国債の一種である財投債によって調達されており，国の信用を背景として公的金融システムが総動員された，とも言える。

　第一には，日本政策投資銀行がCP購入（買いオペ）したことである。資金は日本政策投資銀行の自己資金のほか，日本政策金融公庫の資金が活用された。CPを最大2兆円まで購入可能となった。

　第二には，日本政策投資銀行による大企業・中堅企業向けの低利融資である。日本政策金融公庫の「危機対応円滑化業務」規定を根拠とし，日本政策金融公庫の資金が日本政策投資銀行経由で貸し出された。2009年度までに約6,000億円が予算化され，この制度により日産自動車が約500億円，三菱自動車も約500億円を借り入れた。

　第三には，日本政策投資銀行による企業向け出資である。産業活力再生特別措置法（産業再生法）の認定を受けた企業に，日本政策投資銀行や民間銀行が出資し，出資について日本政策金融公庫が保証する。損失が発生した場合，政府が日本政策金融公庫経由で50～80％を補填する。この制度を半導体のエルピーダメモリが利用し，2009年8月に日本政策投資銀行に優先株を約300億円

発行した。この他,日本航空が申請の検討を表明した。ただし,民間銀行が出資し,損失が発生した場合に,政府の補填が100%ではないので,民間銀行による出資は消極的と見なされた[11]。

このため,金融危機によって日本政策金融公庫や日本政策投資銀行といった,政策(公的)金融機関は存在をアピールすることとなった。日本政策投資銀行の完全民営化(株式上場など)は延期されることとなった。小泉政権以来の公的金融縮小は見直されることとなった。

4. 社債・株式発行額の回復

日本銀行や日本政策投資銀行のCP買いオペも一因となり,2009年に入り,金融市場は回復する傾向にある。2007年以降,高格付企業の社債発行が漸増の一途を辿ってきた。図表5-3は普通社債の発行額と銘柄数を示している。過去の社債発行の推移を見ると,1998年度は高水準であったが,その後減少していった。しかし2008年度は9兆6,000億円に急上昇することになった(図表5-3参照)。現在,社債の発行額が上昇しているが,その背景にはどのようなこ

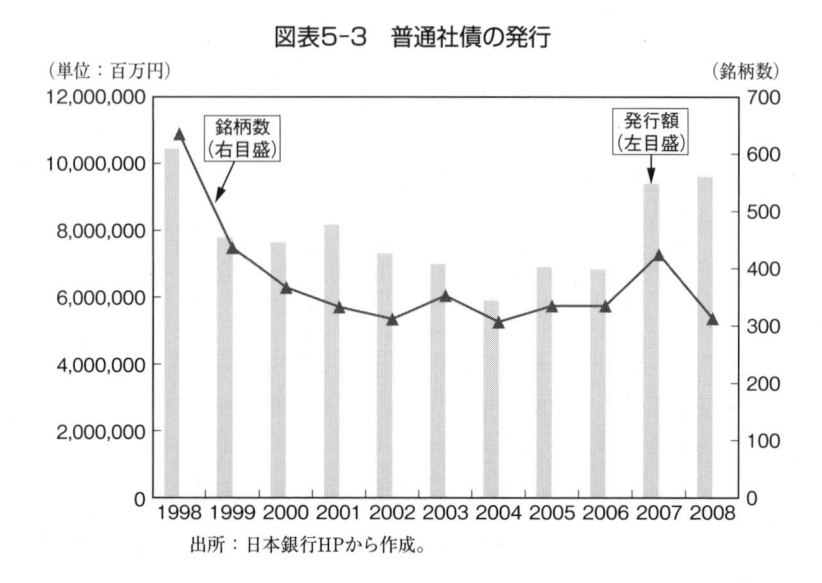

図表5-3　普通社債の発行

出所:日本銀行HPから作成。

とがあるのか。

　例えば三菱商事は，従来，社債の発行を積極的に実施することはなかった。しかし2009年1月，資源権益の獲得や将来のM&Aに備えて450億円の普通社債（R&Iによる格付けはAAマイナス）を発行した。さらに三菱商事は2,000億円の社債発行の準備をしている。すでに同社は2009年3月には500億円の普通社債（R&Iによる格付けはAA）を発行している。同社は継続して投資を行っているため，手元資金を確保するために普通社債を発行している。また他の大手商社は金融不安が続くことを考慮し，普通社債では高コストになるため，CPの発行で手元資金を獲得している。

　続いて，日本郵船は2009年6月に600億円の普通社債（R&Iによる格付けはAAマイナス）を5年物と10年物に分けて発行した。その資金は設備投資や短期借入金の返済に活用された。またトヨタ自動車は開発および設備投資の資金を確保するために，普通社債の発行枠を2,000億円に拡大したうえで2009年6月に1,300億円の普通社債（R&Iによる格付けはAAA）を発行した。以上から高格付企業が社債を発行しやすくなった要因として，2009年に入り，資本市場も落ち着きを戻しつつあると同時に，機関投資家による社債への投資意欲が高まりつつあることが影響していると見られる。

　また2008年以降，個人投資家向けの社債発行額も上昇している。個人向け社債発行額は，2009年8月には1兆5,000億円を超過し前年度の発行額を5ヶ月間で上回ることになった[12]。個人投資家向けの社債は，約8割が金融機関によって発行されたものであり，金融機関の個人向け社債は劣後債が中心となっている。劣後債は，元本の返済順位が低く，一定割合を自己資本に計上できる，というメリットが金融機関にある。そのため三井住友銀行，みずほコーポレート銀行などのメガバンクばかりではなく，横浜銀行や千葉銀行のような地方金融機関も劣後債を発行している。そして金融機関ばかりではなく小田急電鉄や北陸電力では，抽選や景品を付与した個人投資家向け社債の発行に積極的に取り組むようになってきている。他方，個人投資家からは，個人向け社債の利回りが他の債券（国債等）より高い，というメリットがある。

　このようにトリプルAやダブルAのような高格付企業を中心とした社債発

行が注目されているが，投資適格債の最もランクが下であるトリプルBが付与された企業は機関投資家向け社債の発行を実施している。例えば，近畿日本鉄道（R&Iによる格付けはBBB,JCRによる格付けはAマイナス），東武鉄道（R&Iによる格付けはBBB），ソフトバンク（JCRによる格付けはBBB）などが挙げられる。トリプルBは投資適格債と定義付けられているものの，発行企業数は非常に少数である。このようなリスクが高いトリプルBの社債の利率はトリプルAやダブルAを取得した企業と比較すると非常に高い。そこで利率についてみると，近畿日本鉄道が4年物で1.7%，5年物で1.6%，東武鉄道が3年物で1.71%，ソフトバンクが2年物で5.1%である。他方，ダブルAマイナス（JCR）が付与されているサントリーホールディングスの3年物の普通社債は0.79%，ダブルA（R&I）の日本通運が5年物で1.12%である。発行企業の発行額や格付けを取得する格付機関が異なるが，低格付企業が社債を発行することは高金利負担になり，また社債の引受先を確保することは難しいであろう。このことから，シングルA以上の格付けが付与されている企業の社債発行が大半を占めている。

　以上から2009年現在，社債への需要が発行体と投資家の双方から，これまで以上に強いということが理解できる。ここ最近の発行額の拡大には，投資家の社債投資意欲の高まりの他に，日本銀行が2009年年末（予定）までCP（残存期間が3カ月以内および格付けがa-1）や社債（残存期間が1年以内かつ格付けがシングルA以上）を買い取るというオペを実施したことが寄与していよう。また株価低迷により企業は増資に消極的になりつつあったが，2009年に入って，株式発行に踏み切る企業も台頭した（図表5-4参照）。例えば，伊藤ハムは2009年2月に資本増強および運転資金を確保するという目的で第三者割当増資（三菱商事が引受け）により約120億円の資金調達を実施した。そしてエルピーダは研究開発費および有利子負債の返済などを目的として，2009年8月に第三者割当増資（日本投資政策投資銀行が引受け）によって約300億円の資金を調達した。

　さらに2009年上半期（4～9月）には，株式発行額は2.4兆円，普通社債発行額は6.1兆円となり，それぞれ最近10年間では最高額であった。銀行による増資が目立ったことが一因となった。2.4兆円の株式発行額のうち，68%が金

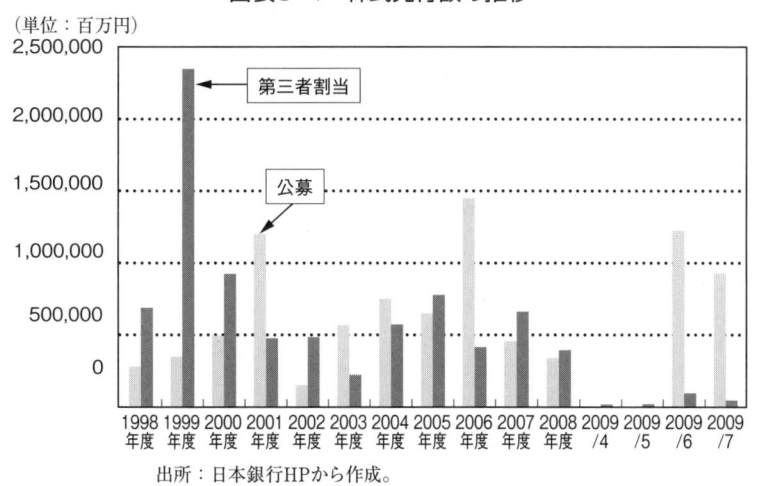

図表5-4　株式発行額の推移

(単位：百万円)

第三者割当

公募

出所：日本銀行HPから作成。

融機関による発行で，事業法人は32%であった。また普通社債については，高格付け企業の発行が中心であり，6.1兆円の普通社債発行額のうち，96%が格付けシングルＡ以上の企業による発行であった。すでに指摘したように，金融危機直後に銀行借入が増加したが，この銀行借入を社債に借換え，財務の立て直しを図る動きが一因となった[13]。

　金融危機前後での資本市場の冷え込みによって，社債や株式を発行する企業が減少していたものの，2009年現在，高格付企業を中心に社債の発行が拡大している。またBIS自己資本比率規制見直しや，レバレッジ比率導入に伴う普通株強化のため，銀行を中心とする増資も増加するであろう。

第4節　中小企業と市場型金融

1. 行政主導型CDOの動向

　これまで中小企業は金融機関からの借入れ，つまり間接金融に依存してきた。中小企業が融資を受けるに際し，物的担保や保証人が必要とされてきた。周知のとおり，中小企業が融資を受ける場合，従来不動産などが担保になっていた。しかしバブル崩壊後，中小企業は，金融機関による貸し渋りや物的担保となる不動産などの価値が下落したことによって資金調達が困難になっていった。中小企業への貸し渋りが始まるとともに，金融機関から追加担保を求められることもあった。この状況を解決するために，中小企業における資金調達手段の多様化として，地方自治体は2000年以降，中小企業の資金調達のためのCDOに取り組み始めた。図表5-5が行政主導型CDOの仕組みを示している。

　日本では，貸付債権を売買するセカンダリー・マーケットが未だ機能していないのが現状である。そこで中小企業向けのCDOを発行するために，大手金融機関や地方金融機関が窓口金融機関となり中小企業に新規に融資を行ったうえで，それらの複数の貸付債権を1つにプールしCDOを発行した。中小企業

図表5-5　信用保証協会の保証が付与された行政主導型CDO（CLO）の仕組み

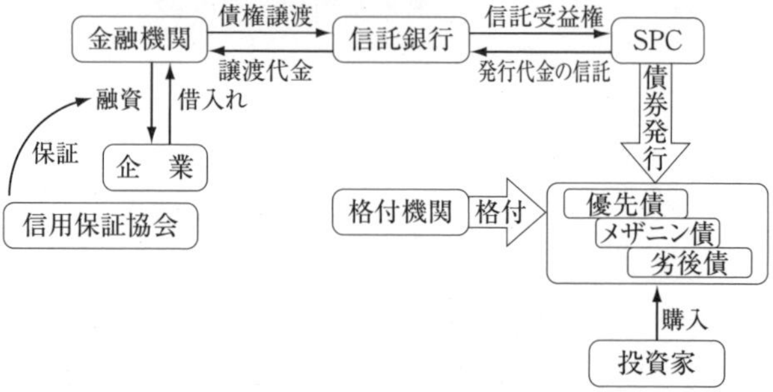

出所：著者（森谷）作成。

は大企業と比較すると信用力が低い。つまりリスクの高い債券を発行するということから，当初，中小企業への融資には信用保証協会による信用保証が付与されていた。この信用保証が付与されていない場合，最もリスクの高い劣後債は，中核となるオリジネーターの引受銀行が引き受けていた。オリジネーターが劣後債を引き受けることによって，中小企業をモニタリングするインセンティブが高まるものと考えられてきた。さらに日本政策投資銀行や日本銀行は中小企業の資金調達の円滑化，そして中小企業のためのCDO市場の育成を目的として，発行された劣後債を引き受けている時期もあった。

　前述したが1990年代後半以降，金融機関は不良債権処理の問題，そして当時のBIS規制における自己資本比率の改善のためにリスク・アセットの圧縮に取り組んでいた[14]。これにより金融機関は，リスクの高い中小企業への融資には消極的となり，地域産業にも影響を及ぼすようになった。この状況に対応し地方自治体は，中小企業の融資に対して信用保証を付与する，つまり金融機関が果たせない信用補完の機能を信用保証協会に委ねることで，中小企業の資金調達を支援したのである。

　以上の経緯から，日本における中小企業向け貸付債権の証券化（CDO）は，東京都を代表として，地方自治体が中心となって組成されてきた。東京都は中小企業の資金調達手段を多様化するために，証券化を活用し，無担保で資金調達ができる仕組みを作り，そしてこのCDO（CLO）に参加する中小企業の募集に取り組んできた。こういった観点から，地方自治体が取り組む中小企業向け貸付債権の証券化を行政主導型CDOと呼ぶ。ここ数年，千葉県，大阪府，滋賀県の地方自治体も中小企業の資金調達を支援するために，東京都と同様のスキームを活用し，行政主導型CDOに取り組むようになってきていた。さらに複数の地方自治体が連携し，地域の中小企業を対象にこの証券化に取り組むようになっていた[15]。

　この行政主導型CDOに参加するための条件が緩和されたが，厳しい条件をクリアしなければならない。現在，厳しい審査にも関わらず，東京信用保証協会による全額保証や部分保証が付与されたCDOのデフォルト率が上昇している。参加企業数や債券発行金額の規模が異なるものの，すでに償還された

CDOのデフォルト率（債務不履行率，金額ベース）は第1回CDO（2000年3月発行）が6.19%，第2回および第3回CDOは2%台，3%台に低下したが第4回CDOでは5.27%に再度上昇することになった。今日，償還時期をむかえていない行政主導型CDOが5本あるが，第6回CDO（2005年3月発行）のデフォルト率は金額ベースで9.46%，件数ベースで11.41%である。続いて第7回CDO（2006年3月発行）は，それぞれ13.04%，14.88%である。これらのCDOが発行されてから3年程しか経っていないことを考慮すると非常に高いデフォルト率であることが理解できる。

　これまで東京都などの地方自治体が中心となり，行政主導型CDOに取り組んできたが，ここ数年，単独で取り組む金融機関が台頭している。それは大手金融機関ばかりではなく信用金庫（釧路信金・帯広信金）や信用組合（長野県信組）である。こういったCDOに取り組む金融機関が増えているが，日本初として話題になった東京都および複数の地方自治体が発行した第7回CDO（CBO）は元本割れすることが明らかとなり，投資家が130億円の損失を被ることになった[16]。

　新たな資金調達手段として行政主導型CDOが定着しつつあったが，金融不安や景気後退によってこのようなCDOの取り組みが消極的になりつつある。今日では，東京都による行政主導型CDOの発行を延期するケースもある。今後，このようなCDOを推進していくにはCDOの参加条件，信用保証協会の保証条件などの見直しが検討されるであろう。さらにこのようなCDOにはどのような意義があるのかを再検討する必要がある。

2．中小企業と私募債

　現在，金融機関は中小企業の融資審査に対して慎重になると同時に，資金繰りが厳しい状況に置かれている中小企業に対して貸し渋りを実施するようになってきている。信用力が高い中小企業であるならば，複数の資金調達手段が用意されている。しかし中小企業の中には資金繰りが厳しく，銀行による貸し渋りに直面する企業もある。

一方，優良な中小企業は私募債の発行に取り組んでいる。私募債は不特定多数に対して発行する公募債とは異なっている。私募債は発行する前にあらかじめ親族，従業員，取引先や地域の住民などの縁故者に債券の引受けについて承諾を得たうえで，資本市場を通さず投資家が直接購入することができる社債である。最近では，金融機関も中小企業の私募債を引き受けるようになってきている。現在，中小企業の私募債発行は地方金融機関が中心となり積極的に支援するようになってきている。例えば四国の地方銀行（8行）による私募債引き受け件数が増大している。2005年度には130件程であったが，2007年度には156件に上昇した。またその発行金額を見ると，2005年度には155億円程度であったが，2007年度には180億円を上回った。金融機関が私募債を引き受けることで何ら通常の融資と変わらないと思われるが，中小企業が私募債の発行に取り組むことで取引先に対し，財務の安定性および信用力をアピールすることができる。また，中小企業金融公庫（現　日本政策金融公庫）は2004年9月に，無保証かつ無担保の複数の私募債を1つにプールし証券化した実績を有している。

このような私募債の発行は，地方金融機関の中小企業に対する資金調達支援業務として定着しつつあるといえよう。最近では無保証・無担保の私募債に対し，信用保証協会や金融機関による保証を付与するケースが多くなってきている。その背景には2009年5月，「信用保証協会が社債を保証できる企業の条件が，従来の純資産額1億円以上から5,000万円以上に緩和[17]」されたことが挙げられる。これを受け，信用保証が付与された私募債を発行する中小企業が増加することになった。例えば，リーマン・ショックで損失を受けた北洋銀行が2009年4月以降，5ヶ月間で50件強の私募債を引き受けている。しかしながら積極的に私募債の発行に取り組むことになった北海道の代位弁済額をみると2008年度は過去最高の341億円を記録した。このように信用保証協会の代位弁済額を考慮すると北海道信用保証協会だけではなく他の信用保証協会も代位弁済額を負担することができるのかという疑問が生じる。

これまで中小企業が発行する私募債というものは無担保かつ無保証で発行するケースが多かった。中小企業が私募債を発行することによって，直接金融への第一歩と考えられてきたが，保証条件の緩和により信用保証協会が信用保

証を付与することは，直接金融への妨げになるのではないかと懸念される。また今後，信用保証協会の代位弁済額が拡大することによって，さらに信用保証協会の財務内容が悪化する可能性を孕んでいるといえよう。

第5節 まとめに代えて

　これまで見てきたように金融危機や金融不安により，大企業や中小企業の資金調達手段が変貌した。危機の前後では，CPなど市場からの調達が減少し，銀行借入が増加した。金融危機後，銀行貸出は大企業向けに増加し，中小企業向けは減少した。しかし2009年現在，金融証券市場は回復しつつある。高格付企業による社債市場の復活，優良な中小企業による無担保・無保証の私募債の発行が増加している。さらに資金繰りが厳しい中小企業には政府による緊急保証制度が実施された。金融危機から，日本の企業金融は漸次的に回復しつつある。しかし，中小企業については，地域経済の衰退と共に，厳しい状態が続いていると言えよう。

（注）
1) Nick Beulig, Leo Jansen, Kai Linsmann〔2008〕p.6参照。
2) CDOとは，貸付債権もしくは社債などを担保として発行される債券である。CDOは担保となる資産によって，社債の場合はCBO（Collateralized Bond Obligation, 社債担保証券）と，貸付債権の場合はCLO（Collateralized Loan Obligation, ローン担保証券）に分類される。一般的に，CBOおよびCLOを合わせてCDOと呼んでいる。CDOでは，低格付企業や無格付企業の社債あるいはリスクの高い貸付債権を，1つにプールすることによってリスク分散できるというメリットを有している。
3) 金融機関のM&Aが進展しているものの「世界の主要企業が相次いで企業買収の中止や延期に追い込まれている。信用収縮で金融機関の資金繰りが悪化するなか，企業側も買収に必要な資金を確保しづらくなってきたため（日本経済新聞（夕刊），2008年11月6日付）」と考えられている。
4) 日本経済新聞（朝刊），2009年1月13日付参照。大手金融機関ばかりではなく，地方銀行の破綻や米国の住宅公社が公的資金を受けることになった。シティグループは，公的支援だけでは建て直すことができず，事業を「解体」することによってコアに集中した（日本経済新聞（朝刊），2009年1月17日付参照）。
5) 中西正行〔2008〕「金融クライシスと証券会社」，中小企業・ベンチャー・ビジネスコンソーシアム定例部会（於　明治大学），11月29日報告参照。
6) 日本経済新聞，2009年1月23日付。最大のCP発行企業は三菱UFJリースで9,008億円。

7) 帝国データバンクホームページ，《http://www.tdb.co.jp/report/tosan/syukei/08nendo.html（2009年9月5日アクセス）》。
8) 大村・増子〔2003〕53ページ。
9) 松村〔2004〕121ページ。
10) 日本経済新聞，2009年10月15日付。2009年10月現在，金融危機からの「出口戦略」が議論され，金融危機対策，特に企業金融支援特別オペの終焉が話題になっている。
11) 日本経済新聞，2009年2月27日付。
12) 日本経済新聞，2009年8月11日付。
13) 日本経済新聞，2009年10月12日付。
14) 高田〔2005〕3ページ。
15) 宮城県・和歌山県・鳥取県・佐賀県の4県，富山県・岐阜県・愛知県・三重県・名古屋市の4県1都市が共同でCLOに取り組んでいる。さらに東京都は，2005年に東京都・神奈川県・横浜市・川崎市の中小企業を対象に広域CLOを発行している。
16) 日本経済新聞（朝刊），2009年7月3日付。
17) 日本経済新聞，2009年8月19日付。

（参考文献）
大村敬一・増子信〔2003〕『日本企業のガバナンス改革』日本経済新聞社。
海上泰生〔2008〕「米国のABL（Asset Based Lending）を支える『ある種のインフラ』の存在とその機能—動産・債権担保融資の進展を促すもの—」『政策公庫論集』第1号，1月。
坂本恒夫・松村勝弘編著〔2009〕『現代の財務経営8　日本的財務経営』中央経済社。
高田創〔2005〕「特集ローン市場解題」『証券アナリストジャーナル』3月。
松村勝弘〔2004〕「わが国企業財務のあり方と証券市場」『証券経済学会年報』第39号。
森谷智子〔2006〕「金融システムと証券化—利益率向上策としての証券化：コスト削減の観点から—」『経営論集』第54巻第1号，明治大学経営学研究所。
森谷智子〔2009〕「サブプライムローンにおける貸し手構造の問題」『ワーキング・ペーパー』日本経営財務研究学会，3月。
Nick Beulig, Leo Jansen, Kai Linsmann〔2008〕, *US subprime and financial crisis - To what extent can you safeguard financial system risks?*, Grin Verlag.

（代田純・森谷智子）

第6章 金融危機と時価会計

第1節 はじめに

　この章では金融危機との関連で会計基準の動きを述べる。会計基準とは，財務諸表の作成に関する基準のことである。会計基準は，財務的な観点で会社のあるがままの姿を映し出すためにある。しかしながら，（であるからこそ，）会計基準のあり方は，企業の評価を左右しかねないものとして関係者から注目される。

　会計基準は常に経済社会の変化とともに変化を続ける。特に，2008年の金融危機に際して，時価会計のあり方やその会計上の取扱いの再検討を求める大きな声が世界中からあがり，高い関心を集めている。このことはまた，それ以前から始まっていた国際的な会計基準の改革の動きを加速している。

　会計基準を作る組織は各国にあり，日本では大蔵省（現，金融庁）の企業会計審議会が中心となっていた。しかし，2001年から他の先進諸国と同じように民間主体で基準を作成するように変更された。具体的には，財団法人財務会計基準機構（FASF）[1]という公益法人が設立され，FASFの中に置かれた企業会計基準委員会（ASBJ）[2]が会計基準の開発を担うことになった。FASFは，一般事業会社をはじめとする幅広い企業・団体・個人が資金を提供する民間の団体である。

　2005年前後から，世界的に共通の会計基準を使おうとする大きな動きが広

がっていて，国際会計基準（IFRSs）[3]を採用する国が増加している。IFRSsを作る組織はロンドンに拠点を置く国際会計基準審議会（IASB）[4]である。後述するように，日本もその動きと無関係ではない。それどころか，日本でFASFやASBJといった組織を設けた主要な目的は，実はIASBへの参画のための条件をクリアすることであった。IASBへの参画には，民間ベースの会計基準設定主体であることが条件[5]とされたのである。

筆者は，年金数理人（年金アクチュアリー）として，ASBJの退職給付専門委員，また，IASBの被用者給付ワーキンググループ（EBWG）[6]のメンバーであり，企業年金や退職金に関する会計基準の見直しに深く関わる機会を得て活動している[7]。

さいわいにも，企業年金に関する会計基準では年金数理人の役わりが大きいことに加えて，さまざまな分野の会計基準は互いに関連するところがある。このため，筆者は企業会計基準全体の動きについてもいささかの知見を得ることができた。

この章では，このような経緯で筆者の目をとおして見えてきた，会計基準の最近の動きについてポイントを述べることとする。

第2節　貸借対照表と損益計算書

図表6-1は現在の日本基準の財務諸表の一部を示したものである。

貸借対照表は，期末日現在の資産・負債の総額と明細を明らかにし，その結果，株主の持分である純資産を明らかにするものである。損益計算書は，決算期中の事業活動の結果として資産・負債の増減の要因を明らかにし，その差し引き純額として当期純利益を表すものである。そして，当期純利益の額は，純資産の増加額と一致すること[8]をもって，貸借対照表と損益計算書の関係が整然と位置づけられるのである。

しかし，純資産の額を変動させる要因は，純利益以外に大きく分けて2種類ある。株主との資本取引である増資などと，保有資産の時価などの評価・換算

図表6-1　現在の日本基準の財務諸表

貸借対照表

≪資産の部≫	≪負債の部≫
流動資産	流動負債
現金，預金	買掛金
売掛金	未払金
有価証券	短期借入金
製品	：
：	固定負債
固定資産	社債
（有形固定資産）	長期借入金
建物	退職給付引当金
機械，装置	：
土地	
（無形固定資産）	≪純資産の部≫
特許権	株主資本
：	資本金
（投資その他の資産）	資本剰余金
投資有価証券	利益剰余金
関係会社株式	自己株式
：	評価・換算差額等
	その他有価証券評
	価差額金
	繰延ヘッジ損益
	土地再評価差額金

損益計算書

売上高
売上原価
　売上総利益
販売費及び一般管理費
　営業利益
営業外収益
営業外費用
　経常利益
特別利益
特別損失
　税引前当期純利益
　法人税，住民税及び事業税
　法人税等調整額
　当期純利益

差額等の変動である。

　日本基準では，増資などの資本取引と保有資産の時価の変動などは，まとめて株主資本等変動計算書[9]に表示することになっている。

　増資等は事業活動ではないので，損益計算書には反映されないが，貸借対照表には反映される。したがって，その分を株主資本等変動計算書に表示するのである。また，上場株式のように貸借対照表では時価で表示することとされているものについて，売買目的で保有している場合や著しい時価の下落があった場合の減損処理を除いて，時価の変動は損益計算書には反映されない。これについても株主資本等変動計算書に表示することとされているのである。

図表6-2　包括利益計算書

一計算書方式

包括利益計算書	
売上高	xxx
売上原価	xxx
XXXX	xxx
‥‥	…
XXXX	xxx
当期純利益	xxx
OCI	xxx
包括利益合計	xxx

二計算書方式

損益計算書	
売上高	xxx
売上原価	xxx
XXXX	xxx
‥‥	…
XXXX	xxx
当期純利益	xxx

包括利益計算書	
当期純利益	xxx
OCI	xxx
包括利益合計	xxx

　これに対して，IFRSsでは，資本（純資産）[10]の変動要因を包括利益計算書と持分変動計算書の2つに分けて表示することとされている[11]。図表6-2はこのうち，包括利益計算書の概要（2つの方式から選択）を示したものである。包括利益計算書の中のOCI[12]は，貸借対照表には反映されるが純利益には反映されない保有資産の時価の変動などを表示する項目である。株主との資本取引は持分変動計算書に表示することとされている。

日本基準	IFRSs
貸借対照表	財政状態計算書[13]
損益計算書	包括利益計算書［一計算書方式の場合］
株主資本等変動計算書	持分変動計算書
キャッシュフロー計算書	キャッシュフロー計算書

　このように，時価の変動等について，日本基準では純資産を直接増減するもの[14]として資本取引との並びで表示されるのに対して，IFRSsでは純利益に隣接した位置で表示されるという違いが見られる。別の言い方をすれば，日本基準では純利益を独立したものとして重視しているのに対して，IFRSsでは，時価の変動を含めた資産と負債の全体の動きを重視して，それを包括利益とし，純利益はその内訳のように位置づけていると見られる[15]。

　会計基準は伝統的に取得原価主義に基づいて設定されてきたが，昨今は取得原価を基本とする貸借対照表は企業価値を反映していないという考え方が勢力

を強め，時価会計へ大きく舵を切っている。日本では，1990年代後半から会計ビッグバンと呼ばれる会計基準の大改革が行なわれ，（当時の）国際会計基準や米国会計基準に近づける変更が行なわれた。これによって時価の導入，税効果会計，退職給付会計，連結決算，等の改革が進められた。

しかし，現在[16]は日本基準とIFRSsとの違いを一段となくすレベルへ進む動き（コンバージェンス）やIFRSsそのものの採用（アドプション）を検討する動きに加え，IFRSs自身の大改定という，会計ビッグバンの当時とは別次元の大きな動きが進行中である。包括利益計算書やOCIの導入も現在進行中の大きな動きの中で行なわれたIFRSsの改定であり，ASBJは日本基準における包括利益の導入について検討を進めている（財務諸表の表示プロジェクト）[17]。

第3節　国際会計基準（IFRSs）の広がり

1. 世界への広がり

現在，IFRSsの適用（アドプション）を強制または許容している国は100ヶ国を超えていることが報告されている。次ページ図表6-3の薄い色の国々がそれである。濃い色の国々は今後IFRSsの適用がスケジュール化されているか，あるいは，自国の基準とIFRSsの違いをなくして行く作業（コンバージェンス）を進めていることを表している。

このようにIFRSsの採用が一挙に世界に広がった大きなきっかけとしては，EU[18]が加盟国の上場企業における連結決算の会計基準としてIFRSsの適用を2005年から義務化したことがあげられる。

図表6-4に示されるように，ヨーロッパがまとまると相当大きな市場規模であり，影響力は小さくない。しかし，2008年の金融危機による落ち込みは大きいものの，アメリカの市場が圧倒的に大きいことに変わりはない。日本は世界第2の市場規模である。すなわち，IFRSsの適用国が100を超えるといっても，

IFRSsが真に世界基準となるためには，アメリカと日本の動きが決定的に重要である。

図表6-3　IFRSsの広がり

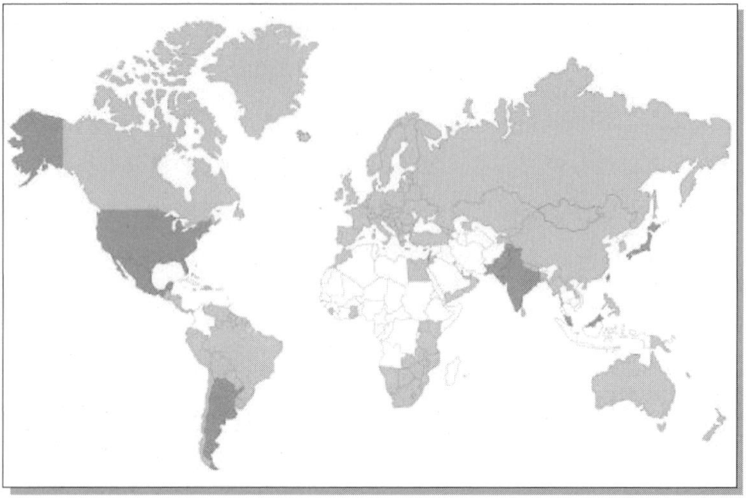

出所：IASBのHP（2009）より。

図表6-4　主要取引所における国内企業の株式時価総額

（単位：1兆ドル）

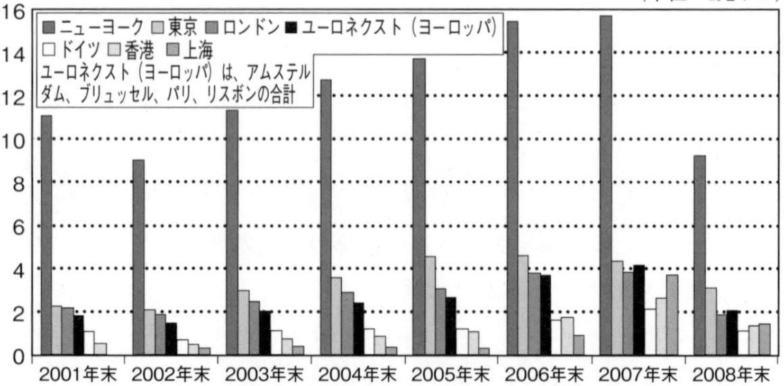

出所：World Federation of Exchangesのデータをもとに筆者が加工。

2．アメリカの対応

EUがIFRSsの適用を開始した2005年と同じ年に，アメリカのSEC[19]議長とEUの国際市場コミッショナーが，IFRSsと米国会計基準（US GAAP[20]）のコンバージェンス・プロジェクトや，IFRSsに基づく外国企業が米国で上場する場合にUS GAAPとの調整表を不要とすることに焦点をおいた「ロードマップ」等に関する会談内容を公表した。

その後，2006年にアメリカの会計基準設定主体であるFASB[21]とIASBがより高品質の会計基準を開発し，その結果，両者の会計基準の違いをなくしていくこと（コンバージェンス）に合意した。この合意はMoU[22]と呼ばれる。これによって，MoUに関連するプロジェクトが多く立ちあげられ，IFRSsとUS GAAPの見直しが様々な点で進行中である。

図表6-5は，IASBが2009年8月現在掲げている主要なプロジェクトの一覧である。このように実に広範囲のテーマにわたるプロジェクトがMoUの取組

図表6-5　IASBの主要プロジェクト

	MoU	金融危機関連
連　結	☆	☆
債務の測定における信用リスク		☆
認識の中止	☆	☆
公正価値の測定ガイダンス	☆	☆
金融商品（分類および測定）	☆	☆
金融商品（減損）	☆	☆
金融商品（ヘッジ会計）	☆	☆
財務諸表の表示	☆	
資本の特徴を有する金融商品	☆	
法人所得税	☆	
ジョイント・ベンチャー	☆	
リース	☆	
退職後給付（年金を含む）	☆	
収益認識	☆	

出所：IASBの情報を基に筆者が作成。

みとして進行中である。MoU関連プロジェクトは今回の金融危機の前から進められてきたものであるが，図表6-5に示すように，現在はこれらのうちの相当部分が金融危機に関連するプロジェクトとして位置づけられている。

一方，アメリカにおけるIFRSsの適用（アドプション）に関しては，外国企業がIFRSsを適用している場合にはUS GAAPへの調整不要とすることを2007年から認めている。アメリカの国内企業へのIFRSsの適用については，一定要件を満たす企業への適用を2010年以降から容認し，2014年から全企業に段階的に強制適用することの是非を2011年までに決定するという案が示されている。

かつてはアメリカが会計基準のリーダーと目されていた。その後，EUがIFRSsを採用したことやIASBの本部がイギリスのロンドンにあることなどから，相当程度ヨーロッパに重みが移りつつあるようにも見える。しかし，コンバージェンスの活動などを通じて，アメリカの影響力は依然発揮されている。また，IASBの内部についても，アメリカは重要な人材供給源となっており，IASBを構成する15人の理事のうち，現在の最大勢力は筆者の見るところアメリカ出身者（4人）である。

アドプションについても，ひとすじなわで進むというよりは，その検討の過程を通じてアメリカの影響力をさらに確保するように動くのではないか，とも思われる。私見ながら，世界中がIASBの決定に拘束される形になることは相当充分なガバナンス体制が維持されない限り危険なことのように感じられる。そうなれば，IASBサイドとしても政治的パワーとの距離の置き方に一層気を配らざるを得ないことになろう。むしろ，2つ以上の会計基準とその設定主体が（なるべく同等性を確保しつつも）緊張関係を維持する形の方が健全なのではないか，と思う。

3. 日本の対応

わが国でも，2005年に重要な動きがあった。ASBJとIASBがコンバージェンスに向けた共同プロジェクトをその年に開始したのである。その後，ASBJ

とIASBは2007年8月8日に東京合意を公表した。合意内容は次の4点である。

(1) 2008年までの目標として，EUのCESR[23]が日本基準とIFRSsの重要な相違点として指摘した項目について，差異を解消するか又は会計基準が代替可能となるような結論を得る。[この結果，日本基準（とUS GAAP）については，IFRSsと同等であると認められる[24]旨が，2008年12月に欧州委員会（EC[25]）から公表された。]

(2) (1)に含まれない差異について2011年6月30日までに解消を図る。ただし，この目標日は，IASBにおいて現在開発中であって2011年6月30日以後に適用となる新たな主要なIFRSsについては適用しない。

(3) ASBJとIASBは，新たな基準が適用となる際に日本において国際的なアプローチが受入れられるように，緊密に作業を行なう。

(4) コンバージェンス・プロジェクトを迅速・着実に進め，国際的な会計基準設定プロセスに日本からの貢献を拡大するために，ディレクターを中心とした作業グループを設ける。

さらに，2009年6月には，日本におけるIFRSsの適用（アドプション）に関して，次の考え方が金融庁の企業会計審議会から示された。

(1) 2010年3月期からの連結決算に任意適用を認めることが妥当。任意適用することができる企業は，一定の要件を満たす企業に限定。

(2) 強制適用の是非は2012年を目途に判断（企業・監査人等の体制準備，任意適用の状況，欧米等の国際的な動向により前後する可能性有）。判断時期から少なくとも3年の準備期間が必要（2012年に強制適用を是と判断した場合，2015〜2016年から強制適用）。

日本の現状（日本では現在，米国会計基準を連結決算で用いることが認められている）とこれからを簡単にまとめると次ページの図表6-6のようになる。

日本企業は，今後，日本基準とIFRSsとのコンバージェンスの継続やIFRSsのアドプションを通じて，（多少の時間差はあるかもしれないが）IFRSsの改定の影響を受けると考えて，ほぼ間違いなかろう。もちろん，IFRSsの改定にあたっては，日本も主要な立場での参画が期待される。

図表6-6　日本のこれから（おそらく）

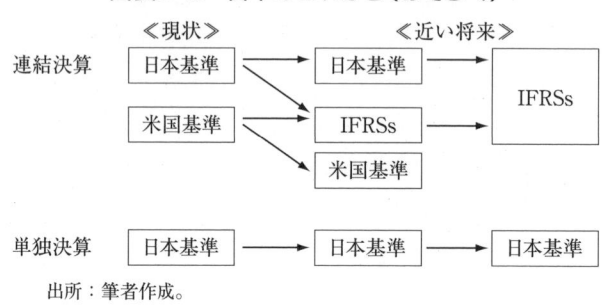

```
            ＜現状＞              ＜近い将来＞
連結決算   日本基準 ──→  日本基準 ──→
                    ↘                          IFRSs
           米国基準 ──→  IFRSs   ──→
                    ↘
                       米国基準

単独決算   日本基準 ──→  日本基準 ──→  日本基準
```

出所：筆者作成。

第4節　金融危機と時価会計の見直し

1．時価とは何か

　金融危機で何が起こったかといえば，市場の混乱によって時価がわからなくなった，あるいは，時価が信用できなくなった，と言われる。このような状況を背景に，活発でない市場における時価評価に関するガイダンスの重要性が再認識された。時価とは何であろうか。

　日本基準で用いられる「時価」は，IFRSsとUS GAAPでは「公正価値」（fair value）と呼ばれる。IASBでは，MoU関連プロジェクトの中の「公正価値の測定ガイダンス」でこのテーマを取り上げている。

　IASBはこのプロジェクトで，2006年11月に論点整理（discussion paper）を公表してコメントを募集し，2009年5月に公開草案（ED：exposure draft）[26]を公表した。2010年の中ごろまでの完成を目指している。

　IASBのスタンスは，従来のIFRSsでは個々の基準に公正価値に関する規定が散在しているので，これらを整理統合しようとするものであり，アメリカのFASBが既に公表しているSFAS157[27]とのコンバージェンスを進めるものである。

第6章 金融危機と時価会計

≪IASBのEDに示された公正価値（筆者による抄訳）≫
公正価値とは，測定日における最も有利な市場において，資産の売却によって受け取ることになるはずの，あるいは，債務の移転について支払うことになるはずの価額である（出口価額）。当該価額は，直接的に観測できる場合と，評価技術（valuation technique）によって見積もられる場合がある。価額に関する情報を得るための観測可能な市場がない場合は，当該資産または負債の取引を取組む可能性のある市場参加者の特性を考慮する必要がある。

ちなみに，日本基準における時価に関する規定[28]は次のとおりである。

≪日本基準における時価≫
時価とは公正な評価額を言い，市場（注）において形成されている取引価格，気配又は指標その他の相場（以下「市場価格」という。）に基づく価額をいう。市場価格がない場合には合理的に算定された価額を公正な評価額とする。
　（注）　市場について
　　市場には，公設の取引所およびこれに類する市場のほか，随時，売買・換金等を行なうことができる取引システム等も含まれる。

これを見てわかるように，日本基準における時価とIFRSsにおける公正価値は，基本的に同じ意味のことを表している。

EDでは，公正価値の測定方法の評価技術について，マーケット・アプローチ，インカム・アプローチ，あるいは，コスト・アプローチと整合する方法を用いる必要があることが示された。その上で，評価技術を使う場合にそのもとになる情報（インプット）のレベルを，SFAS157と同様に，観測可能性の程度によって3段階に分けることが示されている。

レベル1：報告企業が測定日において参加可能な活発な市場における当該資産または負債と同一のものの価額（補正なし）を用いる。
レベル2：レベル1に含まれるものを除くものであって，直接的（すなわち，価額），または，間接的（すなわち，価額から導出されるもの）に観測可能な情報を用いる。例えば，次のようなもの
　・活発な市場における類似の資産または負債の価額
　・活発でない市場における同一または類似の資産または負債の価額

- 価額以外の観測可能な情報（例えば，期間や信用力などにおける観測可能な金利や利回り（yield curve））
- 相関関係またはその他の手段により観察可能な市場データから主に導出または裏付けられる情報（市場の裏付がある情報）

レベル３：観察可能な市場データに基づかない資産または負債に関する情報（観察不能な情報）を用いる。観察不能な情報は，関連する観察可能な情報が入手できない場合に限り用いる。これによって、測定日において資産または負債に関する市場活動が極めて不活発な状況でも可能になる。ただし、公正価値測定の目的は同じであって、資産または負債を有する市場参加者の観点からの出口価格としなければならない。

（筆者による抄訳）

EDの公表に当たり，IASBのSir David Tweedie議長は，「このEDは，世界的な金融危機に対する我々の対応における重要なマイルストーンである。このEDは，公正価値の測定について明確で整合性のあるガイダンスを提案し，活発でなくなっている市場で生じる評価の論点にも対処している。このガイダンス案は，公正価値測定に関連する論点についてUS GAAPとの整合性を確保するものであり，US GAAPとの全体的なコンバージェンスを達成するものである。（筆者訳）」と述べている。

日本ではCDO[29]への投資は盛んではなく，サブプライム問題に直接関係する時価評価については大きな問題は生じていない。しかし，コンバージェンスの観点から公正価値測定に関する議論がASBJを中心に進められている。

2. 時価会計の景気循環増幅効果[30]

時価会計に関連する論点は大きく分けると，「時価そのものの測定」と「時価を財務報告の中でどう取り扱うか」の2つである。

この点に関連して，IASBのSir David Tweedie議長は，「金融危機の間の世間の関心のほとんどは，測定方法としての公正価値，とりわけ，非流動的市場において公正価値をどのように評価するか，そして公正価値測定の潜在的な景気循環増幅効果に焦点を当てている。」[31]と指摘している。

景気循環増幅効果の問題については，例えば，「景気悪化に伴う融資先企業の業績不振が格付けの低下を招き，大手銀の自己資本をき損させるメカニズムに金融界の注目が集まっている。大手銀の法人向け貸出債権のリスク・ウエートは，経済の急速な悪化に伴って上昇傾向をたどっており，保有株式の株価下落に加えて，自己資本比率の大きな低下要因になりつつある。前週の20カ国・地域（G20）財務相・中央銀行総裁会議でも，こうした景気循環増幅効果を緩和する政策が俎上に乗せられ，今後，世界の銀行規制の重要なテーマになりそうだ。」[32]といった報道があり，課題認識の広がりがうかがえる。

このような指摘に対して，IASBのSir David Tweedie議長は，「欧州当局はIASBに対して，貸倒引当金を好況期に増やして，不況期に戻す基準を求めてきた。しかし，これには「会計をゆがめる」という理由で応じなかった。投資家が企業の業績に誤った印象をもってしまう危険があるからだ。私たちは，利益をむやみに外部流出させない仕組みを作ればいいと考えている。例えば好況期に利益の一部を準備金として積んでおく仕組みだ。「景気循環準備金」のような名前にする。好況期に準備金を積み，不況期に取り崩す。透明性の高いルールに従い資本を増強しておけば，不況気に状況が悪化するのを食い止めることができる。」[33]との姿勢を示している。

この問題は今回の金融危機によってあぶり出された重要なテーマである。筆者もIASB議長の姿勢とアイデアの方が優れていると思う。会計基準のレベルと監督のレベルの区別は重要であり，会計基準の目的である市場関係者に正しい情報を伝えることをゆがめることは避けるべきであろう。

正にこのようなやりとりに，会計基準設定主体が政府から独立した民間ベースの組織体であることが支持されるゆえんを見ることができる。

3. 緊急避難

今回の金融危機では，流動性危機あるいは質への逃避と呼ばれる現象が生じ，投資家たちは保有する有価証券を一斉に売ろうとした。その結果，有価証券の価格は暴落し，それによる評価損を抱えた銀行や投資銀行などは，一層の

資金難に陥り，倒産の危機に立たされた機関も少なくなかった[34]。

このような危機的な状況を背景に，金融商品の会計上の取扱いに関して，IASBとASBJでは2008年の末までに緊急的な措置が講じられた。

現在の金融商品の評価方法は，保有目的の区分によって異なる。IFRSsにおける主な区分は次の4つである[35]。日本基準やUS GAAPでもほぼ同様の取扱いになっている。

区　　分	取　扱　い
貸付金および債権	償却原価によって評価。減損処理[36]あり。
満期保有目的	満期まで保有することを目的とする債券。償却原価によって評価。減損処理あり。
トレーディング目的[37]	公正価値の変動により利益を得ることを目的として保有する有価証券。 公正価値によって評価。評価差額は当期の損益として処理。
売却可能[38]	売買目的有価証券と子会社株式および関連会社株式との中間的な性格を有する保有目的が明確に認められないもの。 公正価値を貸借対照表に表示するが，評価差額は当期の損益として処理しない。減損処理あり。

保有目的の変更は，US GAAPでは一定の条件下で認められていたが，IFRSsと日本基準では原則として認められていなかった（ただし，IFRSsでは，売却可能から満期保有目的への振替えについては，一定の条件下で認められていた）。金融危機のために株式や債券といった有価証券が暴落したために，この違いが大きく取り上げられることになった。

金融危機を受けて，欧州からの要請によりUS GAAPとの競争条件の均等化を目的として，IFRSsは極めて短期間の手続きで2008年10月に改定され，今回の金融危機のような稀な場合に一定の条件下では，トレーディング目的から他の目的区分への振替えが可能とされた。欧（米）に多い12月末決算の会社に間に合わせるために急いで改定したものと思われる。

その後，日本基準も2010年3月31日までの当面の取扱いとして2008年12月に追随した。これによって，債券について，売買目的から満期保有目的へ，その他有価証券から満期保有目的へといった振替えが，今回の金融危機のような稀な場合に一定の条件下で可能となった。

この改定は，時価の急激な変動を財務諸表に表示しなくて済む取扱いを認めるものであり，「時価基準の緩和」と受け取られた。金融危機を乗り越えるために企業（中でも銀行）を救うもののように考えられた。しかしながら，それによって本当のことがわからなくなってしまったという批判がある。

　IASBの議長は，この改定が本意ではなかったようで，「ドイツのある銀行が決算発表をした際，損失はそれほど大きくなく，株価が上昇した。ところが，後に保有目的の変更について情報を開示した途端，株価は下落した。投資家は情報を必要としているのだ。」[39)]と述べている。

4. 金融商品の会計処理の見直し

　IASBの理事であるJohn Smith氏が欧州委員会（EC）の会議で2009年5月7日に行ったスピーチでは，金融危機によって会計基準の設定者が得た教訓を3つ指摘した（筆者抄訳）。

① 資本市場の一体化や資本移動の拡大によって，共通に適用される会計基準の必要性が明らかとなった。

② 金融機関，監督当局，および，投資家は，リスクを正しく理解できていなかった。この点で，会計はすべての関係者のために重要な役割をもつべきである。すなわち，金融機関のもつリスクに関して透明性を高め，投資家や監督当局にとって意味のある情報を提供する必要がある。

③ 現在の会計基準は選択肢が多く，そのために比較可能性が小さくなり，不必要に複雑になっている。すなわち，金融商品に関する会計における複雑性を小さくし，比較可能性と適切性を高め，世界中での共通化（コンバージェンス）の基礎を提供することが，緊急的に必要である。

　これらの指摘は，G20金融サミットの指摘とも共通する内容である。

　そして，これらの3点のすべてについてIASBは取り組むとしている。一方で，会計基準が今回の金融危機の原因になったかどうかについては，仮にそういう面があったにしても，それは極めてわずかである，との認識が示された。

　これら3点はそれぞれ，①はIFRSsの適用国の拡大であり，②は公正価値を

中心とした情報開示の充実の方向性であり，③は金融商品に関する会計処理の見直しを意味している。IASBとしては，今回の金融危機を，以前から進めてきたIFRSsの改定と普及に拍車をかける好機ととらえているようである。

金融商品に関する会計処理については，前項で述べたような緊急対応が行なわれたところであるが，改めて金融商品の分類と測定を見直す内容の公開草案（ED）が2009年7月14日にIASBから公表された。2009年中には結論を出したいとしている[40]。

EDでは，従来の区分が保有目的に基づくものであった点を改めて，金融商品の特性によって測定区分を決定することとした。また，測定区分を次のように簡素化し，測定区分間の変更は認めないこととした。

金融商品の特性		取 扱 い
次の2つを満たす場合 ・基本的な貸付金の特徴 ➡国債・社債等 ・約定金利に基づく管理 ➡キャピタルゲインを狙うものではないこと	償却原価 （減損処理あり）	満期保有目的に限定されない。 公正価値オプションあり（会計上のミスマッチ解消の場合に限定）。
その他の全ての金融商品	公正価値	公正価値の変動は純利益に反映。 ただし，トレーディング目的を除く株式について，OCI表示の選択肢あり（選択は取消不能。OCI表示の場合は純利益へのリサイクルはなし，配当もOCI表示）。

EDの案に対する日本における反応としては，は概ね次の2点に集約される。
① （持ち合い株の）売却益が認められないと純利益の指標性が失われてしまう
② 配当が純利益に計上されないのは大問題だ

この2点は，2009年8月4日のASBJの定例委員会の様子について「普段は淡々と進むが，この日は一転重苦しいムードに支配された。」として，日本経済新聞（8月20日）に掲載された記事で紹介されたものである。

EDの案であれば，国債等については満期保有目的であるかどうかに拘束されることなく，償却原価で評価する区分に入ることが可能になる。

一方，それ以外の金融商品はすべて公正価値での評価とされている。この点は，貸借対照表における取扱いとしては，従来の会計基準と大きな違いはない。

しかし，期中の動きを表す損益計算書やOCIにおける表示の方法が従来と大きく変わることになる。

従来の基準では認められている売却可能（日本基準では「その他有価証券」）の区分については，公正価値の評価差額はOCIに表示（現在の日本基準では資本直入）される。これを売却した場合には，取得原価と売却額との差額が損益計算書に計上され，純利益に反映される。このことはリサイクルと呼ばれる。また，有価証券から得られる配当等は純利益に反映される。

日本では，伝統的に会社間の株式の持ち合いがあり，持ち合い株は「その他の有価証券」に区分することが一般的に行なわれている。しかし，EDでは，株式はすべて公正価値区分によることとされ，評価差額は全額を純利益に表示するか，OCIに表示するかの選択とされる。

持ち合い株の評価差額が直ちに純利益に表示されることになると，事業活動に直接関係ない保有株式の時価変動によって純利益が毎期大きく変動してしまうので，この方法をとることは考えにくい。

一方，OCIに表示する場合には，リサイクルがないので，将来その株式を売却した場合にも純利益には反映されない。配当もOCIに表示され，純利益には表示されない。リサイクルがないという点は，含み益のある株式を売却して益出しをすることができなくなることであり，受取配当も純利益に表示されないということで，日本の事情が考慮されていないとの反応が産業界や金融機関の関係者から聞かれる。

加えて，日本では伝統的な純利益を重視する意識が色濃い[41]ことや，クリーン・サープラス関係が保たれることが会計情報の信頼性を高め企業評価に役立つとの考えが根強い。そのため，リサイクルしないことはクリーン・サープラス関係が保たれないということであり，根本的に純利益の性格を変えてしまうものであるとして，会計基準関係者から強い反発の声が聞かれる。

このような意識が，先に述べたASBJの定例委員会の様子に現れているものと思われる。

しかし，IASBの理事の説明では，OCI表示の選択肢は，むしろ日本などのように株式の持ち合いがある場合への配慮とのことであり，IASBにおける議

論と日本側の意識のズレが感じられる。

　私見ではあるが，売却益による益出しも，事業活動に直接関係しない保有株式の時価変動が純利益に表示されることも，どちらも当期の事業活動の成果を把握するためにはノイズではなかろうか。そのようなノイズがある場合は，賢明な利用者にとってはこれらについて自分で再整理する手間をかける必要が生じるだけである。むしろこれらを純利益から排除してOCIに集中することは（伝統的な純利益の定義を変更することになるので抵抗感があるのは当然であるが），利用者にとって有益な情報を提供することになろう。OCI表示は日本などへの配慮というだけではなく，立派に意味のある取扱いであると思う。

　ただし，受取配当の取扱いについては，株式保有のための投下資本に対する報酬として，純利益に表示する方が妥当であるように思う。

　EDの内容の理解が進むにつれて，日本でも筆者と同じような考えをもつ人が増えているようであり，産業界が一枚岩でリサイクルなしへの拒絶反応を示しているわけではないように感じている。

第5節　まとめに代えて

　今回の金融危機によって，時価会計の見直しが必要であるとの考えが世界に広がった。その結果，緊急避難的な対応として有価証券の保有目的の変更が認められることになった点を除くと，金融危機関連として進められている会計基準改定の検討は，すべて以前から進められてきたテーマである。今回の金融危機は，時価会計を後退させるどころか，時価会計の進化を加速することに大きな貢献をしつつある。

（注）
1) Financial Accounting Standards Foundation.
2) Accounting Standards Board of Japan.
3) International Financial Reporting Standards 正式には，国際財務報告基準.
4) International Accounting Standards Board:民間の公益法人であるThe International Accounting Standards Committee（IASC）Foundation に置かれた組織.

第6章 金融危機と時価会計

5) FASF設立5周年に際する萩原敏孝理事長の挨拶(当時, HPに掲載)に基づく。
6) Employee Benefits Working Group.
7) 企業年金などの会計基準の動向については, 藤井〔2009A〕, 藤井〔2009B〕を参照。
8) 株主資本の増減と純利益が一致することを, 一般にクリーン・サープラス関係が保たれているという。
9) 2006年度からの適用。
10) IFRSsでは, 我が国の純資産に相当する部分を「資本」という。
11) 2009年度からの適用。なお, 二計算書方式による場合には, これら計算書以外に損益計算書にも分けて表示される。
12) Other Comprehensive Income. (その他の包括利益)
13) 財政状態計算書は, 貸借対照表に相当する。
14) このことを一般に資本直入と呼ぶ。
15) 現在, IASB及び米国財務会計基準審議会(FASB)は共同で, 二計算書方式を廃止することを含めて, 財務諸表の内容を全体的に見直す方向で議論を進めている(財務諸表の表示プロジェクト)。
16) 2009年9月初旬。
17) ASBJは, 財務諸表の表示プロジェクトを2010年3月までに完了する計画としているので, 本書が出版されるころには, 包括利益は既に導入されているかもしれない。
18) European Union. (欧州連合)
19) Securities and Exchange Commission. (証券取引委員会)
20) Generally Accepted Accounting Principles.
21) Financial Accounting Standards Board.
22) The Memorandum of Understanding.
23) Committee of European Securities Regulators. (欧州証券規制当局委員会)
24) これによって, EU上場の日本企業は従前どおり日本基準による財務諸表を用いることが認められる。
25) European Commission.
26) IASB〔2009A〕.
27) 公正価値に関する基準。2006年9月にFASBが公表。
28) 企業会計基準委員会〔2008〕。
29) Collateralized Debt Obligation. (債務担保証券)
30) Pro-cyclic effect of fair value measurement.
31) 「会計基準:国際的な危機への国際的な対応」季刊会計基準第25号2009年6月財団法人財務会計基準機構。
32) 2009年3月17日, 東京, ロイター「銀行自己資本に「景気循環増幅効果」が追い打ち」。
33) 「景気循環準備金を検討・IASBトゥィーディ議長に聞く」『日経ビジネス』(2009年3月30日号)。
34) 岩田〔2009〕137〜138ページ。
35) IFRSsとUS GAAPでは, この他に公正価値オプションがある。ALM的に資産と負債を管理することを想定したものであり, 負債の公正価値評価を認めるものである。負債の公正価値評価については, 自社の信用力の低下によって負債の公正価値評価が縮小し, その結果, 当期の利益が計上されるという点で, 会計理論上の是非とは別に, 直観に反するものであり, 一般からの評判は芳しくない。
36) 公正価値が著しく低下し, それが一時的ではない場合などは, 評価差額を当期の損失として処理。各基準で取扱いが多少異なる。

37) 日本基準では「売買目的有価証券」に相当。
38) 日本基準では「その他有価証券」に相当。
39) 「景気循環準備金を検討・IASBトゥィーディ議長に聞く」『日経ビジネス』(2009年3月30日号)。
40) したがって，本書が出版されるころには結論が出ているかもしれない。
41) 純利益を重視する意識は，日本だけでなく世界各国で非常に根強いと言われている。ただし，リサイクルの是非については意見が分かれている。

(参考文献)
岩田規久男〔2009〕『金融危機の経済学』東洋経済新報社。
企業会計基準委員会〔2008〕「企業会計基準第10号「金融商品に関する会計基準」」2008年3月10日最終改正。
藤井康行〔2009A〕「国際会計基準の導入と年金運営」『証券アナリストジャーナル』4月号，社団法人日本証券アナリスト協会。
藤井康行〔2009B〕「会計基準の動向と年金運用」『年金と経済』7月号，財団法人年金シニアプラン総合研究機構。
IASB〔2009A〕, Exposure draft of Draft Guidance on Fair Value Measurement, 5月28日。
IASB〔2009B〕, Exposure draft on Financial Instruments: Classification and Measurement, 7月14日。
企業会計基準委員会のHP《https://www.asbj.or.jp》
IASBのHP《http://www.iasb.org》

(藤井　康行)

第7章 金融危機と証券化・金融工学

第1節 はじめに

　NHK放映の『マネー資本主義』に拠れば，確率論に基づく「金融工学」が「貸し倒れリスクは制御できる」として金融商品を次々に生み出したとあるが，本当に確率的な数理科学によってクレジット・リスクは制御可能なのであろうか？これが本稿の問題意識である。

　昨年来から表面化した金融危機に際し，一言で言えば「デリバティブ」と「証券化」およびそのコラボレーションに代表される近年の金融技術革新がらみの金融商品が少なからぬ影響を及ぼしたことは否定できない事実であろう。"「デリバティブ」も「証券化」も社会全体のリスク量を増やすものではないので無罪[1]"・"金融工学も単なる技術＝道具なので無罪"といった抽象度の高い議論だけではこれだけの大損害を世界中に与えたことへの弁明としては免罪というわけにはいかないだろう。

　世間では「デリバティブ」・「証券化」・「金融工学」を"金融革新のコア"としながらも"やたらと数学的に複雑な訳のわからない胡散臭いもの"といったイメージを重ねて，漠然とこの三者は一体のものと誤解する傾向もある。ところが，この三者の中で，今回の金融危機を総括する図表7-1が示すように，主要な役割を演じたのは「証券化」の方であって，「デリバティブ」は，CDS（Credit Default Swap）でスワップが関連した点を除くと直接的な役割を演じた

図表7-1　サブプライム問題のリスク波及経路

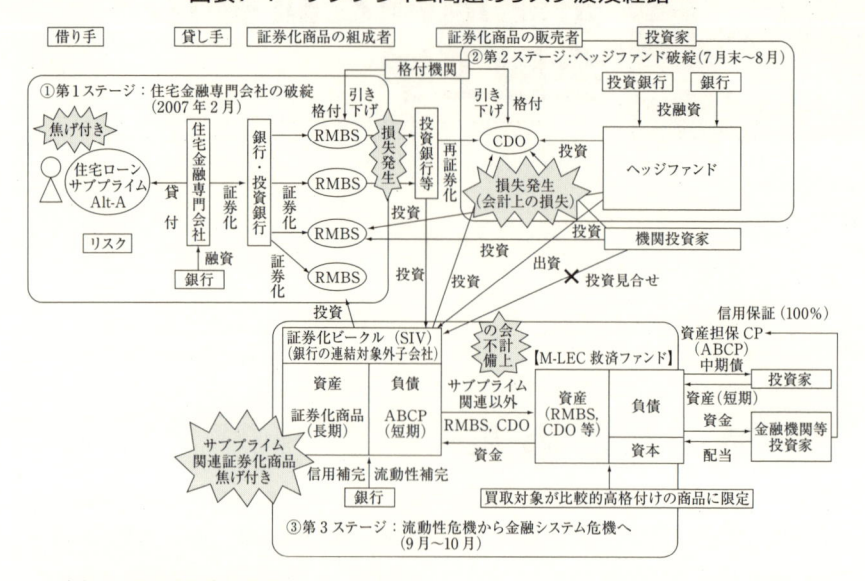

資料：日本総合研究所作成。
注：網掛けサブプライム問題リスク波及経路。なお，M-LEC救済ファンドは2007年12月末に創設断念。
出所：李〔2008〕。

訳ではない。

　そこで，本章では「証券化」を中心に解説し，著者の見解を述べることにする。ただ，「証券化商品」を含むクレジット・リスクを評価する際，その中核となっているリスク評価モデルの多くが，「対象資産のブラウン運動（一定の方向性〔ドリフト項〕をもちながらも"酔っ払いの千鳥足"のようなデタラメな動き）の仮定」から出発しており，その意味ではデリバティブ評価と間接的ながら密接な関係にある。

第2節　デリバティブ

1. デリバティブの本質

　ここでデリバティブとは何か，と言えば，(イ)何らかの原資産の価格変動に連動してその損益（価値）が決まってくるという意味で「派生商品」——というイメージが一般的であろうが，その他に，(ロ)リスクを移転するという機能だけを取り出し独立させたもの，(ハ)キャッシュフロー（CF）の組み換え技術——といったイメージで使われることもある。例えば，今や話題の証券化商品にCDO（Collateralized Debt Obligation, 債務担保証券）があるが，CMEのLメラメド名誉会長等ですら，CDOを店頭デリバティブの1つと理解しているように見える。しかし，一般的に言えばシンセテック（後述）ものを除けばCDO自体は現物証券に属するとみなすのが一般的であろう。バスケット商品，例えば投資信託はそれが所有する多種多様な証券の価値に連動してその価値が決まるが，投資信託をデリバティブとは言わないように，バスケット商品はそれだけでは当然デリバティブに含まれない。

　デリバティブと言えば，オプション，先物，スワップとなるが，一般的解説は既存の教科書の解説に譲り，本稿では3者のうち最大の取引量を誇り，金融工学の米とも呼ばれるスワップがいかなる意味で派生商品であるのか，に言及するに留めたい。

2. スワップ—何故，デリバティブなのか？—

　スワップ締結後，時間の経過と共に固定金利は当然不変であるが，変動金利は刻々変化する。その結果，固定金利との差が損益となる。例えば，当初，変動金利で借り入れ，その後固定金利とスワップした場合，マーケットの金利が上昇すれば，変動金利のままであれば支払う金利は増加するところ，固定金利

にスワップしたおかげで，支払う金利は変わらず得をしたことになる。この損益状況は，現物の変動金利の動きに連動してその損益は動くことになり，デリバティブたる所以である。ただ，スワップの損益線を引いてみると直線であるから先物と同じ形となり，曲線を描くオプションとは異なる。ただ，先物との違いは，1回1回先物の契約をする代わりに先物をシリーズとしてパッケージにしたようなものとイメージすると少しは分かり易いかもしれない。

第3節 証　券　化

1. 証券化の本質

　ここでいう証券化とは，資産の証券化（ABS:Asset Backed Security）のことで，金融機関等が保有する貸出債権などの資産をもとに，それを投資家向けの証券という形態に組み替えたものを意味する。証券化される資産は，非金融企業の「売掛債権の流動化＝証券化」もその範疇に含まれるが，不動産の証券化を除くと，非金融企業に拠るものは僅かである。例えばリース債権をはじめとして，多くがノンバンクを含む金融機関の所有する広義の貸出債権を証券化したものとなっている。そういう意味では，証券化とはあくまで間接金融の内部での変化であって，資本市場の利用の拡大ではあるが，直接金融が拡大したとはいえない。そういう意味では証券化とは「市場型間接金融」の呼び名が相応しい。

　従来の資金調達は，B/Sの右側（貸方）に係わるものであったが，証券化はアセットの再利用という左側（借方）に係わる問題である。しかも資産の一部をSPC（Special Purpose Company）等に売却する形をとることから企業規模の圧縮，ひいては広義の資産収益率算出上の分母の圧縮という意味ももっている。

　証券化の先駆けは，住宅ローンの証券化即ちMBS（Mortgage Backed Security）である。まず，パススルー型からスタートするが，これは，住宅ロー

ンをかき集めてきてプールを作り、そのプールから生じるCFをそのまま証券化商品の所有者に流す仕組みである。その後、今回の混乱で悪名高くなった"優先劣後構造"を取り入れたCMO（Collateralized Mortgage Obligation、モーゲージ担保債権債務証書）型が追随する。現在ではMBSはすべてCMOに替わり、呼び名もRMBS（Residential Mortgage Backed Security、住宅ローン担保債権）といわれている。更に、証券化の対象となる原資産をモーゲージがらみに限定したRMBSから、多様な債権にまで拡張したのがCDOであるが、その内容は次項2.で議論する。

こうした仕組みは、住宅ローンのような超長期ローンに付き物の早期償還リスクと言われる再投資リスクにいつ直面するかわからないという欠点がある。この早期償還リスクは、その原因が金利低下だけでなくローンを借りた人の個人的事情による場合も少なくなく、このリスクの予想は困難である。そこで、金融機関は、プールしたCFをどのような順位で投資家に渡すかという優先順位をつけることによって、リスク・リターンの様々な組み合わせを創設することになる。これがCMO型と言われる証券化商品である。こうした"優先劣後構造"という仕掛けによって、メザニン債だけのプールであってもシニア債を合成することができる（メザニン債、シニア債については、次項2.で説明）。

2. CDO

CDOは、資産担保証券の一種で、債券やローンなど様々な債権を原資産とする仕組み商品である。優先劣後構造とは、先のCFのプールの中から、リスク負担の多寡に応じて、シニア債（高格付け）、メザニン債（中格付け）、エクイティ債（低格付けないし無格付け）の3つのトラッシュ（切り身）を組成することによって、多様なリスク・リターン特性をもつ商品を創り出すことである。

先の早期償還リスク等は劣後部分であるエクイティ債に吸収させるという構造となっている。一方、シニア債は、問題のないCFを集めてシニア債を組成するので、仮に切り分ける前のプールの中にデフォルトするものがあっても、

マクロ経済的によほどのことがない限り,彼らは満期まで利払いが行なわれ元本も帰って来る。なお,トラッシュを3つに分けるのはプロトタイプ(基本型)であって,実際には更に多数に分割されていた。

モーゲージ物だけのCMOであっても,こうした構造になっているわけであるから,加えて多種多様な債権を集めたプールを前提とするCDOの場合,その中のシニア債のリスクの低位性は間違いないとみられていた。説明を略するが,図表7-2,図表7-3を参照されたい。

図表7-2　住宅ローンの証券化:数値例

住宅ローンプール 1億2,000万円　A,Bのローン額は各6,000万円
仮定1) A,Bのデフォルト率はそれぞれ1/2で独立
仮定2) デフォルトしても50%は回収できる

住宅ローンプール　1億2,000万円　→　シニア　6,000万円／メザニン　3,000万円／エクイティ　3,000万円

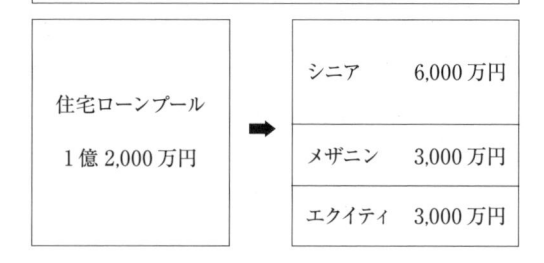

図表7-3　住宅ローンの回収見込み

	住宅ローンプール	シニア	メザニン	エクイティ
2人とも完済 (P=0.25)	12,000	6,000	3,000	3,000
1人のみ完済 (P=0.5)	6,000 + 3,000 = 9,000	6,000	3,000	0
2人ともデフォルト (P=0.25)	3,000 × 2 = 6,000	6,000	0	0
期待返済額	9,000	6,000	2,250	750
期待損失率	25%	0%	25%	75%
デフォルト発生確率	75%	0%	25%	75%

出所:藤井〔2009〕。

3. CDS（証券化とスワップの合成）とシンセテイックCDO

(1) CDS

　CDSは，他のスワップと同様，二者間の支払いを交換する取引であることに変わりはない。一方は他方に手数料を払い，他方はクレジットデフォルトが発生した場合に支払いをする。即ちリスクを引き受けてくれる投資家に保障料を払って信用リスクを回避する仕組みのことである。以下，最も基本形であるプレーンバニラCDSを例として説明する。

　CDSの買い手が売り手に対して支払う手数料は参照資産の想定元本に対し僅かの率で設定され，CDSスプレッドないしCDSプレミアムと呼ばれる。

　クレジットデフォルトが発生すると，CDSの契約は終了となり，その時点で決済が行なわれる。その決済方法は「現物決済」と「現金決済」の2つが用意されている。「現物決済」の場合，買い手は売り手に対しデフォルトした参照資産を引き渡し，最終決済額を受け取る。「現金決済」の場合，参照資産はそのまま買い手側に残り，決済額はデフォルト資産の回収額と額面の差額となる。尚，回収額は第3者の査定人が評価するのがルールである。

　以上がプレーンバニラCDSであるが，バリエーションとして「デジタルCDS」・「バスケットCDS」・「ポートフォリオCDS」等がある。ここで，CDSのプライシングについて概要だけを示しておこう。

　買い手が売り手に支払うCDSプレミアムは，クレジットリスク一般がそうであるように参照資産のデフォルト確率に基づいて算出され，そのデフォルト確率の推定のために「構造型」ないし「誘導型」モデルが使われるのも他のクレジットリスクモデルと同様である。例えば，「構造型モデル」の典型としてブラックショールズ・モデル創設3人衆の1人R.マートンが開発したマートンモデル等を用いて買い手が支払うプレミアムレッグと売り手がデフォルト時に支払うプロテクションレッグをそれぞれ求め，両者が一致するように期待支払額が決められる。

(2) シンセテイックCDO

②で説明したCDOは「現物CDO」と言われるが，オリジネーター（原資産保有者）としての銀行が担保資産を基にCDO証券を発行したい場合，CDSを参照資産の代わりに担保として利用する。CDOを発行したSPVは参照資産の所有権を得るのでなく，CDS契約のカウンターパーテイ（取引相手）となることでクレジットエクスポージャー（信用リスクに晒される度合）のみを取る。要約すれば，例えばRMBSの債務不履行を保障するCDSを裏付けとすることでCDOが合成されると思えばよく，ここから「シンセテイックCDO（合成CDO）」といわれる。

「現物CDO」では投資家の支払いはSPVがオリジネーターから担保資産を買い取るために使われるが，「シンセテイックCDO」の場合，担保資産はオリジネーターの手を離れていないので，その必要はない。そこで，デフォルト発生時にSPVの支払い原資となると共に，クーポン（利子）支払い原資ともなるようSPVから期待されている高格付けの参照資産の購入資金となる。つまり，トラッシュの受け取るクーポンはSPVの担保資産の利子とCDSのプレミアムから成っていることがわかる。

このような「シンセテイックCDO」のスプレッド（最良の売り気配と最良の買い気配の差）は通常「現物CDO」のそれより大きいことから，資産を所有せずクレジットリスクのみを扱いたい投資家にはニーズが高くなる。しかも，CDSが保障している原資産がデフォルトしない限りCDSの売り手にはプレミアム（保障料）が安定的に入ってくることから，CDSおよび「シンセテイックCDO」の発行量は，CDOやその元になっているRMBS等を超えることになり，クレジットデリバティブの巨大化という今回の混乱を準備することになる。

4. クレジットリスクの計測

多重化された証券化商品のリスク管理の場合，「流動性リスク」があることは勿論であるが，周知のように，REITを除くと，証券化商品の場合，取引所取引対象商品などほぼ皆無であり，相対取引となることから，流動性などそも

そも初めから期待できない性格をもつ。したがって，多重化された証券化商品のリスクといえば，自ずとクレジットリスクが中心となる。

クレジットリスクの計測を定量的に認識するためにはクレジットリスク・モデルが使われるのが一般的であり，それは「構造型」・「経験型」・「誘導型」の3つに類型化[2]される。「構造型」が少なくとも理論的次元では広義の企業価値の定式化・モデル化が可能とみなしているのに対し，「経験型」・「誘導型」は不可能とみている。換言すると，「構造型」がデフォルトを対象原資産への丁寧な観察によって予測可能と考えるのに対し，「経験型」・「誘導型」の立場はデフォルトは突然やってくる確率現象だとみなしている。

この3つの方法は元々，企業のデフォルト確率の推計のために開発されたものであり，本稿の課題である多重化された証券化商品にそのまま応用できるとは限らない。「構造型」は株価から推計される volatiliy，「経験型」は企業財務データを推定素材として使用していることから，株価も企業財務データも存在しない証券化商品の場合，なかんずく多重に再証券化されたCMO・CDOの場合，この手法を応用することには最初から無理があり，そうなると消去法的にも最後の「誘導型」しか残らない[3]。

「誘導型」は，そもそもデフォルトを確率事象と捉えるものであることから，多重に証券化された証券化商品にも勿論適用可能な方法である。まさに金融工学の活躍する領域そのものである。加えて前述のように，こうしたクレジットリスク商品は相対取引が大多数であり，元々流動性が薄い商品の場合，マーケットでのプライシングは，今回のようにクレジットリスク評価への不信が蔓延する状況下での流通市場の崩壊が無くとも事実上困難であり，プライシングもクレジットリスク・モデルに依存する他なかったと思われる。つまり，クレジットリスク・モデルはマーケットの代理となっていたと思われる。

さらに，多重化された証券化商品の取引に圧倒的影響を与えたと言われる格付け会社のクレジットリスク評価も，事実上それしか方法が無かったかもしれないがこの「誘導型モデル」に依存していたことは，「誘導型モデル」の責任を重くしている。

しかし，最大の問題は，相手が企業であろうが多重な証券化商品であろうが，

デフォルトが対象原資産の内在的価値の変動と無関係に，単なる"偶然"によって生じた確率事象と認識することが合理的であるか否かの判断である。

クレジットリスク評価を巡って，現代ファイナンスの世界でJarrow and TurnbullおよびDuffie and Singleton等が金融経済学・金融工学の境界ないし重複領域で大きな貢献を重ねてきたことは周知の事実であるが，クレジットリスクを偶然によって生じる確率事象とみることは理論的には承服できない。確かに実務上はとりあえず近似解として「誘導型モデル」の利用も止むを得ない状況は十分理解できるものの，デフォルトが単なる偶然による経済事象であるわけがない。その意味で，クレジットリスク商品の場合，クレジットリスク・モデルの担い手そのものである金融工学の役割は重かったと判断される。

第4節 金融革新技術のサブプライムショックとの係わり

サブプライム問題の本質は，元々，様々な機関投資家が土地価格の持続的上昇なくして維持不可能なビジネスモデルであったという意味でハイリスク・ハイリターンな商品であったサブプライムローンを原資産とする証券化商品を，ローリスク・ローリターン商品と見誤り，過大なレバレッジをかけた大規模投資をしてしまったところにある。

したがって，本稿の課題である金融技術革新との係わりの中心は「証券化」の方であって，「デリバティブ」は直接的には中心的役割をもたない。勿論，多重化されたCDOに投資した機関投資家がヘッジのためにクレジットデリバティブとしてCDSを求め，それがスワップの一種であるという関係はあるものの，それは大不況に導いた金融混乱に係わる問題であって，サブプライム問題そのものとはやや距離を置く問題と位置付けられる。

こうした証券化商品とサブプライムショックとの関係を具体的・簡潔に復習しておこう。

まず，原資産であるサブプライムローンの延滞率上昇によって，サブプライ

ム関連のRMBSやそれを最証券化したCDOがデフォルトの危険が高まったことから，格下げとなる。そのためこれらに投資していた大手金融機関傘下のファンドの損失が表面化する。更に影響は大手金融機関が簿外で運営していた特別目的会社SIVに飛び火する。彼らはABCPの発行で資金を集めRMBS・ABS・CDO等に投資してため，RMBS・ABS・CDOの価値低下と共にABCP（Asset Backed Commercial Paper）の償還が危うくなり，設立母体の大手金融機関はSIVを連結対象（オンバランス）に戻すことを余儀なくされ，本体で巨額損失を抱えることになる。この事態はバランスシートの軽減化という証券化の根本目的自体の破綻となっている。更に，CDOの中でも最もハイリスク・ハイリターンであり，当然資産劣化が著しいエクイテイ部門への最大の投資家であるヘッジファンドが崩れ，それがまたヘッジファンドへの資金提供者である大手金融機関に跳ね返る。

　ここで，CDSの役割であるが，大手金融機関（SIVという別働隊も含む）・ヘッジファンドがこうしたハイリスク商品に投資する際にはCDSを購入してリスクヘッジを行なうのが通例であり，かつまたハイリスク商品に信用保証を与えたモノラインもその際CDSを利用している。ただ，このCDSの最大の引き受け手(売り手)が再びヘッジファンドであるという相互に入り組んだ構造となっている。CDSは勿論OTC（店頭市場）商品であり，当然流動性は元々乏しいわけであるが，CDSが値崩れするとそれはヘッジファンド更にはSIVを介して最終的には大手金融機関に跳ね返ることはここでも同様である。

第5節　まとめに代えて

　古くは「デリバティブ悪者論」に始まり，今回の混乱を受け「証券化悪者論」・「金融工学悪者論」がマスコミを賑わし，金融経済学系アカデミズムの多数派が擁護論で反撃するというパターンが続いている。この論争（？）で「悪者」の主体はいずれも各時代の"金融技術革新"の担い手そのものであり，具体的な金融技術とは"金融工学"である。

ブラックマンデーの際はオプションまがいのダイナミックヘジングであるポートフォリオインシュアランス（PI），LTCMの際は金利スワップ，サブプライムローンの際も，CDO,CDO^2, CDS等のプライシングに関与したのは結局オプション評価モデルの応用系，更に1994年のP&Gの金利スワップによる1.2億ドルの損失等個別案件の大量損失は概してオプションが組み込まれた「仕組み債」と，いずれもリスクだけを分離して売買する金融技術としての広義のオプションがらみであるという共通項をもっており，そのプライシング評価モデルは原資産のブラウン運動を仮定することから始まっている。

　擁護論に共通するのは，確かに金融工学を利用する新しい金融商品には行き過ぎもあったことは認めるが，「リスクを切り離して売買するメリット」に比べればそのデメリットは許容できる範囲内であるというロジックである。様々な金融技術によってリスクを分離したところで，世の中全体のリスクが縮小される訳ではないが，リスクを分離できることによってリスクへの挑戦が開けたことはそのデメリットに代え難いという議論である[4]。

　確かに，一般論としてはこの議論は合理的にみえよう。しかし例えば今回のサブプライムローン問題の場合でも，住宅ローンを供給する側の広義の銀行サイドから見て自らの融資のデフォルトリスクを排除するために証券化を行いSPVに売却したが，結局それが巷間「モラルリスク」と言われるように融資審査姿勢に直結している。最初から売却を前提とする融資が甘くなるのは当然という議論である[5]。リスクを分離し，リスクを好む別の経済主体にその管理を委ねることが社会全体として合理的であるというロジックの落とし穴である。

　金融技術革新の最も本質的問題点は，彼らがリスクを扱う際，リスクをすべからく"確率現象"として処理している点であり，換言すれば"確率現象"でないリスクは処理できないのである。今回の金融危機の後，"ストレステスト[6]"の重要性が改めて金融工学関係者の間でも強調されているようであるが，これは確率的処理の限界を彼らが自ら認めた姿！そのものと理解出来る。何故なら，"ストレステスト"とは確率の世界ではないからである。

（補論）「金融工学」とは何か？

　金融技術科革新の武器庫と呼んでいいであろう「金融工学」とは何か？「金融経済学」との違いについて簡潔に補足しておこう。

　「金融工学」のイメージといえば，"デリバティブ，特にオプションを組み込んだ仕組み商品をプライシングする技術"という印象が強いであろう。キーワードは「デリバティブ」と「技術＝工学」であろうか？「デリバティブ」といえば，「オプション」であることからも，その代表的評価モデルであるブラックショールズ（BS）モデルこそ，金融工学の代名詞といえよう。では，BSモデルはどのような前提から導かれているか？

　株式を原資産とするBSモデルの場合，「株価は対数正規分布に従う」＝「株式投資収益率は正規分布に従う」ことが仮定される。これは換言すると，「株価の動きを『確率過程』を用いて『ブラウン運動』として記述できる」ことと，同じことになる。つまり，「金融工学」の世界では「株価がブラウン運動に従う」ことが仮定され，全てがここから始まる[7]。

　この仮定のファイナンス上の含意はというと，マーケットの対情報効率性が充足されている世界を前提することになる。換言すると，現時点で利用可能な予想を含めた全ての情報が現時点のマーケットプライスに反映し尽されている。そうであれば，将来の価格変動は「ダーツ投げゲーム」と同じであり，"ランダムウォーク"と言う他ない。

　「株価のランダムウォーク性」・「株価の対数正規分布性」・「ブラウン運動」・「情報効率性」といった「金融工学」の基幹命題は事実上同じことの別表現であり，その根拠となっているのは，内容的には，分析対象の分析からの析出ではなく，分析する側の便宜に基づく仮定であり，実証的にも元祖パシェリエがそうであったように現実の株価変動が「ブラウンン運動」に近似しているという単なる類似性に過ぎない。

　「金融工学」の世界の中では，証明の方法論も，株価の内在的性質を掘りまくっていくのではなく，「仮にこういうシナリオを設定しないと矛盾が生じる」

という『無裁定条件』と言われる方法である[8]。この辺りが，その内容に根源的批判はあるものの，一応経済学的内容をもつ『均衡―不均衡動学を含む―』というカテゴリーをコアに体系化している「金融経済学」との差異である。

確かに，『無裁定条件』の方が，一切の特定の前提を必要としないだけ論理的普遍性は高いと言えようが，逆に言えばそれだけ実体科学としての内容に乏しいとも言えることになる。ただ，論理の無矛盾性を何よりも大切にする科学者の性(さが)が，上記の意味で「金融経済学」を「金融工学」に近づけつつあることが危惧される。

しかし，金融経済学が論理学ではなく実体科学である以上，内的無矛盾性も大切であるが，前提条件の現実反映性も大切であることは論を待たない。今回の世界的金融危機の発端であるサブプライムローンの破綻は，それがいつ現実化するかは確かに予想不能であるが，この仕組みが不動産価格の上昇に依存した仕掛けである以上，どこかで破綻することは"必然"であり，その意味で決して"確率現象"と呼ぶべきものでないことは今となっては誰もが認めるところであろう。

ところが，「金融工学」は，こうした必然現象をも，自らの方法的制約によって，"確率現象"として処理せざるをえないのであり，ここに「金融工学」の致命的限界がある。

(注)
1) 「分散投資をすれば，投資家のリスクは減る」とは，MPTのコア中のコア命題であるが，この分散投資によって，投資対象である企業のリスクが減るわけではなく，従って世の中全体のリスクは不変である。では，投資家のリスクが減った分誰かのリスクが増えたかというと誰のリスクが増えたというのだ！このように，「全体のリスクが不変であるから部分的リスクの変化を無視してよい」とはいえないだろう。
2) クレジットリスク評価尺度を巡る著作は少なくないが必要以上に高い数学的バリアによって一般読者の参入を阻んでいる。その中にあって G.Chacko,A.Sjoman,H.Motohashi,V.Dessain〔2006〕は比較的読み易い。
3) ただし，このことは「構造型」に問題が無かったことを意味しない。マートン・モデルの元となったBSモデルが，volatility一定という仮定を含め，対象原資産の「ランダムウォーク性」や無限の分割可能性・取引コストゼロ仮定など，いわゆる完全市場の仮定を前提として成立しているモデルであることは，それが参考値である限り，大きな問題とはならないが，その分を超える時，大きな問題となることは，「誘導型」と何ら変わりは無い。

4) ただ，抽象的理論モデルとしては，金融技術革新がリスク分担における改善を通して経済厚生を高めるとするAllen and Gale〔1995〕のような議論はあっても，その実証的裏付けとなるとFrame and White〔2004〕のように簡単ではない。
5) 櫻川〔2009〕は，サブプライム問題の本質は，証券化された現債権の債権回収業務をどの経済主体が責任を持って行うかを曖昧なまま証券化を進行させたことにあるとしている。
6) ストレス・テストとは，発生頻度は例外的でも，発生すると影響度の大きいイベントを非確率的に設定，その場合に被る潜在的な損害を検証する手法をいう。
7) 金融経済学の側でも，市場の効率性を認めない一派は，"βの死"に始まるFama&French 3ファクター・モデルや行動ファイナンス等いくらでもあるが，そこからMPTが自己崩壊するわけではない。それは金融経済学が"考え方"の体系であるためであり，自由度は大きい。他方"技術＝工学"である金融工学は具体的解の導出を存在理由とするため，"市場の効率性"という前提条件が現実に充足されぬまま具体的解を計測することは数値だけは算出されても許されないはずである。しかし，金融工学の発展史をみると，volatilityを時間と株価の関数として定式化（インプライドモデル）するなど理論としては合理的であっても実効性に乏しい方法での改善が多く，ロケット科学者の大量投入も解析解を諦めての近似解への特化という訳でもないようである。
8) マーコビッツのポートフォリオ理論とその精緻化も「金融工学」の一部とする見方（ex. コンピュテーショナル・ファイナンス）もあり，確かに条件付最適解の導出という点ではまさに「ORの金融版」そのものである。しかし，ここには『無裁定条件』の介在する余地はなく，その意味で「金融工学」とみなすには抵抗がある。

(参考文献)
櫻川昌哉〔2009〕『経済を動かす単純な論理』光文社。
広田真人〔2009〕「クレジットリスクの破綻は確率現象か？」『月刊資本市場』3月。
藤井眞理子〔2009〕『金融革新と市場危機』日本経済新聞出版社。
季立栄〔2008〕「サブプライム問題発生のメカニズムとアメリカ経済・金融への影響」*Business & Economic Reriew*, 2。
Allen,Franklin and Douglas Gale〔1995〕*Financial Innovation and Risk Sharing*, The MIT Press.
Chacko, G., Sjoman, A., Motohashi, H. and V. Dessain〔2006〕*Credit Derivatives: A Primer on Credit Risk, Modeling and Instruments*, Pearson Educatio, Inc.（中川秀敏監訳『クレジットデリバテイブ』ピアソン・エデュケーションズ。）
Frame, W. S. and L. J.White〔2004〕"Empirical Studies of Financial Innovation: Lots of Talk, Little Action," *Journal of Economic Literature*, Vol.XLⅡ

(広田真人)

第8章 金融危機と財政政策

第1節 はじめに

　金融危機は，その発信源であるアメリカのみならず，全世界の実体経済に多大な悪影響を及ぼした。成長率は軒並み下落し多くの国ではマイナス成長を記録し，失業率も上昇した。経済協力開発機構（OECD）の予想によれば，2009年のOECD諸国全体の経済成長率はマイナス4.1%，それにブラジル・ロシア・インド・中国のBRICs諸国を加えてもマイナス2.2%となっている（次ページの図表8-1）。各国とも潜在成長率との差である産出ギャップのマイナスが大きく，2009年はOECD諸国全体でマイナス5.3%と，大規模な生産縮小による多くの失業者や遊休設備の存在が示唆されている。日本は他の主要先進国よりもさらに成長率が大きく落ち込み，産出ギャップのマイナスも大きい。

　こうした世界規模での急激な景気後退に対して，2009年4月1・2日にロンドンで実施されたG20金融サミットの共同声明において，国際通貨基金（IMF）の資金基盤を3倍に拡充するなど金融面の合意や，2010年末までに総額5兆ドルの財政拡大などが示された。同時に，財政の長期的持続可能性や物価安定の確保も謳っており，財政出動の弊害も無視しない姿勢を見せた。

　本章では，日本を中心に主要先進国が打ち出した財政政策の特徴がどこにあるのか，それが今後どのような影響をもたらすか，その功罪を交えて見ていく。

図表8-1　OECDによる成長率・産出ギャップの実績・見通し

(単位：%)

	年	2006	2007	2008	2009	2010
成長率	日本	2.0	2.3	▲0.7	▲6.8	0.7
	アメリカ	2.8	2.0	1.1	▲2.8	0.9
	イギリス	2.8	3.0	0.7	▲4.3	0.0
	ドイツ	3.2	2.6	1.0	▲6.1	0.2
	フランス	2.4	2.3	0.3	▲3.0	0.2
	ユーロ圏	3.0	2.6	0.5	▲4.8	0.0
	OECD	3.1	2.7	0.8	▲4.1	0.7
	OECD+BRICs	4.7	4.5	2.4	▲2.2	2.3
産出ギャップ	日本	2.0	3.3	1.3	▲6.1	▲6.1
	アメリカ	1.2	0.9	▲0.5	▲4.9	▲5.4
	イギリス	1.1	1.9	0.4	▲5.4	▲6.4
	ドイツ	1.0	2.6	1.9	▲5.4	▲5.7
	フランス	1.1	1.8	0.2	▲4.1	▲4.9
	OECD	1.3	1.7	0.3	▲5.3	▲5.8

注1：2008年までは実績，2009年以降はOECDによる見通し。なお，上記の成長率等には，各国の緊急経済対策による効果が織り込まれている。
注2：産出ギャップとは，OECDによって推計された各国の潜在GDP（潜在成長率から産出されるGDP）と実際のGDPの差を潜在GDPで除したもので，マイナスは潜在GDPより実際のGDPが小さいことを意味する。
資料：OECD〔2009〕。

第2節　各国の緊急経済対策

1. 概　要

　2009年4月にIMFがまとめたG20各国における緊急経済対策の規模の平均は，2009年がGDP比2.0%，2010年は同1.5%となっている。G20などでアメリカが各国に求めていたGDP比2%が，達成できた形となっている。
　OECDが，いわゆる"真水"に相当する財政収支への影響という観点でまとめた主要国の緊急経済対策をもとに，概観してみよう（図表8-2）。OECD諸国

第8章 金融危機と財政政策

図表8-2 各国の財政刺激策の規模

(単位：%)

	規模（GDP比）			時期（配分）		
	支出	減税	合計	2008年	2009年	2010年
日本	4.2	0.5	4.7	2	74	25
アメリカ	2.4	3.2	5.6	21	37	42
イギリス	0.4	1.5	1.9	11	85	4
ドイツ	1.6	1.6	3.2	0	48	52
フランス	0.6	0.2	0.7	0	68	32
イタリア	0.3	▲0.3	0.0	0	15	85
カナダ	1.7	2.4	4.1	12	41	47
OECD平均	2.0	1.9	3.9	15	48	37

注1：OECDによるまとめ。財政収支への影響度という観点でまとめており，財政収支に影響を与えないものは含まれない（例：公共事業の前倒し発注）。
注2：イタリアの減税のマイナスは，増税措置が取られたことを意味する。
注3：OECD平均は加重平均値。なお，正の効果のみの加重平均値は合計4.3%。
資料：OECD〔2009〕。

　全体で見た財政刺激策は，加重平均値で3年間合計GDP比3.9%である。そのうち2008年中が15%，2009年が48%，そして2010年に37%分が配分されている。内容面では，財政支出によるものと減税とが，ほぼ同規模である。

　国別で規模を見ると，アメリカ，日本，そしてカナダが大きい。欧州諸国のなかでは，比較的ドイツの規模が目立つ。一方，フランスやイタリアは規模が小さい[1]。時期で見ると，アメリカやカナダなどで2008年から対策が実施されている一方，EU諸国の2008年中の対策はわずかである。2009年は，多くの国で対策を実施する時期の中心となっている。例えばイギリスでは，対策の85%が2009年に集中している。また，日本も2009年が74%となっている。一方，アメリカやドイツのように，2010年の方が2009年より規模が大きい国もある。

　主要先進国のなかでは，日本を例外として，減税の規模が歳出増と同規模，またはそれを凌いでいる国が多い。とくにイギリスでは，付加価値税（VAT）の標準税率を17.5%から15%に引き下げるなど減税の規模のGDP比が1.5%となるのに対して，歳出増は同0.4%にとどまる。内容を見ると，多くの国で低中所得者向けなどの所得税減税が実施されている。また，アメリカやドイツなど

で設備投資減税が実施されている。産業別では，自動車産業への実質的なテコ入れが目立つのが今般の各国の経済対策の特徴の1つと言えるだろう。従来であれば，金融業界向けを除けば，特定の産業を事実上救済する経済対策は多くなかった。

各国による緊急経済対策は，少なくとも短期的に一定の効果を生んでいる。日本やドイツ，フランスなどでは，2009年第2四半期（4～6月）にそれまでのマイナス成長からプラス成長に転じた。アメリカやイギリスは第2四半期もマイナス成長だが，マイナスの幅はかなり圧縮されたうえ，アメリカは第3四半期（7～9月）にプラス成長に転じている。

2. アメリカ・ドイツの緊急経済対策

(1) アメリカ

世界同時不況の発信源であるアメリカでは，緊急経済対策は2度実施されている。第1弾である緊急経済安定化法（2008年10月）が総額1,100億ドル，第2弾の景気対策法（2009年2月）は総額7,872億ドルにのぼる。これらの経済対策の主な財源は，連邦債である。

緊急経済安定化法は金融機関への公的資金投入が中心で，財政政策は所得税と法人税の減税が中心であった。所得税では児童税額控除の拡大，法人税では研究開発費の税額控除の延長などが盛り込まれている。そのほか，エネルギー効率化や代替エネルギー開発促進のための税制優遇などが目立つ。

経済対策としてより本格的なものは，景気対策法である。特徴の1つが，2009年度から11年間分の対策が示されていることである。ただし，継続的に実施する施策が多いので，景気への効果としては対策の始まる2009・10年に強く表れる。350万人の雇用創出を目指し，長期的な成長分野として環境関連に力点を置く一方，当面の下支えにも大規模な対策を実施している。

景気対策法の中身として，減税については，低中所得層向けなど個人所得課税が中心である。最大規模の減税は，総額1,162億ドルを予定している個人向

けの社会保障税控除である。2009・10年度が対象で，形式的には減税だが勤労者1人当たり400ドル，夫婦合算納税の場合には合計800ドルの減税になる。年間所得75,000ドル以上は対象外で，還付付きの税額控除方式のため，形式的には減税だが実質的には低中所得者向けの補助金と同様の効果をもつ。次に規模が大きいのは2009年度の代替ミニマム税（AMT）の免除であり，総額698億ドルを予定している[2]。この他，還付付き児童税額控除の拡大や教育関連支出の所得控除制度の新設などがある。

　支出面について，義務的経費は，メディケイド（低所得者向け医療費補助制度）の医療扶助還付制度の拡大，追加的失業補償給付の延長や医療保険料の補助などがある。裁量的経費のなかで公共事業は，809億ドルである。高速道路や橋，鉄道，新交通システムなどが対象となっている。教育分野には，909億ドルが配分され，その約半分が地方公共団体の学校教員のレイオフ対策である。

　このほか，2009年5月に政府と議会が合意した自動車産業への事実上の補助策も重要である。燃費効率の良い車に買い替えた場合，最大4,500ドルを補助するもので，7月24日に開始し予算枠（当初の10億ドルが途中で30億ドルに拡大）をほぼ1カ月で使い切り，8月24日に終了した。

　これらの対策により，アメリカ経済は2009年第3四半期（7〜9月）にはプラス成長に転じた。とくに自動車産業は，買い替え促進策により2009年7・8月の販売台数が急回復した。2度の大規模な緊急経済対策は，当初の目的のうち短期的なテコ入れの面で成果をあげていると見るべきだろう。

(2) ドイツ

　ドイツでは，2008年11月と2009年1月に大きく2度の緊急経済対策が実施されている。後述のように，第2弾の緊急経済対策において，将来の財政健全化のための"出口戦略"検討を明記した点にその特徴の1つがある。

　2008年11月の"成長の強化による雇用の確保"は，新車購入時の自動車税の免除や児童手当の引上げ，道路整備などが含まれ，2008年10月の児童手当の増加や失業保険料の引き下げなどと合わせて公費負担分が320億ユーロであった。しかし，名目GDP比2%程度の経済対策を求めるアメリカを中心に，

ドイツへのさらなる財政出動圧力が強まった(ドイツの名目GDPは約2.5兆ユーロ)。

そして，急速な経済悪化はドイツも例外ではなかったこともあり，2009年1月，総額500億ユーロにのぼる"雇用と安定のためのパッケージ"を実施することになった。この結果，ドイツの緊急経済対策の規模は欧州諸国最大級となった。内容を見ると，所得税の最低税率の15%から14%への引き下げや基礎控除の引き上げなど，低中所得者を意識したものが多い。2009・10年で140億ユーロを支出する公共事業は，学校など教育関連が過半を占め，その他道路や病院などの建設に充当される。このほか，2009年末までに登録する環境対応車購入に2,500ユーロの補助金を交付し，事実上の自動車産業テコ入れを実施している。

一連の緊急経済対策により，ドイツの財政赤字は大幅に拡大し，投資支出の範囲内に純債務調達（公債発行から公債償還を控除した額）を抑える国内ルールに加え，マーストリヒト条約で定められたコンバージェンス・クライテリア（Convergence Criteria，以下，収斂基準）の1つである一般政府の財政赤字の名目GDP比3%も大きく超えることになった。

第3節　日本の緊急経済対策

1. "経済危機対策"の概要

世界同時不況に対する日本の経済対策は，2008年秋から段階的に実施されていたものの，もっとも本格的な緊急経済対策は，2009年4月10日に提出された"経済危機対策"である（予算計上部分は5月29日成立）。ここでは，この"経済危機対策"の概要を見てみよう。

"経済危機対策"は，短期と長期の両面に対応するように策定された。短期的な側面は，いわゆる景気の底割れの防止である。長期的な側面は，経済を成

図表8-3 "経済危機対策"の規模と内容

(単位：兆円)

項目	内　容	国費	事業費
Ⅰ．緊急的な対策─「底割れ」の回避		4.9	44.4
1．雇用対策	雇用調整助成金，再就職支援・能力開発，雇用創出，派遣等保護，住宅・生活支援等	1.9	2.5
2．金融対策	中小等資金繰り，株式市場，住宅・土地金融等	3.0	41.8
Ⅱ．成長戦略−未来への投資		6.2	8.8
1．低炭素革命	①太陽光発電，②低燃費車・省エネ製品等，③交通機関・インフラ革新，④資源大国実現	1.6	2.2
2．健康長寿・子育て	①地域医療・医療新技術，②介護職員の処遇改善・介護拠点整備，③子育て・教育支援	2.0	2.8
3．底力発揮・21世紀型インフラ整備	①農林漁業，②先端技術開発・人材力強化・中小企業支援，③地域連携と競争力強化の基盤整備，④IT，⑤ソフトパワー・観光	2.6	3.8
Ⅲ．「安心と活力」の実現−政策総動員		4.3	5.0
1．地域活性化等	地域交通の活性化等，まちづくり支援，地域の実情に応じた活性化策の推進等	0.2	0.4
2．安全・安心確保等	社会保障，消費者政策の抜本的強化等，防災，安全対策，治安体制の整備等	1.7	2.2
3．地方公共団体への配慮	地方公共団体への財政支援等	2.4	2.4
Ⅳ．税制改正	住宅取得のための時限的な贈与税の軽減，中小企業の交際費課税の軽減，研究開発税制の拡充	0.1	0.1
合　計		15.4	56.8

注：厳密には，国費や事業費はすべて「程度」が付く。
資料：首相官邸HPより。

長軌道に乗せるためのものである。規模は，国費15.4兆円程度，事業費で56.8兆円程度である。政府はこの対策によって，2009年度の実質GDP成長率を2%程度押し上げ，1年間で40〜50万人程度の雇用を創出すると想定している。

先に述べたとおり，支出面の対策のウェイトの高さが特徴である（図表8-3）。最大の事業は，中小企業に加え中堅・大企業も対象に含めた，企業の資金繰り円滑化など金融対策で，総事業費の8割程度にのぼる。金融対策は国費分でも最大で，日本政策金融公庫の財務体質強化のための出資金などが計上されている。このほか，国費分で規模の大きい対策は，当面の失業拡大を抑制するための雇用調整助成金の拡充，低燃費車・省エネ製品への買換え促進補助な

どがあげられる。建設国債の対象となる公共事業費は合計2.9兆円で，三大都市圏環状道路整備や整備新幹線などが計上された。

　国費相当分の財源は，建設公債7.3兆円と赤字公債3.5兆円からなる，新規財源債の追加が中心である。この他，いわゆる"埋蔵金"などと呼ばれる財政投融資特別会計財政融資資金勘定積立金からの受入金が3.1兆円となっている。財政投融資分では，財政投融資特別会計債（財投債）の追加が6.1兆円，産業投資が0.4兆円，政府保証債が1.3兆円である。また，1.6兆円の財投機関債の発行を予定している。この結果，2009年度の国債発行総額は，当初予算の132兆円（うち新規財源債33兆円）が補正後で149兆円（同44兆円）に増加した[3]。

2. 評価と留意点

　"経済危機対策"について，2009年第2四半期がプラス成長に転じるなど，当面の下支え効果が発揮されたことは間違いない。ただし，対策の内容や財源のあり方に問題が含まれている。

　まず，対策の目的の1つである長期的な側面，すなわち将来の成長に対する支出について問題がある。"経済危機対策"の"成長戦略－未来への投資"では，中長期的な成長のために3本柱を示している。第1が低炭素革命である。太陽光発電の導入促進のように，新たな需要の創出につながるような施策への国費投入が盛り込まれる一方，項目中最大の国費を投入する「低燃費車・省エネ製品等」（0.9兆円）は，当面の当該産業保護の色が濃い。確かに，エコカーや省エネ製品の普及促進は，高い環境対応技術の開発を促す役割もある。しかし，エコカーでは燃費の比較的良いガソリン車も幅広く対象となり，また省エネ家電については最新型の製品への買い替え促進にすぎない内容である。

　成長戦略第2の柱"健康長寿・子育て"は，地域医療の再生・確保や医療機関機能・設備強化対策など，国民生活に大切な分野への支出だが，iPS細胞の開発促進などを除けば，それが将来の成長に結び付くと考えるのは難しい。また，第3の柱"底力発揮・21世紀型インフラ整備"については，需要創出を期待できる事業も散見されるが，従来型の公共事業と大差ないものも多い。

この他にも，"アニメの殿堂"などと呼ばれた国立メディア芸術総合センターの建設整備費はじめ，必要性に疑問符の付く事業が含まれていた。これらのものを中心に，政権交替をきっかけとして見直しが行われ，補正予算計上分のうち，2.9兆円が凍結・執行停止された。

財源面では，後述の国債膨張の問題以外にも，財政投融資特別会計の積立金を取り崩し一般会計の財源に充当する部分に問題がある。これまでの特別会計改革によって，積立金は必要な水準を定め，それを超える場合には，国債整理基金特別会計へ繰り入れて国債発行残高の圧縮に充当できるようになっている。確かに，年金積立金などを除き，政府が金融資産を保有する意義は小さい。しかし，それを特定の時期の歳出に充当して，新規国債発行額を圧縮するのは，望ましい方策ではない。もちろん，新規国債発行額を圧縮しても，満期が来た国債を現金償還して借換債発行額を縮小しても，結果的に国債発行残高は同額になる。しかし，予算を単年度で作成し，毎年度国会で議決を求めるのは，財政の明確性などの観点からである。いわゆる"埋蔵金"を新規国債発行額の圧縮に利用すると，予算の実像が見えにくくなる。

第4節　財政赤字の影響と出口戦略

1. 財政赤字の拡大と懸念される問題

各国の財政赤字が，フロー・ストックともに拡大している。OECDによれば，G7各国の2010年末の政府債務残高のGDP比は，2008年末のものと比べ平均21ポイント上昇する見通しである（次ページの図表8-4）。とくにイギリス，日本，アメリカの上昇が顕著である。

今後に目を転じれば，各国とも景気の底割れは回避できても，成長率の急速な上昇を見込むのは難しい。また，ただちに財政再建に取り組めるような状況でもない。そのため，財政の持続可能性に懸念が出ている。さすがに日本をは

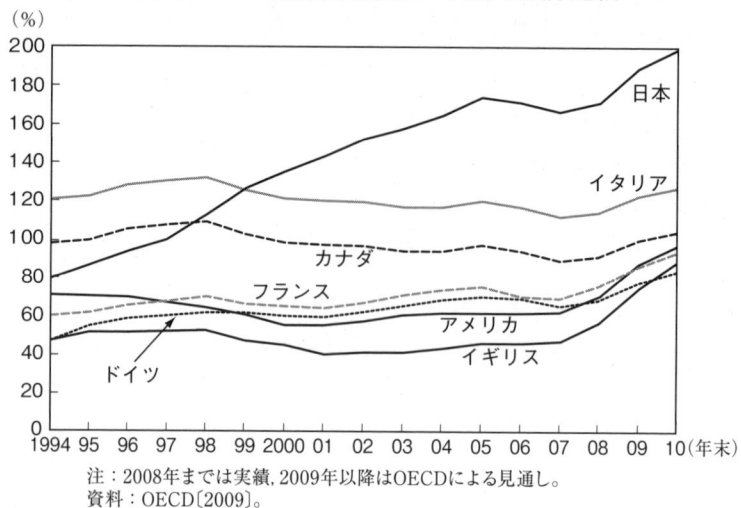

図表8-4　政府債務残高(GDP比)の国際比較

注：2008年までは実績，2009年以降はOECDによる見通し。
資料：OECD〔2009〕。

じめ主要先進国において，2002年のアルゼンチンや1998年のロシアのように国がデフォルト（債務不履行）を起こすような極端な形の財政破綻の発生は想像しがたい。また，第二次世界大戦後の日本やイギリスのように，財政赤字がハイパー・インフレを招くことも，財政要因だけでは考えにくい。しかし，成長を伴わない長期金利の上昇やインフレなどは，各国ともに要注意である。

　景気回復を伴わない長期金利の上昇は，民間企業が適切な金利での資金調達ができなくなり，経済活動の縮小を招く。最悪の状態は，不況下での物価上昇というスタグフレーションである。さらに，公債発行が金利上昇を招く状況では，政府が十分に資金調達できない可能性もある。その場合，社会保障はじめ政府サービスの縮小や各種インフラ整備の遅れなどを招く。

2. 出口戦略

(1) 全体の流れ

IMFは2009年7月に発表したリポートで、2010年までは現状の政策を維持する必要を示す一方、「財政の持続性に関する不安が高まっている」とし、「財政を再建し、債務水準を持続可能な方向に導くための計画を策定する必要がある」[4]と指摘している。また、EU各国の財政の持続性への懸念は強く、EU首脳会合（2009年6月19日）で、危機対応の政策を維持しつつ、「健全財政の回復につながる、信頼のおける戦略（出口戦略）が必要だということで合意した」[5]と財政健全化を視野に入れることが確認されている。そもそも、アメリカ、ドイツ、イギリス、カナダなどでは、緊急経済対策の実施に合わせて、財政再建目標を示していた。たとえばアメリカは、オバマ政権1期目終了までに財政赤字を半減すると表明していた。

各国の緊急経済対策には、時限的な政策が多い。例えばイギリスのVAT税率引き下げは2009年末までの措置である。先に見たとおり、アメリカの自動車買い替え促進策はすでに終了し、ドイツの買い替え促進策も2009年末までである。公共事業の追加も、規模を従来通りに戻せば、景気にはマイナスの影響を及ぼす。こうしたなか、今後の景気状況次第では、追加の対策の必要性が問われる可能性もある。出口戦略の必要性は多くの国で認識されているものの、具体的に踏み出すまでに至っている国は多くない。

(2) ドイツの財政健全化策

そうしたなか、ドイツは今後の財政健全化の道筋を明確に示している。これまでドイツは、いわゆる建設公債の原則を連邦基本法（憲法に相当）に謳い、投資支出の範囲内に純債務調達を抑えるルールだった。ただし例外規定もあり、その場合には財政赤字の上限はなかった。しかし、収斂基準がドイツ国内のルールよりも緩く、それがドイツにとって最終的な財政規律の役割を果たしていた。

しかし、一連の緊急経済対策によりドイツの財政赤字は大幅に拡大し、投資

支出の範囲内に純債務調達を抑える国内ルールはもちろん，収斂基準の1つである一般政府の財政赤字の名目GDP比3%も大きく超えた。

ドイツをはじめEU加盟国の多くで収斂基準を超える財政赤字が決定的となったものの，未曾有の大不況に直面したため，本来であれば科される制裁金は当面免除されている。しかし，ドイツにおいて財政悪化に対する危機感は強く，第二次緊急経済対策の実施にあたり，財政赤字の増大に歯止めをかけ健全化の道筋をつける為，連邦基本法の公債発行関連規定の改正の検討に着手した[6]。そして，それが2009年3月に改革提案，8月に連邦議会で改正が議決という形で結実した。改正された公債発行部分では，従来の連邦基本法の規定を厳格化する方向でまとめられている[7]。公債発行を原則禁止し，許容範囲を純債務調達が名目GDP比0.35%以内ときわめて少額にする。また，従来と同じように例外規定は設けるものの，その例外の適用を厳格化するとともに，例外適用の際には財政健全化の道筋を付けることなどが示されている。そしてそれらの規定の多くは，IMFやOECDなどが世界同時不況から脱出すると見込んでいる2011年から施行される。

今般の連邦基本法改正は，経済対策の出口を明確にし，収斂基準を凌ぐ現実の財政赤字の膨張に対する新たな歯止めを作成する観点でまとめられている。国内ルールを多段階型にし，より厳格化するという点で，収斂基準との共存関係は従来どおりである。ただし，国内ルールがいわば最終的な財政赤字膨張の歯止め策となるところが，連邦基本法改正のポイントの1つである。

3. 日本における出口戦略の必要性

(1) 出口戦略の難しさ

日本において，出口戦略は描けていない。まず，緊急経済対策を今後どう取り扱うか考えなければいけない。公共事業主体のため，同規模の支出をするような予算を組み続けない限り，景気への影響はマイナスになる[8]。しかし，膨張した財政赤字の放置は，財政の持続可能性への疑問が付きまとう。また，失

業率上昇の歯止めとなっていると言われる雇用調整助成金の扱いも難しい。短期的な政策効果が発揮される一方，こうした政策は本来あるべきものではない。問題は，廃止のタイミングである。雇用情勢の悪いなかで廃止すれば，急激に失業率が上昇する可能性があり，見極めは困難である。

"出口"に言及すると，景気刺激効果を減殺する可能性がある。しかし，現在の日本のように，近い将来に消費税の引き上げが実施されるのではと長期間考えられているような状況では，増税の計画をすると，漠然とした不安を取り除くプラス面の効果もある。また，年金などの社会保障制度の脆弱性を増税によって払しょくできれば，消費刺激も考えられる。ただし，だからと言ってただちに増税をすれば良いというほど，経済状況は単純ではない。そのため，一定の幅と柔軟性を持った出口戦略こそが求められることになる。

（2） マクロ経済への影響は出るか

これまで，日本において緊急経済対策にともなう財政赤字膨張によるマクロ経済への悪影響はほとんど出ていない。ポイントとなる長期金利の動向を見ても，やや上昇したという程度である。この要因にはさまざまなことが考えられるが，基本的に日本国債（あるいは円）への信任が柱である。信任を支える背景には，すべてを内国債で消化できる環境が大きい。膨大な家計の金融資産を生み出す高い貯蓄率などをもとに大幅な経常収支黒字が続き，さらに潤沢な貨幣供給の一方で景気低迷により行き場を失った資金があるなど，政府が資金調達しやすい状況にある。また，国債管理政策も市場との対話を強化している。

それでは今後の日本において，財政赤字によるマクロ経済への問題発生の可能性はどうだろうか。短期的に見た問題発生要因としては，国債市場や為替市場におけるキャピタル・フライト（資金の逃避）があげられる。キャピタル・フライト発生の原因には，首都圏における大震災，景気の一時的かつ急激な回復，極端な規模の景気対策などが考えられる。実際，これまでも数度の長期金利の急上昇が起きている[9]。例えば1998年10月から99年2月にかけて，長期金利が0.74％から1.69ポイント上昇した"運用部ショック"は，国債の大量発行の一方，資金運用部（当時）が国債の引き受け中止を表明したことが原因で

図表8-5　世帯主年齢階層別黒字率の試算値(2008年)

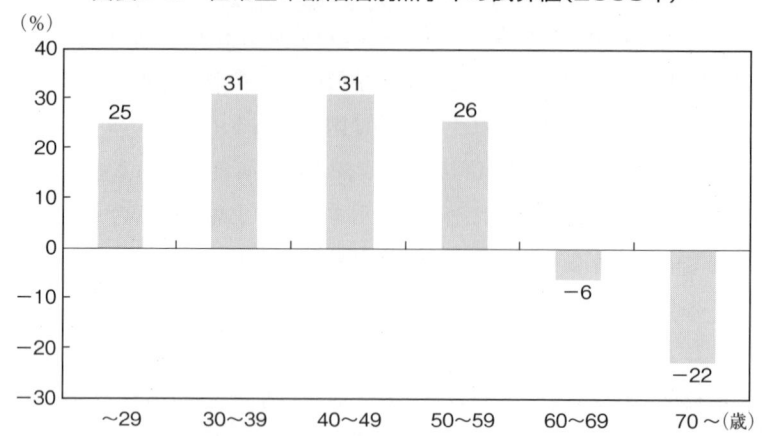

年齢階層	~29	30~39	40~49	50~59	60~69	70~ (歳)
黒字率(%)	25	31	31	26	-6	-22

注1：黒字とは実収入と実支出の差で，可処分所得から消費支出を控除した額と同じになる。
注2：勤労者世帯の世帯主年齢階層別可処分所得と黒字に無職者世帯の可処分所得と黒字を世帯主数で加重平均し，得られた黒字を可処分所得で除したもの。自営業者などの可処分所得と黒字額は統計上存在しないため，勤労者世帯と同じと仮定している。また，無職者世帯の可処分所得と黒字額は年齢階層別で把握できないため，すべての年齢階層で同じと仮定。
資料：総務省統計局編〔2009〕『家計調査年報　家計収支編　平成20年』日本統計協会。

あった。結局，国債引き受けを再開して落ち着いたが，市場の急激な変化を象徴する事例である。

　長期的に見ると，国債などへの信任の背景の変化がポイントになる。高い家計貯蓄率や経常収支黒字など，従来の財政赤字の消化に寄与した要因が弱くなっている。家計貯蓄率は，すでに低下が著しい。1980年に日本の家計貯蓄率（SNAベース）は18%あったが，その後長期継続的な下落傾向にあり，2007年に3%となっている。フランス（12%）やドイツ（11%）と比べ著しく低く，イギリス（3%）やアメリカ（1%）の水準に近い。その要因のなかに，高齢化が含まれていることは間違いない。家計調査を基礎に試算した年齢階層別の黒字率で見ると，若中年者は全体として貯蓄を積み増しているのに対して，高齢者は全体として貯蓄を取り崩して生活している（図表8-5）。そのため，高齢者比率が高くなれば，家計全体の貯蓄率は低下することになる。高齢化は今後さらに進むと考えられており，家計貯蓄率をさらに引き下げる要因になる。

経常収支についても，家計の貯蓄に加え，貿易収支の黒字幅が縮小する可能性もあり，経常赤字化もありうる。その場合には，国債のすべてが内国債で済むとは限らなくなるだろう。海外で資金調達する場合には，日本財政の持続可能性がより厳しく見られることになる。

日本の財政状況は他の主要先進国に比べ著しく悪い。先に見たストックはOECD諸国中最悪で，フローで見ても財政収支のGDP比（OECDの2010年予想）はイギリス，アイルランド，アメリカに次ぐ悪さである。ストックの財政赤字をネットで見ても，GDP比107％（同）とOECD諸国中最悪である。今後を考えれば，高齢化による社会保障関係費の膨張等の歳出膨張圧力と，名目GDPの伸びの低さによる自然増税に頼れない状況が予想される。

第5節　まとめに代えて

世界同時不況に対して，OECD諸国は一定の規模の財政政策を実施し，当面の景気の底割れは回避された。しかし，今後の主要先進国の成長は，環境関連の新たな産業が大きな需要を創出できるか，インドや中国などの新興工業国が世界経済をけん引するほどの内需型の成長を遂げるのか，といった先行きが極めて不透明な要因にゆだねられている。一方，各国ともに財政が急激に悪化するなか，追加の財政政策を安易に打ち出すことが許される状況にはない。

そうしたなか，日本はこれまで外需主導の成長だったこともあり，諸外国と比較して海外，とくにアメリカの経済情勢に左右されやすい状態にある。しかも，従来から財政が他の主要先進国に比べ悪かったために，現状の日本財政はどこまで持続可能か実験している状態と言えなくもない。これまでも，成長に伴う自然増税に期待する考えはあったが，バブル期を除けばそれは実現していないばかりか，先送りにより財政をさらに悪化させてきた。

財政は，社会保障や教育など，とりわけ経済的に恵まれない層にとってより不可欠なシステムである。その持続性を保証できない状況は，やはり問題である。景気状況を無視して財政再建を実施することは百害あって一利なしだが，

一方で財政を無視することも許される状況にはない。そのため，景気の転換点を見据えながらの適度なスピードでの着実な財政健全化が望まれる。そのためにも，まずは出口戦略が避けて通ることのできない課題である。

　さらには，増税を含めた根本的な財政再建もいずれ求められる。増税について，炭素税をはじめとする環境関連税制の整備などは，もともと財政再建とは無縁と思われがちだが，財源調達方法としても有力な選択肢の一つである。また，公的年金制度の安定のために，消費税の税率引き上げも早い段階で検討する必要がある。ただし，これらの税制改革は，低所得者などにより重い税負担を強いる可能性が高い。所得再分配のあり方も併せて議論する必要がある。

(注)
1) このほか，非OECD諸国の中では，中国でGDP比合計4.4%，サウジアラビア同9.2%などが目立つ（IMF〔2009b〕）。
2) 人的控除などが適用される標準（Regular）の所得税に対し，AMT（Alternative Minimum Tax）は，諸控除を限定する一方で税率の幅が狭い。標準とAMTそれぞれの税額を計算し，高い方が適用される。一般的に，扶養者が多く所得の高い層がAMTによる税額の対象になるケースが多い。
3) その後，税収減を見込んだことなどにより，国債発行総額（うち新規財源債）は2009年度第2次補正後で158兆円（53兆円），2010年度当初予算が162兆円（44兆円）となっている。
4) IMF〔2009a〕p.7.
5) EU2009. czホームページにおける"First day of the EU summit brings consensus on key issues"（19.6.2009）からの引用。
6) 財政関連の連邦基本法の改正自体は，"連邦と州の財政関係の現代化に関する連邦議会及び連邦参議院の合同調査会"において，連邦と州の財政関係について検討されていた。それに加える形で，公債関連の条文の見直しも議論されるようになった。詳しくは，山口〔2008〕，山口〔2009〕を参照。
7) 詳しくは，Kommission von Bundestag und Bundesrat zur Modernisierung der Bund-Länder-Finanzbeziehungen〔2009〕を参照。
8) 2010年度当初予算において，「コンクリートから人へ」の方針のもと，公共事業関係費は前年度当初予算比で18%減となる一方，子ども手当創設や高校実質無償化等によって一般歳出全体は同3%増となっている。
9) 日本における過去の長期金利の上昇局面については，高田・住友〔2001〕に詳しい。

(参考文献)
高田創・住友謙一〔2001〕『国債暴落』中公新書。
内閣府〔2009〕『世界金融・経済危機の現況―世界経済の潮流2009年I』。
内閣府〔2009〕『平成21年度年次経済財政報告―危機の克服と持続的回復への展望』。
山口和人〔2008〕「「連邦と州の財政関係現代化合同調査会」の重点項目発表」『外国の立法』

No.236-2。
山口和人〔2009〕「「連邦と州の財政関係現代化合同調査会」の改革提案」『外国の立法』No.239-1。
IMF〔2009a〕*WORLD ECONOMIC OUTLOOK April 2009 : Crisis and Recovery*, International Monetary Fund.
IMF〔2009b〕*The State of Public Finances : Outlook and Medium-Term Policies After the 2008 Crisis*, International Monetary Fund.
Kommission von Bundestag und Bundesrat zur Modernisierung der Bund-Länder-Finanzbeziehungen〔2009〕*Beschlüsse der Kommission von Bundestag und Bundesrat zur Modernisierung der Bund-Länder- Finanzbeziehungen - Kommissionsdrucksache 174*, Kommission von Bundestag und Bundesrat zur Modernisierung der Bund-Länder-Finanzbeziehungen.
OECD〔2009〕*Economic Outlook 85*（June 2009）.

(浅羽 隆史)

第9章 金融危機と国債流通市場

第1節 はじめに

　本章では，近年のわが国公社債市場，とりわけ国債売買市場における外国人投資家の動向を検討する。

　すでに指摘されてきたように，わが国株式市場においては，外国人投資家の売買シェア，保有シェアとも高い水準に達している[1]。しかし国債保有構造や公社債流通市場においては，従来外国人投資家のシェアは低いとされてきた。これは国債保有構造を国際比較すれば，明らかであった[2]。外国人の国債保有比率はアメリカで44.4%，イギリスで33.2%，ドイツで46.3%，フランスで31.5%に達する一方で，わが国の外国人による国債保有比率は6.6%となっており，著しく低いことは自明であった。わが国においては，郵貯（現ゆうちょ銀行）や簡保（現かんぽ生命）などの公的金融部門が発達し，公的金融機関の運用規制もあり，運用構成において国債中心であったため，国債保有構造において公的金融のシェアが高かったためである[3]。またゼロ金利政策から量的緩和政策といった1990年代後半からの金融緩和政策において，国債買い切りオペが頻繁に実施され，日銀による国債保有が膨張したことも影響している。中央銀行である日銀は，国債保有構造において広義の政府部門に含まれるため，日本の国債保有構造は公的部門中心となってきた。さらにBIS規制との関連で，国債はリスクフリーとされてきたこともあり，民間の銀行を中心とする金融機関の

保有も少なくなかった。

　一方，国債を中心とする公社債流通市場においても，外国人のシェアが高かったとは言いがたい。わが国における公社債流通市場とは，実質的には国債流通市場であるが，国債流通市場において，外国人投資家のシェアは従来数％であった。こうした従来の構造が2009年7月時点で根本的に変化したわけではないが，2008年3月時点の国債流通市場における外国人投資家のシェアは12.58％にまで上昇した。しかしながら，2008年3月以降の国債流通市場における外国人投資家のシェアは低下傾向にあり，2009年7月時点では8.47％となっている。本章では外国人投資家の動向に焦点をあてて，国債流通市場における動向を検討したい。

第2節　国債流通市場における外国人投資家

1. 国債（現物）流通市場における外国人のシェア

　日本証券業協会が公表している国債投資家別売買高によれば，2004年4月末時点において，日本の国債流通市場における月間売買額の合計は，売付額が128兆9,973億円，買付額が129兆3,931億円となっている[4]。また，同時点において，日本の国債流通市場における外国人投資家の売買額は，売付額が5兆5,632億円，買付額が8兆8,110億円となっている。したがって，国債売付額に占める外国人投資家の売付額の割合は4.3％，国債買付額に占める外国人投資家の買付額の割合は6.8％である。

　2009年7月末時点において，日本の国債流通市場における売買額，外国人投資家の売買額，売買額全体に占める外国人投資家の売買額の割合はどのようになっているのであろうか。同じく，日本証券業協会が公表している国債投資家別売買高によれば，2009年7月末時点において，日本の国債流通市場における月間売買額の合計は，売付額が149兆5,057億円，買付額が145兆4,818億円と

なっている。同時点における外国人投資家の売買額は、売付額が8兆8,738億円、買付額が16兆1,092億円となっている。したがって、売付額に占める外国人投資家の売付額の割合は5.9%、買付額に占める外国人投資家の買付額の割合は11%である。

日本の国債流通市場において、外国人投資家は国債を売り越しているのであろうか、買い越しているのであろうか。2004年4月末時点から2009年7月末時点の各月末時点の全てにおいて、外国人投資家が長期債、中期債、政府短期証券の合計では国債を売り越しているケースはない。すなわち、外国人投資家は長期債、中期債、政府短期証券の合計では国債を毎月買い越している。外国人投資家による国債買い越し額（長期債、中期債、政府短期証券の合計）が最も少ないのは、2005年7月末時点の1兆2,191億円である。外国人投資家による国債買い越し額（長期債、中期債、政府短期証券の合計）が最も多いのは、2008年8月末時点の8兆7,460億円であり、2番目に多いのは2007年8月末時点の8兆6,928億円である。

以下では、2007年1月以降の国債流通市場における外国人投資家について検討する。図表9-1は、2007年1月以降2009年7月までの外国人投資家の売り付け、

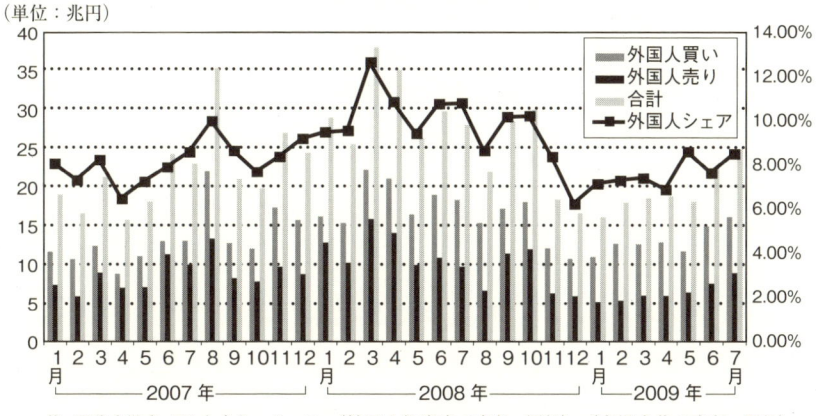

図表9-1　外国人投資家の国債売買代金とシェア

注：現先を除き、FBを含む。シェア＝（外国人投資家の売付＋買付）÷（市場全体の売付＋買付）
出所：日本証券業協会HPから作成。金額は左目盛、比率は右目盛。

買い付けの売買代金とその合計額，さらには市場におけるシェアを示したものである。図表9-1から外国人投資家の国債売買動向について確認できることは，2007年1月から2009年7月を通じて全て買い越し（政府短期証券を含む）であったこと，売買金額合計におけるシェアは，2008年3月までは上昇傾向にあったが，2008年3月以降は低下傾向にあるということである。

2. 外国人による株式投資と国債投資

　次に外国人投資家の売買動向を，国債投資と株式投資について，重ね合わせて検討する。外国人投資家には国際機関投資家が含まれる[5]。国際機関投資家は多くの場合，株式や債券といった商品別構成とならび，通貨建て構成を重視し，ベンチマークを基準として運用すると言われる。すなわち保有ポートフォリオにおける円建て（株式，債券，その他を含む）の比率を決め，その目標比率をメドに運用すると言われる。また国際機関投資家の場合，パフォーマンス評価は最終的にドル建てでなされることが多い[6]。したがって，国際機関投資家は，日本の株式と債券（国債が中心と推定される）の合計額が，ポートフォリオのなかで占めるウエイトについて指標として注目していると考えられる。

　外国人投資家による国債の純売買額（国債買付額－国債売付額，日本証券業協会による）と株式の純売買額（株式買付額－株式売付額，東京証券取引所による）を2007年において月次で見ると，外国人投資家は2007年前半（1～6月）においては月間1兆円台で日本株を買い越していた。しかし2007年8月以降，サブプライム問題により，外国人投資家は急速に日本株を売り越した。外国人投資家による8月の株式売り越し額は1兆円を超えた。この8月に国債については，外国人投資家が約8兆7,000億円もの大幅買い越しとなった。また9月，11月，12月においても外国人は株式を売り越したが，国債についてはかなりの買い越しとなった。外国人投資家は国債については，11月に7兆円以上，12月にも約7兆円買い越した。外国人投資家による国債買い越し，株式売り越しといった投資行動と同時に，7月までは1,700台にあったTOPIXも，年末には1,465まで低下した。

2007年に8月から売り越した外国人投資家の地域別内訳については,『東証統計月報』に公表されている。「北米」の投資家については,8〜10月において,株式についても買い越しを継続しており,株式を売り越すのは11月以降である。したがって8月に金額ベースで最も売り越したのは,「欧州」の5,076億円売り越しであり,ついで「アジア」の3,963億円売り越しであった[7]。8月の外国人売りについては,海外ヘッジファンドの換金売り[8],香港やシンガポールなどのヘッジファンドの日本株売りが指摘されている[9]。

9月に入り,「北米」は1,626億円の買い越し,「アジア」も109億円の買い越しに転じたが,「欧州」の外国人は6,680億円の売り越しとなった。いわば,9月には「欧州」の外国人投資家の売りによって,外国人全体が売り越しとなった。欧州系の年金基金がサブプライム問題による信用収縮でリスク許容度が縮小し,日本株から資金を引き揚げたと指摘されている[10]。

10月に外国人は全体として,日本株を買い越しに転じたが,11月と12月にかけて再び,売り越しに転じた。11〜12月には「北米」の外国人投資家が約3,400億円（12月）,5,409億円（11月）の売り越しとなった。また「アジア」の投資家も11月には4,304億円の売り越しとなったが,「欧州」の外国人は11〜12月には買い越しに転じた。この時期の外国人売りについては,世界的なサブプライム問題以外に,日本固有の問題として,日本を対象とするヘッジファンドの減少（資金流出）[11],福田政権の改革へのスタンス,買収防衛策での外資規制,持合い復活などが指摘されていた[12]。以上のように,2007年の場合,外国人投資家は株式を年後半に売り越し,代わって国債を買い越すこととなった。

第3節　外国人投資家による国債売買の特徴

1. 外国人投資家による国債売買の年限別構成

次に外国人の国債売買における,長期債,中期債,短期債といった,年限別

の構成について検討していく。

　日本証券業協会が公表している「国債投資家別売買高」から，日本の国債流通市場で外国人投資家が売買した国債のうち，長期債，中期債，政府短期証券それぞれの割合を導出し，発行年限ごとの国債売買に偏りがあるかどうかを検証する。実際には，外国人投資家は超長期債および割引短期国債も売買しているが，これらの売買額は少ない[13]。

　2004年4月から2009年7月までの期間において，外国人投資家の国債売付額（粗売付額）における長期債，中期債，政府短期証券それぞれの売付額の割合を見てみる。外国人投資家の国債売付額において，長期債の構成比は2004年6月に53.6%，2005年6月に52.3%であったが，2008年に入ってからは9月の44.1%が最高であり，それ以降は低下傾向にあり，2009年7月は21.1%となっている。次に，中期債の割合は2004年には41%以下であったが，2007年10月に50.9%まで上昇し，2008年以降は低下傾向にあり，2009年7月は19.9%となっている。政府短期証券の割合は2004年～2006年において10%以下であることが多かったが，2008年7月には54.5%まで上昇し，2009年7月は52.9%となっている。

　同じく2004年4月から2009年7月までの期間において，外国人投資家の国債買付額（粗買付額）における長期債，中期債，政府短期証券それぞれの買付額の構成比を見てみる。外国人投資家の国債買付額においても，長期債の構成比は2005年3月の41.2%をピークに低下傾向をたどり，2008年7月には15.7%まで低下し，2009年7月は10.7%となっている。中期債の構成比はおおむね20～40%の範囲で推移してきたが，2008年に入ってからは低下傾向をたどり，2008年7月には12.6%まで低下し，2009年7月は9.8%となっている。他方，政府短期証券の構成比は2004年4月にすでに45.3%と高かったが，増加傾向をたどり，2008年7月には63.7%まで上昇し，2009年7月は77.0%となっている。したがって，外国人投資家は，2004年4月から2009年7月までの期間において，長期債という発行年限が長い国債の売買を減少させ，政府短期証券という発行年限が短い国債の売買を増加させるというように投資行動を変化させたということが考えられる。

こうした長期債から短期債へといった投資行動の変化は，外国人投資家のみに該当する現象なのであろうか。それとも，銀行などの国債売買を行なっているその他の投資主体にも該当する一般的な現象なのであろうか。そこで，全ての国債投資家の売買額における長期債，中期債，政府短期証券の構成比を，日本証券業協会が公表している「国債投資家別売買高」から導出し，国債投資家においても発行年限による国債売買の変化がみられるかどうかを検討した。しかし，国債投資家の国債売付額において，長期債，中期債，政府短期証券の構成比について，目立った変化は発生していない。2004年4月から2009年7月にかけて，市場全体の売付額において長期債，中期債，短期債はそれぞれおおむね20〜30％台で推移していた。またこうした傾向は市場全体の買付額についても同様であった。

したがって，国債売買における全投資家の行動は，2004年4月から2009年7月までの間には目立った変化がみられないということが言える。すなわち，長期債という発行年限が長い国債の売買を減少させ，政府短期証券という発行年限が短い国債の売買を増加させるという投資行動の変化は，外国人投資家のみに該当する現象であるということが言える。

日本の国債流通市場において，外国人投資家は2004年4月から2009年7月の各月末時点において毎月国債を買い越しているという事実は既に指摘した。しかしながら，その事実をもって，発行年限の異なる国債売買の全てにおいて外国人投資家が買い越しているということにはならない。例えば，長期債の買越額が非常に大きく，中期債と政府短期証券は若干の売り越しという場合が考えられる。もしくは，政府短期証券の買越額が非常に大きく，長期債と中期債は若干の売り越しという場合も考えられる。そこで，外国人投資家による国債売買額の差し引き（売付額－買付額）における長期債，中期債，政府短期証券それぞれの構成比を導出し，外国人投資家が発行年限の異なる国債の全てにおいて買い越しているかどうかを検討する。

2004年4月から2009年7月にかけて，外国人投資家による国債買い越しのほとんどは，政府短期証券の買い越しによって支えられていることが明らかとなった（次ページの図表9-2を参照）。2004年4月から2009年7月の各月末時点

図表9-2 外国人投資家による国債買越額と政府短期証券買越額

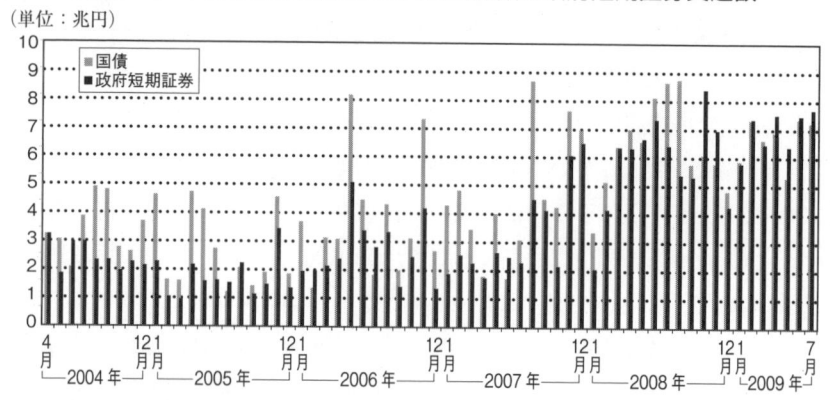

(単位:兆円)

注:国債に政府短期証券は含まれる。
出所:日本証券業協会HPから作成。

において,外国人投資家が政府短期証券を売り越している月は1回もない。しかしながら,外国人投資家が長期債を売り越している月は21回,外国人投資家が中期債を売り越している月は25回ある。外国人投資家による国債買い越しは政府短期証券が中心と言えよう。

外国人投資家による国債買い越しの発行年限別構成は重要な論点であるため,2007年1月以降について,月次で検討しておく。図表9-3は2007年1月から2009年7月までの各月について,外国人投資家による国債純売買額(買い越しはプラス,売り越しはマイナス)を年限別にみたものである。2007年6月は,超長期債が3,101億円の売り越し,長期債が4,110億円の売り越し,中期債が2,366億円の売り越しとなったが,政府短期証券は2兆4,778億円の買い越しであった。同年8月はサブプライム問題の影響から株価が低下し,株式は売り越しに転じたが,政府短期証券は4兆5,120億円の大幅買い越しとなった。また,8月は超長期債も1兆2,384億円の買い越し,長期債も1兆7,754億円の買い越しとなった。外国人投資家は同年11月にも政府短期証券を6兆644億円買い越し,長期債を2,925億円売り越した。他方,長期債については11月に2,925億円,12月については2,216億円売り越している。こうして2007年1月以降においても,外国人投資家は政府短期証券を中心に国債を買い越している。ただし,政府短期証

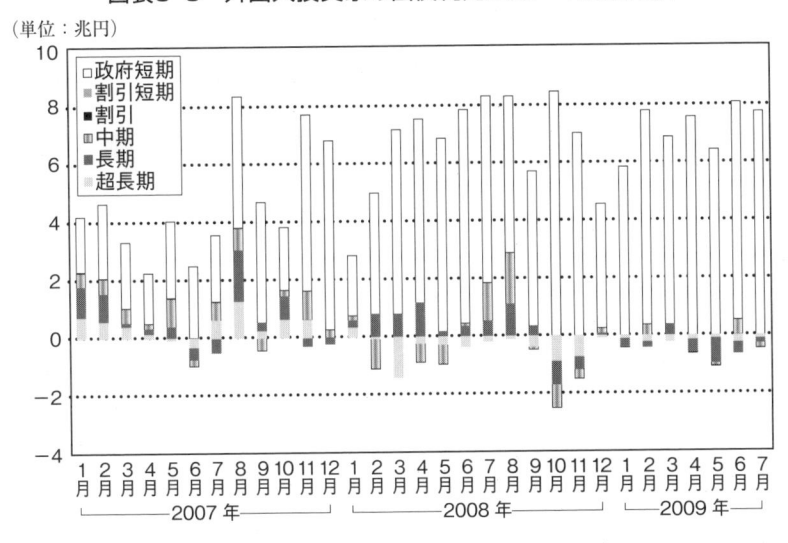

図表9-3 外国人投資家の国債純売買額・年限別内訳

(単位：兆円)

凡例：政府短期／割引短期／割引／中期／長期／超長期

出所：日本証券業協会HPから作成。

券の大幅買い越しが見られる月でも，外国人は長期債を売り越すことがあった。

外国人投資家は以下に見るように，国債売買についても売買回転率が高く，相対的に短期売買の傾向が強いと考えられる。こうした投資スタンスからすれば，債券投資についても利回り志向よりも，短期の価格差（キャピタルゲイン）志向と考えられる。したがって2007年後半に長期債の価格が上昇し，キャピタルゲイン期待が薄らいだことが，11～12月の外国人による長期債売り越しにつながった可能性がある。

以上で明らかにしたように，外国人投資家は，政府短期証券中心に国債を買い越していた。その要因として考えられる仮説が2つある。1つはドル売り円買い，すなわち為替との関連である。外国人投資家は，ドル売りと円買いによって，円を何らかの形で運用しようとする。その運用手段として，政府短期証券の購入が考えられる。外国人投資家が政府短期証券を買い越している理由のもう1つは，政府短期証券の利回りである。政府短期証券の利回りが高ければ運用の対象となり，外国人投資家が政府短期証券を買い越している理由になると

考えられる。以下では外国人投資家の政府短期証券売買について，為替要因と利回り要因との間に相関関係がみられるかどうかを分析する。

2. 外国人投資家による政府短期証券売買の回帰分析

以下での回帰分析における相関係数の定式は次式である。

$$相関係数\ (r) = \frac{\sum_{i=1}^{n}(X_i - \overline{X})(Y_i - \overline{Y})}{\sqrt{\sum_{i=1}^{n}(X_i - \overline{X})^2}\sqrt{\sum_{i=1}^{n}(Y_i - \overline{Y})^2}}$$

ここで$\overline{X} = X_i$の平均，$\overline{Y} = Y_i$の平均である。

まず外国人投資家による政府短期証券買付額および買い越し額と円ドルレートとの間に相関関係がみられるかどうかを検証する。外国人投資家による政府短期証券買付額および買い越し額は，2004年4月から2009年7月までの各月末時点におけるデータを使用する。円ドルレートは，2004年4月から2009年7月までの各月中の平均レートを使用する。各月中の平均円ドルレートは，日本銀行公表のデータを使用している。

図表9-4が計測された相関係数を示している。2004年4月から2009年7月における外国人投資家による政府短期証券買付額と円ドルレートとの間には，負の相関関係が見られた（相関係数は－0.615）。また，2005年11月から2009年7月における外国人投資家による政府短期証券買付額と円ドルレートとの間には，高い負の相関関係が見られた（相関係数は－0.791）。ここで見られる負（マイナス）の相関関係は，円高（1ドル＝120円から110円）が買付額増加になるということを意味する。次に2004年4月から2009年7月における外国人投資家による政府短期証券買い越し額と円ドルレートとの間には，負の相関関係が見られた（相関係数は－0.62）。また，2005年11月から2009年7月における外国人投資家による政府短期証券買い越し額と円ドルレートとの間には，やはり高い負の相関関係が見られた（相関係数は－0.801）。2005年11月から2009年7月においては，外国人投資家が円高局面で円を日本の政府短期証券で運用するという投資行動をとっていたと思われる。

図表9-4 外国人投資家の政府短期証券売買に関する相関係数

	為替レート (2004年4月～ 2009年7月)	為替レート (2005年11月～ 2009年7月)	政府短期証券利回り (2004年4月～ 2009年7月)	政府短期証券利回り (2006年3月～ 2009年7月)
外国人投資家 政府短期証券買付額	−0.615	−0.791	0.488	0.000
外国人投資家 政府短期証券買越額	−0.62	−0.801	0.434	−0.087
全投資家 政府短期証券買付額	−0.433	−0.545	0.522	0.158
全投資家 政府短期証券買越額	0.045	0.053	−0.045	0.102

注：為替レートは日銀発表の月中平均円ドルレート，利回りは政府短期証券月初発行の発行時平均利回り（財務省発表）。
出所：各種データから筆者作成。

次に，外国人投資家を含む投資家全体の政府短期証券買付額および買い越し額と円ドルレートとの間に相関関係が見られるかどうかを検証する。使用データは上記の場合と同様である。2004年4月から2009年7月における外国人投資家を含む投資家全体の政府短期証券買付額と円ドルレートとの間には，相関関係は見られなかった（相関係数は−0.433）。外国人投資家による政府短期証券買付額と円ドルレートとの間に相関関係が見られた2005年11月から2009年7月における，外国人投資家を含む投資家全体の政府短期証券買付額と円ドルレートとの間にも相関関係は見られなかった（相関係数は−0.545）。また，2004年4月から2009年7月における全投資家による政府短期証券買い越し額と円ドルレートとの間には，相関関係は見られなかった（相関係数は0.045）。外国人投資家による政府短期証券買付額と円ドルレートとの間に相関関係が見られた2005年11月から2009年7月における，全投資家の政府短期証券買い越し額と円ドルレートとの間にも，相関関係が見られなかった（相関係数は0.053）。これらの結果から，ドル安円高時に政府短期証券で運用するという投資行動は，外国人投資家のみに該当する現象であるということが示唆される。

投資家が余裕資金を有価証券で運用するかどうかを判断する際の基準として，利回りの高さが考えられる。外国人投資家による政府短期証券買付額および買い越し額と政府短期証券の利回りとの間に相関関係が見られるかどうかを

検証した。政府短期証券の利回りは，各月の初めに発行された銘柄の発行時平均利回りを使用する。政府短期証券の発行時平均利回りは，財務省が公表している。2004年4月から2009年7月における外国人投資家による政府短期証券買付額と政府短期証券の利回りとの間には，高い相関関係は見られなかった（相関係数は0.488）。2001年3月から2006年3月まで，日本銀行は量的緩和政策を実施していた。量的緩和政策はゼロ金利政策を通り越した更なる金融緩和政策であるため，必然的に量的緩和政策実施中の無担保コール翌日物レートはほぼゼロとなる。量的緩和政策実施中においては，政府短期証券の発行時平均利回りが0%で推移している期間もあり，その期間を含めた外国人投資家による政府短期証券買付額と政府短期証券の利回りを比較することにはあまり意味がないように思われる。そこで，日本銀行が量的緩和政策を解除した2006年3月から2009年7月における外国人投資家による政府短期証券買付額と政府短期証券の利回りとの間の相関関係を検証することにした。2006年3月から2009年7月における外国人投資家による政府短期証券買付額と政府短期証券の利回りとの間には，相関関係は見られなかった（相関係数は，0.000）。また2004年4月から2009年7月における外国人投資家による政府短期証券買い越し額と政府短期証券の利回りとの間には，高い相関関係は見られなかった（相関係数は0.434）。量的緩和政策を解除した2006年3月から2009年7月における外国人投資家による政府短期証券買い越し額と政府短期証券の利回りとの間にも，相関関係は見られなかった（相関係数は－0.087）。すなわち外国人投資家による政府短期証券の買付額および買い越し額と政府短期証券の利回りとの間に高い相関関係は見られなかった。

　また，投資家全体による政府短期証券買付額および買い越し額と政府短期証券の利回りとの間の相関関係についても検証した。しかし，投資家全体による政府短期証券買い越し額と政府短期証券の利回りおよび，投資家全体による政府短期証券買付額と政府短期証券の利回りとの間には相関関係が見られなかった。

第4節　外国人投資家による国債売買回転率

外国人投資家の国債売買回転率を算出した。ここで売買回転率は次式による。

売買回転率＝年間売買合計額÷国債保有額平均残高（期首と期末の平均）

日本証券業協会から発表される投資家別の国債売買額合計には政府短期証券が含まれている。しかし，国債保有残高を算出するうえで唯一のデータである日銀資金循環統計では，政府短期証券は除外されている[14]。そこで国債売買額から政府短期証券を差し引き，国債売買回転率を算出した。すでに明らかにしたように，外国人の国債売買は政府短期証券が中心であるため，政府短期証券を除く売買回転率では，外国人投資家の回転率は低めに算出される。また日本証券業協会が発表する投資家別国債売買額と日銀資金循環統計のセクターとの整合性から，銀行と外国人，そして市場平均についてだけ算出できた。

計算の結果，国内銀行は597％，外国人投資家は486％，市場平均は332％であり，国内銀行と外国人投資家はいずれも市場平均に比べ高いこととなった。国内銀行の売買回転率を高めている業態は，都市銀行と信託銀行であり，地方銀行と第二地銀ではない。2007年通年の国債売買代金（政府短期証券を除く）は，国内銀行としては信託銀行が最高で168兆7,052億円，ついで都市銀行で120兆7,854億円となっている。これに地銀，第二地銀を加えて，国内銀行合計としては312兆9,364億円になる。他方で，日銀資金循環統計から国内銀行の国債保有残高（平均残高）は52兆4,116億円である。したがって国内銀行の売買回転率は597％となる。都市銀行や信託銀行の債券ディーラーによる売買が国内銀行の売買回転率を高めていると推定される。

他方，外国人投資家による2007年の国債売買代金（政府短期証券を除く）は207兆2,732億円であった。これに対し，保有残高の平均は42兆6,052億円となっており，売買回転率は486％となる。政府短期証券を除くベースで算出すると，銀行についで，外国人投資家の売買回転率が高いことになる。政府短期証券を

含むと，外国人投資家の売買回転率は銀行に並ぶ，と推定される[15]。

外国人投資家の国債売買回転率は市場平均に比べ高いことが明らかになった。この背景については複数の要因が考えられる。一因としては，外国人投資家のなかでヘッジファンドが少なくないこと，そのヘッジファンドが債券裁定取引や債券アービトラージ取引を利用することが考えられる[16]。債券裁定取引とは，「ロングとショートを組み合わせ，市場の歪みの修正で収益を獲得する運用」[17]とされる。ロング・ショートの組み合わせとしては，第一に，理論値に比べ割安な国の国債を買い（ロング），割高な国の国債を売る（ショート）といった戦略がとられ，売買ともに上場先物が利用されることもある。第二に，一国の債券などの金利市場において，割安な金利を買い，割高な金利を売る，といった戦略がある。第三に，キャリートレードである。これは複数通貨間での金利差を利用したもので，低金利国の短期債券を空売りし，金利が高い国の短期債券を買う戦略である。例えば，日本の短期国債を空売りして得られる0.1%のコストで，アメリカの3.5%の短期国債に投資し，3.4%分の利鞘を得ることになる。債券裁定取引は債券アービトラージ取引と呼ばれることもあるが，割高な債券をショートし，割安な債券をロングするといった基本スタンスは同じである[18]。

ヘッジファンドが債券裁定取引等で先物を利用することも背景にあり，債券先物に関する外国人投資家のシェアは近年上昇している。東証に上場される国債先物の場合，外国人のシェアは1999年には12.61%であったが，2002年には21.9%へ上昇し，2008年には39.94%まで上昇している。同じく国債先物プットオプションでの外国人シェアは，2000年には25.95%であったが，2003年には51.8%へ上昇し，2008年には69.78%まで上昇した。国債先物コールオプションでの外国人シェアもほぼ同様であり，2000年における29.38%から，2008年には66.08%まで上昇した。こうした国債先物・オプションでの外国人のシェア上昇は，外国人投資家が国債流通市場で債券裁定取引やアービトラージ取引を増加させている反映と考えられる。裁定取引やアービトラージ取引では，取引の手仕舞いまで短期間中心とみられ，結果として売買回転率を上昇させる一因と見られる。

第5節　まとめに代えて

　日本の国債保有は，従来中央銀行を含む政府部門の比重が著しく高かった。他方で，外国人の保有比率は低かった。しかし，2008年3月まで外国人の国債流通市場におけるシェアは上昇傾向にあり，その後2009年4月までは低下傾向にある。とはいえ，2009年5月以降は，外国人投資家のシェアは上昇に転じている。外国人による国債買い越し額の年限別構成を見ると，政府短期証券が中心であった。外国人投資家による政府短期証券売買動向に関して相関関係を分析したところ，為替レートとの間に高い相関関係が見られた。外国人はドル安円高局面において，短期の運用先として政府短期証券を重視しているようである。外国人の国債売買回転率は，市場平均に比べ高かったが，債券裁定取引などで先物との裁定がなされ，取引が短期中心になるようである。今後，国債流通市場における外国人投資家は，徐々にそのプレゼンスを高めていくであろう。

（注）
1) 代田〔2002〕〔2007a〕〔2007b〕を参照されたい。
2) 財務省『債務管理レポート2008』100ページ参照。フランスは2006年12月末時点，その他は2007年9月末時点。このデータでは郵貯，簡保が金融機関等に含まれるため，金融機関等のシェアは62.4％に達する。
3) 代田編〔2007c〕を参照されたい。また日米欧の国債オペの比較については，勝田〔2007〕が検討している。
4) 日本証券業協会が公表している「国債投資家別売買高」は，公社債投資家別売買高のうち，国債（超長期利付，長期利付，中期利付，割引国債，割引短期国債および政府短期証券）について，その売買高を取りまとめたものである。また，売付額および買付額は，現先売買を除く投資家の売付および買付であり，会員（証券会社）の売買高および特別会員（ディーリング業務を行っている登録金融機関（短資会社を含む））の売買高を合算したものである。
5) 外国人投資家は「非居住」投資家の総称であるが，その内実は多様であろう。しかし欧米の年金基金や投資信託などの国際機関投資家，ヘッジファンド，オイルマネーが主要な構成者と推定される。2006年から2007年にかけては，中東や北欧のオイルマネーがロンドン経由で対日証券投資が増加させたと推定される。代田〔2007d〕を参照されたい。
6) 代田〔2002〕16ページを参照されたい。
7) 東証統計月報，2008年3月号，100ページ参照。

8) 日本経済新聞，2007年9月7日付。
9) 同，2007年9月21日付。
10) 同，2007年10月20日付。
11) 同，2008年2月5日付。
12) 同，2008年1月11日付。
13) ここでは長期債，中期債，政府短期証券のみを対象とし，これら3つの構成比合計は100%である。超長期債，短期割引国債は除外している。
14) 現在の政府短期証券（FB）は食糧証券，大蔵省証券，外国為替資金証券が統合されて成立した。現在は政府短期証券の発行根拠だけが残っている。かつて外国為替資金証券は日銀引受で発行されてきたが，財政法では国債発行，国債の日銀引受は禁じられており，外国為替資金証券を含む政府短期証券は国債ではない，と位置づけられている。
15) 一般に国債保有構造のデータでは，政府短期証券は除かれていることが多い。例えば，財務省『債務管理レポート2008』の国債保有者別内訳（100ページ）でも除かれている。これは注17）のような位置づけによる。他方，政府短期証券自体の保有構造については，財務省『財政金融統計月報』に年1回，通常11月号に公表されている。しかし証券業協会によるデータで「外国人」に該当する部分が，『財政金融統計月報』では「市中金融機関」と「外国中央銀行等」に区分されており，実情がわかりにくい。なお，『国債統計年報』（財務省）に掲載される政府短期証券保有残高は『財政金融統計月報』のデータに依拠している。いずれにせよ，通常の国債保有構造のデータでは，政府短期証券が除かれており，外国人の保有シェアが過小評価されやすい。
16) ヘッジファンドの動向や外国人投資家に占めるヘッジファンドの比重については，代田〔2002〕93ページを参照されたい。その後，ピーク時には株式市場では外国人の50%以上がヘッジファンドといった新聞報道もみられた。しかし現状では，サブプライム問題以降，ヘッジファンドの残高は急減していると言われている。ヘッジファンドの把握はいずれも推定値であり，実態解明は難しい。新聞報道によると，2008年の1〜8月におけるヘッジファンドの運用リターンはマイナス4.83%で，LTCMの崩壊があった1998年におけるマイナス5.5%以来最低のパフォーマンスという（*International Herald Tribune*, 2008, September 20）。
17) 寺本〔2006〕105ページ。
18) 山内〔2002〕73ページ。
なお債券市場は，債券先物による流動性もあり，株式市場に比べて，売買規模などで流動性が高い。またなかでも国債市場はすべての債券取引の基準となっている。国債以外の債券売買において，同じデュレーションの国債に対するスプレッドとして取引される。デュレーション＝債券価格の変化率÷金利の変化率であり，デュレーションは年数で計測される。長期債ほど金利変化の影響は大きい。

(参考文献)
勝田佳裕〔2007〕「中央銀行によるオペレーションの国際比較」代田純編『日本の国債・地方債と公的金融』税務経理協会。
代田純〔2002〕『日本の株式市場と外国人投資家』東洋経済新報社。
代田純〔2007a〕「最近の外国人投資家の動向について」『証券レビュー』6月。
代田純〔2007b〕「外国人投資家の動向について」財務省国際局・最近の資金フローに関する研究会《http://www.mof.go.jp》。
代田純編〔2007c〕『日本の国債・地方債と公的金融』税務経理協会。

代田純〔2007d〕「欧州系外国人投資家の動向（2005～2006年）について」『証券経済研究』第58号。
寺本名保美〔2006〕『ヘッジファンド運用入門』財経詳報社。
山内英貴〔2002〕『オルタナティブ投資入門』東洋経済新報社。

（勝田　佳裕）

第10章 金融危機と地域金融機関

▼第1節 はじめに

　地方財政の逼迫が続くなか，地方債残高は約200兆円程度で高止まりを続けている。地方債の引受先として，長年旧郵貯（現ゆうちょ銀行）や旧簡保（現かんぽ生命）の存在が大きかった。しかし現在，ゆうちょやかんぽは地方債の新規引受を停止している。このため，地域金融機関（地方銀行，第二地方銀行等）など銀行に地方債の依存度が高まってきた。しかし，2006年の夕張ショックや，三位一体改革，さらには地方財政健全化法など新たな展開のなか，地域金融機関は地方債の引受に慎重な対応を迫られるようになった。

　地域金融機関は預金超過・貸出難という構造的な問題を抱えている。このため保有有価証券，ならびに有価証券における地方債のシェアは高くなってきた。また同様な背景から，少なくない地域金融機関が証券化商品なども保有していた。このため金融危機によって，多くの地域金融機関が債券関係損失など有価証券関係の損失を計上した。

　2009年3月には北洋，福邦，南日本といった地域金融機関が公的資金の受け入れを決定した。この他，複数行が公的資金の受け入れを検討しているほか，合併も模索されている。金融危機を契機として，地域金融機関の再編が進んでいる。

第2節　増加する地方債と銀行のシェア

1. 地方債の引受先

　まず地方債の残高を全国的に確認しておきたい。ここでは便宜上，残高とならび，資金別内訳を検討し，地方債への資金の流れを明らかにしておく。

　図表10-1は資金別内訳を伴う，残高の推移である。地方債残高については，1990年度には約89兆円であったが，2004年度には約202兆円と倍増以上に増加した。2000年以降には増加のペースはやや抑制されたものの，1990年代における地方債の残高は著しいペースで増加した。1990年代に地方債残高は，ほぼ毎年10兆円程度の増加を続けた。特に，1994年度は約15兆円，1995年度は同じく約13兆円，1996年度は約11兆円，1997年度は約12兆円の増加となった。2000年以降，やや増加のペースは抑制されたとはいえ，増加していることに変化はない。1990年代における地方債残高の増加は，後述するように，地方財政の負担による公共事業の増加が主因である。また2000年以降，過去の地方債発行に起因する公債費負担が増加し，地方財政が逼迫している。

　こうして地方債残高の増加が継続してきたが，これを借入れ先の資金別に見ていくと，以下のような特質を指摘できる。第一に，政府資金の比率が低下してきたことである。1990年に政府資金が占める比率は51.4％であったが，1994年に49.9％と50％を割り込み，2006年には45.8％まで低下した。内訳として，財投改革前の資金運用部による比率が1990年には40％あったが，2006年には34.6％まで低下した。2009年8月末に発表された，2010年度地方債計画(案)では，財政融資資金の構成比は27.8％まで低下している。また財投改革後，財政融資資金から郵貯は独立したが，郵貯（現ゆうちょ銀行）は現在地方債の引受を停止している。簡易保険は旧財投に「資金協力」という関係であったが，同様に新規引受を停止している。

　第二に，旧公営企業金融公庫（現在，地方公共団体金融機構）の比率も傾向

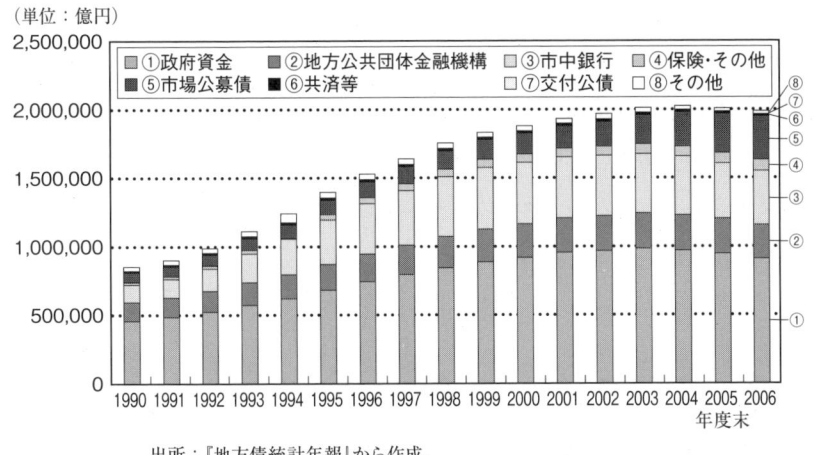

図表10-1　地方債残高(資金別)の推移

(単位：億円)

凡例：①政府資金　②地方公共団体金融機構　③市中銀行　④保険・その他　⑤市場公募債　⑥共済等　⑦交付公債　⑧その他

出所：『地方債統計年報』から作成。

的には低下してきた。図表10-1でも2006年には12.4%となっている。旧公営企業金融公庫は1957年に設立され，地方公共団体が営む水道，交通，病院など地方公営企業に長期かつ低利の資金を供給し，地方債を引き受けてきた。旧公営企業金融公庫は財政投融資計画の一環としての政府保証債を発行することで資金を調達し，また2001年度からは財投機関債も発行してきた。また競輪やオートレースからの納付金もあり，旧公営公庫の資金調達は多様である。旧公営公庫はこうして資金を調達し，地方債を引受けてきた。ただし，2006年以降，旧公営企業金融公庫の地方債計画におけるシェアは上昇に転じており，2010年度計画では14%となっている。

　第三に，市中銀行による引受シェアは傾向的に上昇してきた。1990年における市中銀行による引受シェアは14.4%であったが，1995年には23.2%と10ポイント近く上昇し，1998年には24.8%へ達した。すなわち1990年代の前半から半ばにかけて，銀行により引き受けられる地方債（縁故債）が急増したことになる。この時期は政府によって公共事業が増やされた時期であり，地方財政による単独事業も増加した。したがって市中銀行により引き受けられた地方債で，単独公共事業がファイナンスされたことになる[1]。地方公共団体には，政府資

金による地方債発行が狭隘化するなかで,地方単独の公共事業を遂行するため,地方銀行を中心とした市中銀行に依存する事情があった。他方,市中銀行においても,バブル崩壊後に不良債権が増加し,また優良企業は銀行離れをしており,貸出が伸び悩む環境にあったことが大きい。地方債は,地方交付税交付金によって国が実質的に「政府保証」しており,銀行にとっては「無リスク」資産と認識されていたためである[2]。したがって地方公共団体と地方銀行など市中銀行の利害が一致していたといえよう。

しかし市中銀行の地方債におけるシェアは1998年における24.8%をピークとして,低下に転じた。2006年現在,市中銀行のシェアは19.7%（図表10-1参照）となった。これは2000年以降,両者の利害が変化したと見るべきであろう。財政指標が悪化する地方公共団体への貸出や地方債引き受けに,市中銀行が慎重になり始めたと見られる。また地方公共団体としても,公債費（利払い費）に苦しんでおり,市中銀行からの借入れは条件次第であろう[3]。

第四に,市中公募債も地方債において比率を高めた。市場公募の比率は90年代後半までは7%台であったが,2000年以降に急速に上昇し,2006年現在では16%台に達した[4]。公募団体は東京都や横浜市など独自の発行条件で地方債を発行できる地方公共団体から,総務省が一括してシンジケート団と交渉し,同一の発行条件で地方債を発行してきた団体まである。しかし公募団体数は増加してきた。公募地方債は1952年度に東京都,大阪府など8団体によって発行開始となったが,2003年度には19団体,そして2009年度には奈良県,福井県が加わり46団体へ増加してきた。このほかにも,公募団体が共同して発行する共同発行市場公募債が開始されている。これは地方債のロット（発行金額）が小さいといった弱点を改善し,発行条件を地方公共団体に有利にするためと言われる。さらに住民参加型市場公募地方債が加わった。病院などの特定プロジェクトのため,建設資金を住民から公募する地方債である。

このほか,保険会社や共済による地方債保有も増加している。以上見てきたように,地方債残高の増加を資金別に見ると,大きくは政府系資金など公的資金の比率低下,銀行や公募など民間資金の比率上昇と言えよう。地方債残高は,民間資金のシェア上昇と同時進行で増加してきた。

2. 地方債と外資系金融機関

　2007年における特徴としては，外資系金融機関が地方債市場に進出したことである。東京都の引受シンジケート団にも，ゴールドマン・サックスを含め7つ（日興シティを除く）の外資系が入っており，その引受シェアは10%に達している。またフランス系のデクシアが急速に地方債ビジネスに進出したことが話題となった。デクシアはフランスの預金供託公庫（CDC）を母体とする公的ファイナンスの専門機関であるが，2007年年末時点で日本の地方債8,700億円を保有している。うち証書貸付が約3,000億円，証券が約5,700億円と推定される。取引先は都道府県と政令指定都市が多いが，一般の市へも貸付している。政令指定都市には京都市，大阪市が含まれている。デクシアは，簡保と郵貯など政府資金が地方債市場から撤退しつつあることに照準を合わせ，自治体の長期資金ニーズに対応してきた。デクシア自身の資金調達は，親会社が債券を発行し，日本法人が借入れているものが中心と見られる。しかし，最近はデクシア日本法人がわが国のコール市場で独自に調達している部分も増加しており，ここにも超低金利の影響が及んでいると推定される。ただし，第1章でも指摘したように，デクシア自体が金融危機で大きな打撃を受け（米モノライン保険会社等），今後の展開は不透明である。

　外資系金融機関の地方自治体への進出に関連して，仕組み債が注目されている。仕組み債とは，単純な債券（地方債）ではなく，自治体と金融機関が，何らかの取り決めに基づいた「仕組み」を伴う債券である。単純な仕組み債は，長期と短期の金利差に基づくものである。外資系金融機関はコール市場などで超低金利により資金調達してきた。このコール市場等で調達した短期資金を，外資系金融機関が長期資金として貸し出す。その際，短期金利の上昇リスクがあるため，あらかじめ自治体と長期金利の上限を契約し，上限金利を超えた場合に，自治体の負担とする，といった内容である。20年債や30年債といった超長期債で仕組み債が多く，将来的に自治体の利払い負担が増加する可能性がある。兵庫県では2007年2月時点で，仕組み債の残高が550億円と言われる[5]。

このほか，報道によると，神戸市が指定金銭信託での仕組み債を165億円保有するほか，浜松，名古屋，大阪，神戸，北九州市などがコーラブル預金と呼ばれる仕組み預金を保有している[6]。

3. 逼迫する地方財政

次に地方債残高の増加をもたらした背景として，地方財政の逼迫について検討しておきたい。ここでは長期的な視点から検討する。現在の地方財政逼迫は歴史的な経過に規定されているためである。まず地方財政の歳出額は，1990年代を通じて，ほぼ一貫して増加基調であった。このため，1990年度に78兆4,732億円であった歳出額は1999年度に101兆6,291億円に達し，9年間で29.5％増となった。これは同時期の国の一般会計が28.5％増となっていることをも上回っており，90年代を通じて地方財政の膨張が続いた一面を示している[7]。

第二に，人件費については，地方財政の歳出で一定の比率を占めているものの，ほぼ歳出額に対し26〜28％の構成比率で推移しており，歳出額を押し上げた要因とまでは言いがたい。むしろ国家公務員の給与との比較指数である，ラスパイレス指数を見ると，1990年度の102.8からほぼ一貫して低下し，2003年度には100.1，2004年度には97.9にまで低下した。現在では，地方公務員の給与水準は国家公務員よりも低くなっている。

第三に，普通建設事業費については，1990年代前半を中心として，地方財政の歳出において，相対的にも絶対的にも増加した。歳出における普通建設事業費の比率は1990年度に28.78％であったが，1993年度には32.99％まで上昇した。同じ期間で金額としては，22兆5,846億円から30兆7,061億円へと，約8兆円増加した。この期間で地方財政の歳出増加額は約14兆円であり，普通建設事業費の増加が過半を占めていた。

第四に，公債費であるが，公債費比率は1990年代後半以降最も上昇している[8]。1990年代の前半では7〜8％台にあったが，1996年に9.53％，1997年に10.51％へと上昇し，2000年には12.64％に達した。2003年には14.2％となっている。こうした公債費比率の上昇は，基本的には地方債残高の増加が最も影響し

ている。もともと90年代における建設事業費の増加により地方債が増発され、その後の地方財政逼迫のなかで地方債の純償還が進まなかったので、公債費増加の基本要因は建設事業費増加に求めねばならないだろう。

第五に、金額的に大きな費目ではないが、物件費、扶助費、補助費も一様に増加してきたことも無視できない。これら三費目の合計は1990年には約13.8兆円であったが、2003年には約22兆円にまで増加している。扶助費は社会保障費といった性格であり、児童福祉費、生活保護費が中心となっている。児童手当の支給対象年齢拡大、被生活保護者の増加などが影響している[9]。物件費は旅費、役務費、委託料等からなるが、近年民間委託の増加に伴い、民間委託料が増加している。補助費等は補助金等からなるが、地方公営企業への補助金、負担金が増加要因と見られる。病院、交通、下水道など地方公営企業の経営は赤字が多く、地方公共団体は負担を余儀なくされている[10]。

以上、見てきたように、地方財政の逼迫を歳出面からもたらした要因としては、単独事業費を中心とする普通建設事業費が大きく、これに規定された公債費負担が中心である。さらに物件費、扶助費、補助費などの増加が多様な要因で加わったものと言えよう。

歳出面では地方財政に1990年代を通じ、常に増加バイアスがかかってきたと言えるが、次に歳入面から地方財政がどのように資金を調達してきたかを検討する。すでに三位一体改革で繰り返し指摘されていたところであるが、わが国の税収は地方対中央で3対7となっているが、支出では4対6となってきた。このため中央政府から地方政府に対し、地方交付税交付金や国庫支出金（補助金）が交付され、財源格差を埋めてきた。しかしこの交付税交付金や国庫支出金が多様な問題点を内包してきた。三位一体改革においても、交付税交付金や国庫支出金の削減が先行し、地方への税源移譲についてはあまり進展しなかった。

第一に、1990年度に地方税税収合計は33兆4,504億円であったが、バブル崩壊に伴い1994年度に32兆5,391億円へ減少した。しかし1997年度に36兆1,555億円へ増加し、この年度をピークとして減少し、2003年度には32兆6,657億円となった。道府県の場合、構成比として道府県民税（個人、法人）が23.5%、

事業税(個人,法人)が30%,地方消費税が18%,自動車税が11.8%等といった税収が主要税収である。また市町村の場合,同じく固定資産税46.2%,市町村民税(個人,法人)40.3%,都市計画税6.5%,たばこ税4.6%が主要税収である[11]。

第二に,地方交付税交付金については,1990年から2000年まで増加したが,2000年の21兆7,764億円をピークとして減少に転じ,2005年には16兆9,587億円へ減少した。地方交付税の総額は基本的に国税五税にリンクするが,国税五税の税収が伸び悩んでおり,交付税総額も抑制されてきた。国が補助金などの負担を軽減しつつ,地方公共団体に単独公共事業を増加させる手段として,地方交付税交付金と地方債が動員されてきた。地方公共団体に単独事業を地方債発行(許認可)によって増加させ,交付税交付金の算定にあたり公債費が算入されてきた。したがって補助金は減少しつつ,交付税交付金が国の政策誘導の手段とされてきた[12]。

第三に,国庫支出金(いわゆる補助金)も1990年から1995年までは増加し,96,97年に減少した。しかし98,99年に一時的に増加したが,その後は抑制されてきた。交付税の場合,ピークの2000年に比べ,2005年には約4.8兆円(22.1%)減であったが,国庫支出金の場合にはピークとなった1999年から2005年にかけて約4.7兆円(28.5%)減で,大きく削減されている。公共事業の場合にも,国の補助金や負担金を減らし,地方の単独事業を地方債と地方交付税交付金のセットで増加させてきた。こうした背景からすれば,国庫支出金(補助金)の削減が大きいことは国の財政事情を優先させる限り,当然ともいえよう。

第四に,以上のように地方税が伸び悩み,かつ国庫支出金や地方交付税が抑制ないしは削減され,結果として地方債への依存が高まることとなった。地方債の発行額は1996年と2003年には約18兆円(地方債計画・当初)まで膨れ上がった。その後,発行額は抑制されているものの,償還額を上回り,結果として図表10-1で見たように,地方債の残高200兆円前後と高水準を続けている。2010年度の地方債計画案での発行額も15.6兆円と前年度比10.2%増となっている。

第10章 金融危機と地域金融機関

第3節 地域金融機関から見た地方財政向け貸出と地方債

1. 増加する地方公共団体向け貸出

　すでに指摘したように，地方債残高における銀行のシェアは1998年の24.8%をピークとして低下に転じ，2004年で21.1%，2006年に19.7%と低下した。これは銀行が地方債の引受に慎重になりつつある影響とも読める。しかし銀行の貸出やポートフォリオ構成から見ると，必ずしも「慎重になっている」とは言えない。ゆうちょ銀行やかんぽ生命など公的資金が地方債引受から撤退するなか，銀行への依存はむしろ強まりつつある。

　図表10-2は全国銀行による地方公共団体向け貸出と，同貸出が貸出総額に占める比率を示している。このように，銀行による地方公共団体向け貸出は2000年から2008年にかけて増加傾向にある。特に金融危機後の2007年から2008年にかけて，14.5兆円から17兆円まで増加した。また貸出総額における

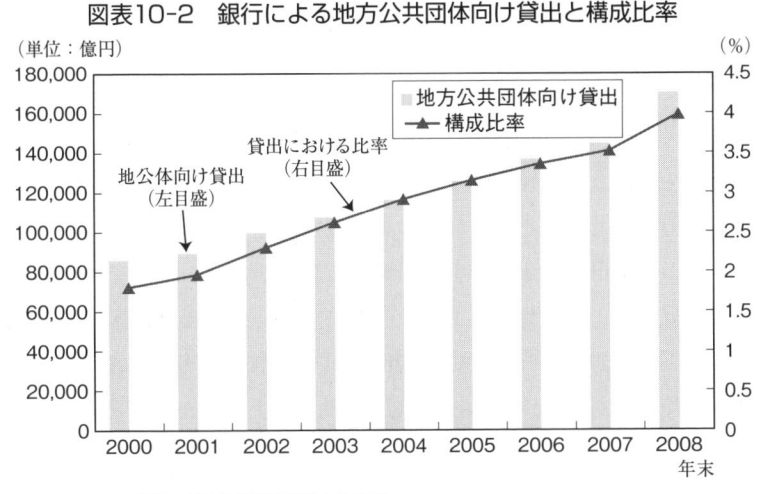

図表10-2　銀行による地方公共団体向け貸出と構成比率

出所：『日本銀行統計』から作成。

地方公共団体向け比率も，2000年における1.8%から2008年には4%へと上昇した。これには複数の要因が考えられる。第一には，政府資金や公的資金による地方債引受の多くが証書形式（証券形式ではない，銀行貸出としての証書貸出）であったが，この部分が近年減少しており，代替として市中銀行からの借入（銀行からは証書貸出）が増加していると見られる。第二には，2006年3月時点で兵庫県の一時借入金残高が2,000億円超（月中最高額）であったように，地方公共団体の資金需要が根強いことであろう。第三には，地域経済の衰退が指摘されるなかで，銀行として貸出難という構図が続き，2006年半ばの夕張ショックが発生した後も，地方公共団体向け貸出を増やした可能性がある。第四には，金融危機によって，市場での資金調達が困難となり，銀行借入への依存が強まったことも一因であろう。

2．地方銀行で高い地方債比率

次に関西圏の銀行を中心として，保有有価証券残高に占める地方債の比率を算出し，これを業態平均と比較してみる。まず業態平均であるが，図表10-3が示すように，全国銀行で2001年の6.4%から2005年に4.3%へと低下したが，2006年から再び上昇し，2008年には5%に達した。しかし都市銀行については2.7%から0.9%へと低下した。他方，地方銀行については業態平均として水準が高いうえ，2001年の14.4%から2005年に10.9%まで低下したが，2006年から上昇に転じ，2008年には14.5%となった。また第二地銀も7.7%から4.7%へといったん低下したが，2008年には6.3%へ上昇した。都市銀行ではポートフォリオにおいて地方債は低下したが，地域金融機関では逆に上昇してきた。

関西圏では地方財政が厳しい都道府県・市町村が多い。そこで関西圏の銀行の同指標を見ると，上昇傾向にあるケースが多い。また水準自体が業態平均に比較して高い場合が見られる。まず南都銀行（奈良県）は2002年に16.6%に達し，その後低下傾向にあったが，2007年には18.4%まで上昇した。また紀陽銀行（和歌山県）の場合には，2001年における6.2%から2008年に18.4%に上昇している。南都銀行は奈良県，紀陽銀行は和歌山県を地盤とするが，奈良県は2008年まで，

和歌山県は2009年現在でも，公募債発行団体ではないため，地元銀行への依存度が高くなる。南都銀行の場合，貸出残高2兆6,454億円（2007年3月現在）のうち，地方公共団体向け貸出が3,162億円で，貸出の12%を占めている。また紀陽銀行の場合も貸出残高2兆1,989億円（2007年9月現在）のうち，地方公共団体向け貸出が2,310億円で，貸出の10.5%を占めている。すでに図表10-2で示したように，全国銀行ベースの場合で，同比率は4%前後であり，南都と紀陽の比率は高いといえる。さらに奈良県と和歌山県による公募債発行がないため，地方債は銀行等引受債（縁故債）となり，銀行による地方債引受・保有が大きくなる。また減少傾向にあるとはいえ，両行は「リスク管理債権」を貸出残高の4～5%抱えている。こうした状況のなかで，地方公共団体向け貸出にはリスク管理債権が従来発生しておらず，地方公共団体は「優良な」貸出先と判断されてきたと見られる。

図表10-3において但馬銀行の地方債比率は51.4%（2008年）に達している。兵庫県および県下市町村の資金需要が強いため，但馬銀行は地方債の保有額が

図表10-3　有価証券での地方債の比率

(%)

	2001	2002	2003	2004	2005	2006	2007	2008
全国銀行	6.4	5.5	4.7	4.4	4.3	4.5	4.9	5
都市銀行	2.7	1.5	1.2	1	1.2	1.3	1.1	0.9
地方銀行	14.4	13.7	12.7	11.8	10.9	11.2	12.7	14.5
第二地銀	7.7	7.2	6.8	6.3	4.9	4.7	5.5	6.3
近畿大阪	2.2	2.8	2.3	4.9	5.5	5.6	4.5	1.8
泉州	0.6	1.4	1.3	3.3	2.5	2.4	4.7	5.1
池田	6.7	2.9	1.7	1	0.7	1.1	2.5	8
南都	15.6	16.6	13.1	11.2	10.2	13.1	18.4	16
紀陽	6.2	3.6	5.6	7.1	11.1	13.6	16.9	18.4
但馬	15.3	16.1	20.5	24.7	26.5	34.2	46.8	51.4
びわこ	7.9	10	14.4	9.9	5.3	4.8	4.3	4
関西アーバン	0	0	0	0.2	0.5	0.4	0.5	0.3
みなと	10.7	12.6	15.8	16	13.4	11.2	26.9	22.4

出所：『全国銀行財務諸表分析』から作成。
注：各決算期末現在。

大きくなっていると見られる。しかし同行のホームページに公表されている時価情報によると,地方債から評価損が発生しており,2006年3月期には2.87億円の損失となっている。国債,社債も同様に損失が発生しているが,「満期保有目的の債券」以外の地方債で損失が出ている[13]。

第4節　地域金融機関を襲った金融危機

1. 上昇する預証率

　地域金融機関,特に地方銀行や第二地方銀行は恒常的に貸出難にある。地域の貯金が預金として流入するにも関わらず,優良な貸出先が不足するためである。こうしたなかで,地方公共団体は数少ない,「優良な」貸出先であった。このため,2007年秋の金融危機が発生する前から,地域金融機関では地方公共団体向け貸出や地方債保有が多くなっていた。

　貸出先が不足するなかで,重要な運用対象が有価証券であった。地域金融機関も有価証券での運用が増加しており,近年「預証率」(＝保有証券÷預金残高)が傾向的に上昇していた。こうしたなかで,2007年秋の金融危機が発生したため,地域金融機関も大きな損失を計上することとなった。

　図表10-4は,2009年3月期(2008年度)決算の主要指標を示している[14]。銀行の本業の利益に近い業務純益では各業態とも一定の利益を計上している。全国銀行で3兆4,953億円,地方銀行で9,957億円の業務純益が計上されている。ただし,第二地銀については,業務純益で28億円の黒字であり,本業でも収支が厳しくなっていると見られる。

　地方銀行64行については,9,957億円の業務純益が計上されていたが,経常利益では1,341億円の赤字となった。また第二地銀については,28億円の業務純益に対し,経常利益では4,510億円の赤字となった。こうした大幅な赤字計上の要因は,有価証券関係の損失処理と不良債権処理損失であった。

図表10-4　2008年度決算の主要指標

(単位：億円)

	経常収益	経常利益	業務純益	当期利益	債券関係損益
全国銀行（123）	189,478	▲16,096	34,953	▲19,956	▲5,587
都市銀行（6）	98,272	▲6,064	21,765	▲11,056	581
地方銀行（64）	52,585	▲1,341	9,957	▲699	▲3,911
第二地銀（44）	14,982	▲4,510	28	▲3,755	▲2,802

	株式関係損益	国債比率	地方債比率	社債比率
全国銀行（123）	▲19,619	49.30%	5%	15.20%
都市銀行（6）	▲11,625	55.10%	0.90%	10.80%
地方銀行（64）	▲3,000	38.60%	14.50%	25%
第二地銀（44）	▲1,088	49.90%	6.30%	23.30%

出所：『全国銀行財務諸表分析』より作成。
注：カッコ内は銀行数。

2. 地域金融機関と債券関係損失

　有価証券関係の損失を見ると，全国銀行では債券関係が5,587億円，株式関係が1兆9,619億円と，株式関係の損失が大きい。しかし，業態別では相違がある。都市銀行の場合，債券関係損益は581億円の黒字である一方で，株式関係が1兆1,625億円の赤字で，株式中心の赤字である。これは都市銀行の場合，債券のポートフォリオが国債中心であるうえ，相対的にリスク管理もなされている一方で，上場企業との株式持ち合いが多いためと見られる。

　他方，地方銀行については，株式関係の損失が3,000億円計上されているものの，債券関係が3,911億円と大きく，債券中心の赤字である。また第二地銀についても，株式関係で1,088億円の損失が出ているが，債券関係が3,755億円と大きく，やはり債券中心の赤字である。

　こうした都銀と地域金融機関（地銀，第二地銀）の損失構成の違いは，有価証券のポートフォリオの相違に起因していよう。都市銀行では有価証券に占める国債の比率が55.1％と高い一方で，地方債は1％未満であり，また社債も10.8％となっている。株式については都市銀行では10.1％と比較的高い。他方，地方銀行では国債の構成比は38.6％と相対的に低く，また第二地銀でも49.6％

となっている。しかし地方債については地方銀行で14.5%,第二地銀で6.3%を占めており,高くなっている。また社債についても,都市銀行よりも高く,地方銀行では25%,第二地銀でも23.3%となっている。地方銀行はかつて長信銀が発行する金融債の主要な投資家であった。減少傾向にあるが,地銀・第二地銀は現在でも金融債を保有している。また公社公団債の保有が増加している。地域金融機関の社債保有の内訳としては,公社公団債や金融債が多い。

　日本の公社債市場の特質の1つは,市場の流動性について国債と国債以外の債券に著しい格差が存在することであろう。2008年度の場合(以下同じ),利付き国債については,発行残高522兆円に対し,売買高が7,566兆円あるため,売買回転率(売買高÷発行残高)は14.5(1450%)となる。しかし地方債では公募であれ,銀行引受(縁故)債であれ,0.6～0.7(60～70%)程度であり,また財投機関債や社債でもほぼ同水準である。地方債は売買が少なく,流動性に欠けるため,売買しにくいのである。

　こうした流動性格差は地方債の価格形成にも影響していると見られる。2008年度の決算期となった2009年3月時点で,大阪府債の対国債スプレッドは0.4～0.45まで拡大した。同時期に東京都債のスプレッドは0.2前後であったから,大阪府債のスプレッドは大きかった。大阪府の財政が投資家から不安視されていると見られる。大阪府以外の都道府県債でも,財政面で懸念される場合には,ほぼ同じスプレッドと推定される[15]。こうした地方債の高いスプレッド(=価格は下落)が,地方債保有の多い地域金融機関の債券関係損失を増加させた一因であろう。

3. 地域金融機関と証券化商品

　図表10-5は,海外資産の証券化商品・仕組み債への地域金融機関(地方銀行・第二地方銀行)による投融資額と債券関係損失額を示している。これによると,地域金融機関も証券化商品等に巨額の投融資をしていたことがわかる。千葉銀行は2008年3月末に1,689億円の残高があり,2009年3月期には債券関係損失として303億円を計上した。このため同行は2008年3月期に経常利益は700億

第10章　金融危機と地域金融機関

図表10-5　海外資産の証券化商品・仕組み債への投融資残高と損失額

(単位：百万円)

		投融資残高 2008年 3月末	投融資残高 2008年 6月末	投融資残高 2008年 9月末	債券関係 損失額	内　容
1	千葉銀行	168,936	157,784	138,856	30,379 (3,309)	米住宅3公社による住宅ローン担保証券、CDO、SIVを保有
2	常陽銀行	83,900	100,858	73,697	42,630 (47,258)	CMO
3	山陰合同銀行	62,503	59,716	不明	7,554 (11,809)	米住宅3公社によるRMBS376億円保有
4	富山第一銀行	56,311	56,317	6,491	5,071 (55)	
5	滋賀銀行	40,776	41,119	39,281	9,338 (11,124)	トリプルA格のRMBS（保証付き）411億円保有
6	群馬銀行	36,041	2,128	2,071	4,441 (930)	ジニーメイRMBS229億円保有AAA格
7	南都銀行	34,093	32,983	23,246	20,986 (25,229)	
8	阿波銀行	29,439	35,385	30,662	3,853 (2,202)	
9	八十二銀行	26,302	19,200	10,587	14,965 (7,383)	この他、海外ファンドに624億円（2008年9月末）投融資
10	鹿児島銀行	13,440	13,548	10,552	1,790 (665)	

出所：『金融ビジネス』2008年秋号152～153ページ、2009年冬号155ページおよび『全国銀行財務諸表分析』から作成。
注：債券関係損失は2009年3月期決算、カッコ内は2008年3月期。金融派生商品損失を含む。

円あったが、2009年3月期には66億円に激減した。米住宅3公社（ジニーメイ、ファニーメイ、フレディマック）の住宅ローン担保証券を保有していた。

また常陽銀行も2008年6月末には1,000億円を超える証券化商品への投融資残高があり、2008年度に2期連続で400億円を超す債券関係損失を計上した。CMO（住宅モーゲージ証券の一種）が中心とされる。関西の南都銀行は債券関係損失として200億円以上を2期連続して計上した。同行は証券化商品や仕組み債の投融資残高が2008年3月に340億円を超えた。南都銀行の2008年度経常利益は267億円の赤字となった。

常陽銀行や南都銀行に共通する経営指標は、預貸率（＝貸出÷預金）が低

く，預証率（＝有価証券÷預金）が高いことである。全国銀行平均で預貸率は75.6％（2008年度）であるが，南都は68.8％，常陽は74.6％である。他方で預証率は全国平均で31.6％，地方銀行平均で28.4％だが，南都は36.3％，常陽も33.8％と高い。地元での預金シェアは高いため，預金への流入は増加するが，優良企業が少なく貸出難のため，資金運用で有価証券の比重が高まる，といった地域金融機関の経営が浮かび上がる。

第5節 まとめに代えて

　地方財政の逼迫が続くなかで，地方債の発行額は増加が見込まれている。2010年度地方債計画（案）でも，15兆6,288億円と前期比10.2％増加している。民主党政権が誕生し，地方に対する財政支出は厳しくなる可能性もある。このため地方債の発行は高水準が続くと推定される。問題は引受資金であり，ゆうちょ銀行やかんぽ生命が引受を停止したため，市場公募や銀行など民間資金への依存は高まることになろう。

　こうしたなかで，地方公共団体から地域金融機関への期待は強まるが，地域金融機関の経営が対応できるか，問われることになろう。金融危機を契機として，多くの地域金融機関が有価証券関係の損失を計上し，経常利益で赤字となった。この他，不良債権処理関係の損失もある。公的資金の注入を受けた地域金融機関や，合併を模索する銀行もある。報道によると，2009年10月に関西圏の池田銀行と泉州銀行が合併し（池田泉州銀行），東北圏では荘内銀行と北都銀行が合併した（フィデアホールディングス）。さらに2010年春には，関西圏で関西アーバン銀行とびわこ銀行が合併，関東圏でも関東つくば銀行と茨城銀行が合併（筑波銀行），四国圏で香川銀行と徳島銀行が合併（トモニホールディングス）を予定している[16]。

　地域金融機関の再生には，地域経済の再生が深く関わっている。また現在の地域金融機関を取り巻く状況には，金融危機という問題だけではなく，地域金融の構造的問題が密接に関係している。地域の中小企業が衰退するなか，都市

銀行も地域でのリテール戦略を重視しており，優良な貸出先をめぐり競争が強まっている。また地域には地方銀行や第二地方銀行以外にも，信用金庫や信用組合が存在している。こうしたなかで，地方銀行や第二地方銀行は新しいビジネスモデルを模索することになろう。

(注)
1) 井手〔2004〕124ページ参照。
2) 地方交付税交付金と地方債の関係については，秋山〔2001〕を参照。
3) 民間銀行による縁故債が増加するなかで，民間銀行が売却し，地方債の国債に対する上乗せ利回り（スプレッド）が上昇しやすくなっている。日経金融新聞，2005年8月31日付。他方，全国銀行による自治体向け融資は2006年3月に約14兆1000億円で，前年比7%増加となった（日本経済新聞，2006年7月2日付）。
4) 2006年度地方債計画で，シェアが上昇した部分は，市場公募だけであり，3.5兆円（前年度比7.9%増，以下同じ）。銀行等引受は5.3兆円（11.2%減）。市場原理が強まり，選別化が進むと見られている（日経金融新聞，2005年9月2日付）。さらに2010年度地方債計画では，市場公募が4兆500億円（10.4%増）となっている。ただし銀行等引受も5兆988億円（7.4%増）であり，増加に転じている。
5) 「財政自立への自治体戦略」『ガバナンス』ぎょうせい，2007年6月号，29ページ。
6) 『日経グローカル』No.129，2009年8月3日号，16ページ。コーラブル預金は銀行があらかじめ決められた日に，期日前解約する権利を保有する代わりに，高い金利を適用する預金である。
7) 都道府県だけの財政を2004年度決算についてみると，歳出は約48兆円で前年度比1.5%減。投資的経費が9.4%減で19.9兆円（日本経済新聞，2005年11月28日付）。
8) 公債費増加の要因として，この他に，政府系資金から民間資金に借り換えることで，当面の返済額は減るが，補償金支払い等で支払い総額が増加する問題がある。日本経済新聞，2006年4月4日付。また団塊世代の大量退職に伴う，退職手当債発行といった要因もある（日本経済新聞，2006年5月21日付）。
9) 扶助費に含まれる生活保護費の増加は地方財政にとって深刻な問題となっている。生活保護率が全国トップ（都道府県）は大阪府で2.32%，特に大阪市では3.81%。最低は富山県で0.22%と，10倍近い格差がある。首都圏，関西圏で高い。高齢化など受給者増加が背景にある（朝日新聞，2006年2月5日付）。大阪府守口市など企業城下町でも，企業業績悪化から，生活保護費は最近10年で2倍以上に増加した（日本経済新聞，2005年11月24日付）。東京都特別区も例外ではなく，台東区の保護率は3.88%，足立区でも2.97%へ上昇。足立区の生活保護費支給額は345億円で，区税収入を超えた。高齢化のほか，離婚増加による母子家庭増加が影響していると言われる（日本経済新聞，2006年1月26日付）。
10) 国民健康保険の財政難により，市町村の一般会計から税収が投入されており，2004年度には税負担は3,849億円となっている。退職高齢者の増加やフリーターによる未納率上昇が影響している（日本経済新聞，2006年3月18日付）。また第三セクターの法的整理（民事再生法適用等）で，自治体が貸付金を債権放棄するケースが増加している。自治体による第三セクターへの貸付金は2004年度末で5兆円ある（日経金融新聞，2006年2月14日付）。東京都が臨海副都心の第三セクター3社に民事再生法適用したケースが典型であり，東京都の損失は今回だけで381億円（日本経済新聞，2006年5月13日付）。

11) 『地方財政白書』平成18年度版，47ページ。
12) 池上〔1998〕102ページ参照。
13) データについては南都，紀陽，但馬銀行のホームページを参照。
14) 経常利益＝経常収益－経常費用。業務純益＝資金運用収支＋役務取引等収支＋その他業務収支－（一般貸倒引当金繰入額＋債券費＋経費等）。
15) 江夏〔2009〕参照。
16) 日本経済新聞，2009年9月29日付。

〔参考文献〕

秋山義則〔2001〕「地方債制度の再編と改革課題」岩波一寛編著『どうする自治体財政』大月書店。

池上岳彦〔1998〕「一般財源主義の限界と新たな一般税源主義の課題」神野・金子編著『地方に税源を』東洋経済新報社。

井手英策〔2004〕「地方債制度の改革」神野直彦編著『自治体改革8　地方財政改革』ぎょうせい。

江夏あかね〔2009〕「公的セクター・クレジット市場における当面の注目点」，日興シティ証券，9月24日。

(代田　純)

第11章 金融危機と所得格差問題

第1節 はじめに

　本章は，所得税を中心とする税務統計を使用し，最近の日本における課税前所得と課税後所得の分配について分析する。税務統計としては，『国税庁統計年報書』を使用し，申告所得税の課税前所得と課税後所得について，ジニ係数を算出する。以下において明らかにされるように，2000年以降2007年までのジニ係数は所得税課税前と課税後のいずれにおいても上昇傾向を示しており，所得分配の公平性は悪化していた。

　この所得分配の公平性が後退した背景には，証券税制の改正と株式譲渡所得が高所得階層に集中している問題が少なからず関連している。2000年以降における申告所得税の合計所得の構成を見ると，株式譲渡所得の比率が上昇している。2003年から証券税制は改正され，株式譲渡所得に対する従来の源泉徴収制度は廃止され，原則は申告分離制度となった。しかし同時に「株式購入額1,000万円までは譲渡益非課税」，「みなし取得費の特例」といった措置が実施され，高額所得層にとって，株式譲渡益は税制面から優遇されることとなった。

　金融危機後，欧米では金融機関の高報酬が問題となっている。公的資金が注入された金融機関で高額な報酬が支払われてきた。日本では金融機関の給与水準は，欧米に比較してみると，高くはない。これは給与体系の違いも影響していよう。しかし日本でも2000年以降，所得格差は拡大してきた。これは資産

家を中心として，高額所得が帰属し，累進税制が緩和されてきたためと見られる[1]。金融危機前には，世界的に新自由主義的政策が強まり，所得税の累進課税も弱まった。高額所得階層への累進課税の弱体化が，金融危機まで世界的に進行し，所得格差が拡大していた，と言えよう。

第2節 税務統計とジニ係数

1. 日本の税務統計

　日本で税務統計として最も整備された資料は，『国税庁統計年報書』であろう。財政学者が日本の税制を実証的に分析する場合，この資料が使用されることが多い。しかし，『国税庁統計年報書』ですら，アメリカやイギリスの税務統計に比べて，資料として見劣りする。最大の弱点は，日本の所得税統計が源泉所得税と申告所得税で別々にされており，所得税として総合的な統計がないことである。イギリスの税務統計である，Inland Revenue Statisticsであれば，所得階層別の所得件数（人員数）と所得金額が，所得税全体として公表されている[2]。しかし日本の『国税庁統計年報書』は，源泉分と申告分が別個に集計されてきた。したがって以下のデータも基本的に申告分を使用している。

　国税庁の同資料では，所得階層別人員，合計所得金額，源泉税額（申告時点で源泉課税として納税された金額），申告税額が示されている。ここから合計税額（源泉分と申告分を筆者が合計），実効税率（＝合計税額÷合計所得金額），課税後所得（＝所得金額－合計税額）が算出可能である。合計所得（給与所得や事業所得など各種所得を合算したが，基礎控除や家族控除などの控除を引いていないもの。ただし各種所得を算出するうえで，費用は計上されている。例えば，不動産所得であれば減価償却費などがすでに引かれている）で年間5,000万円以上の階層は53,612人（2005年，以下同じ）と全体（確定申告をした829万4,146人）の0.6%であるが，課税前所得金額では6兆3,786億円と全

体の14.6％を占めていることがわかる。また年間3,000万円以上の階層は13万8,334人と全体の1.7％であるが、課税前所得では9兆5,715億円と全体の22％近くを占めている。このように、まず課税前所得では少数の高所得層に所得が集中する傾向がわかる。

一般に課税前所得の不公平は、所得税と社会保障の再分配機能によって是正されるものと考えられている。したがって、所得税の課税によって、課税後所得では不公平が是正されていることが期待される。しかし年間5,000万円以上の階層での課税後所得は4兆9,865億円で、全体の12.9％であり、課税前のシェア14.6％に比較して、1.7ポイントの低下にとどまっている。また年間3,000万円以上では課税後所得7兆4,546億円と、全体の19.3％になり、課税前に比べ3ポイント弱低下している。年間合計所得5,000万円以上の階層が課税によって1.7ポイントのシェア低下にとどまり、3,000万円以上の階層が3ポイント近く低下していることには、問題がある。

2. 上昇するジニ係数

以上のデータからジニ係数が計算可能となる。ジニ係数は、所得分配の不公平度を示すが、ローレンツ曲線と対角線（45度線）に囲まれた面積が対角線（45度線）の三角形の面積に占める比率である。そこでまずローレンツ曲線を作成する必要がある。ローレンツ曲線は、正方形の縦軸に所得の累積比（それぞれの所得階層が全体の所得合計の何％までを得ているか）をとり、正方形の横軸に人員（件数）の累積比（それぞれの所得階層が全体の人員あるいは件数合計の何％までにあたるか）をとり、交点をつなぐことで作成できる。基本的な考え方は、所得の分布状態が人員（件数）の分布状態と比例しているか、歪んでいるか、である。正比例であれば、45度線と一致し、歪むほど45度線から乖離する[3]。ローレンツ曲線が45度線から乖離するほど、ジニ係数は高くなり、所得分配が不公平となる。

ジニ係数の計算式は以下である。

{0.5 − Σ(課税前所得累計構成比1 + 課税前所得累計構成比2) × (人員累計構成比2 − 人員累計構成比1) ÷ 2} ÷ 0.5 = ジニ係数

　45度線による三角形の面積は0.5であるから，0.5からローレンツ曲線の外側面積を差し引き，ローレンツ曲線に囲まれた部分の面積が三角形の面積0.5に占める比率を算出する。

　同様のデータを使用して，1999年からのジニ係数を見たものが，図表11-1である。この図表11-1にも示されるように，1999年から2007年にかけて課税後所得のジニ係数は概ね0.48前後であり，また課税前所得のジニ係数は0.51前後で推移してきた。しかし2005年に急速にジニ係数は上昇し，課税前で0.568へ，そして課税後で0.528へ悪化した。2006年から2007年にかけて，ジニ係数はさらに悪化し，課税前で2007年には0.577へ上昇した。また課税後でも0.537まで悪化した。

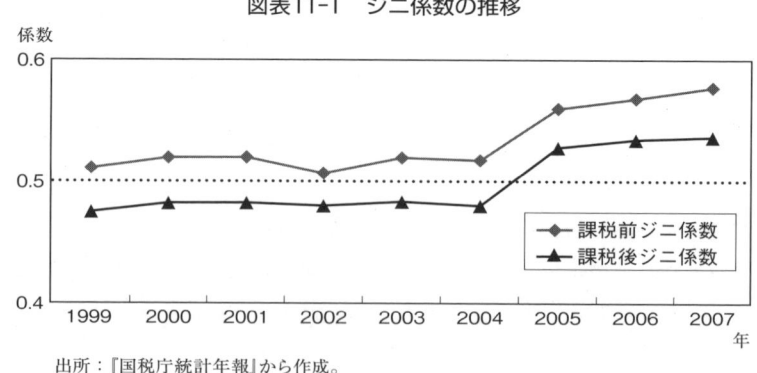

図表11-1　ジニ係数の推移

出所：『国税庁統計年報』から作成。

3. 弱まる所得再分配機能

　また再分配係数（税制による所得分配の是正度を示す。再分配係数＝(1 −

課税後ジニ係数÷課税前ジニ係数）×100，大きいほど再分配機能が強い）は1999年が7.05，2002年が5.29，2004年が7.26であったが，上記のように2005年に5.68となった。まず2005年には再分配係数が低下し，税制の所得再分配機能が低下したことがわかる。また2002年にもその傾向が生じている。ついでこの再分配係数は国際的にも低いと言わざるをえない。

　筆者はかつてサッチャー政権期のイギリス財政について研究し，課税前所得と課税後所得のジニ係数，再分配係数を算出した。1980年代のイギリスでは，サッチャーリズムによる新自由主義的な政策がとられ，70年代までの労働党による累進税制は大きく緩和された。しかしそれでも，80年代後半のイギリス所得税の再分配係数は8〜9といった水準であった[4]。したがって，制度面の違いもあり，一概には比較が困難であるものの，現在の日本の所得税（申告分）の所得再分配機能は，80年代後半のイギリスよりも弱体化していることになる。

　以下での問題は，なぜ2005年にジニ係数の上昇が発生したのか，である。2002年にも再分配係数の低下が見られたが，ジニ係数の上昇は見られなかった。また2002年における再分配係数の低下は，課税前ジニ係数の低下に起因すると見られる。したがってジニ係数が課税前と課税後のいずれにおいても上昇し，かつ再分配係数が低下した2005年が問題であろう。以下，2005年以降のジニ係数上昇の背景について分析する。

第3節　株式キャピタル・ゲインの増加と証券税制の改正

1. 増加した株式キャピタル・ゲイン

　2005年の申告所得税の特徴は，所得構成において株式等譲渡所得（株式キャピタル・ゲイン）の比重が上昇したことである。この点を次ページの図表11-2から確認しておきたい。

図表11-2 申告所得税における合計所得額，分離長期譲渡所得，株式等譲渡所得

	1999	2000	2001	2002	2003
合計所得額①	41,107,209	41,218,885	39,958,384	38,066,487	38,322,092
分離長期譲渡所得②	3,604,757	3,583,383	3,131,824	2,679,097	2,588,901
株式等譲渡所得③	509,596	544,080	448,347	326,767	880,907
②/①	8.8%	8.7%	7.8%	7.0%	6.8%
③/①	1.2%	1.3%	1.1%	0.9%	2.3%
日経平均株価（年終値）	18,394	13,786	10,543	8,579	10,677

	2004	2005	2006	2007
合計所得額①	38,066,487	43,714,924	44,320,535	43,262,215
分離長期譲渡所得②	2,679,097	3,558,311	4,034,986	4,145,682
株式等譲渡所得③	326,767	2,651,883	2,321,864	2,148,632
②/①	7.0%	8.1%	9.10%	9.60%
③/①	0.9%	6.1%	5.20%	5.00%
日経平均株価（年終値）	11,489	16,111	17,226	15,308

出所：『国税庁統計年報』等から作成。

　図表11-2は，申告所得税における合計所得額，分離長期譲渡所得，株式等譲渡所得を示している。分離長期譲渡所得とは，不動産，書画，骨董品，ゴルフ会員権など資産を5年以上保有し売却した場合の譲渡所得である。しかし実質的には長期保有した不動産の売却益が中心である。かつて1990年前後の資産価格上昇期（いわゆるバブル期）には，分離長期譲渡所得の比重が高まったことは明らかである。株式等譲渡所得とは，株式の売却によるキャピタル・ゲインである。2002年までは源泉課税があったため，確定申告した場合には源泉徴収分として申告されてきた。ただ2002年までの源泉徴収によるキャピタル・ゲイン課税は実質的なゲイン額への課税ではなく，損益とは関係なしに，売却金額の5.25%をゲイン（所得）とみなし，それに20%で源泉分離課税するものであった。投資家からすれば，ゲイン額に関係なしに，実質1%課税で済むという優遇税制に加え，確定申告の煩雑さからも解放されるという利便性もあった。ただしキャピタル・ロスが発生（損失）した場合でも，同じ税率であり，本来的なキャピタル・ゲイン課税というより，売却代金を課税標準とする外形

標準課税であった。こうした税制としての欠点に加え，実質1%課税という優遇税制への批判もあり，2003年からの改正へと至った。

　合計所得に占める分離長期譲渡所得の構成比を見ると，1999年に8.8%であったが，2003年に6.8%へ低下し，2005年には8.1%となっている。その後2007年には地価上昇もあり，9.6%まで上昇した。1999年前後には地価が低下しており，2000年以降に地価が反転したものの，長期譲渡所得では5年以上の保有であり，大きな影響が2005年時点では発生していなかったと見られる。しかし2006年～2007年には地価上昇の影響が発生したと見られる。

2. 高額所得層と証券税制

　他方，株式譲渡所得は1999年に合計所得の1.2%を占めるに過ぎず，2004年にも0.9%に過ぎなかった。しかし2005年に6.1%へ急上昇した。2004年まで株式譲渡所得の比率は1～2%前後であるから，2005年に6%台へ上昇したことは注目に値する。2006年からは5～5.2%とやや低下したが，2000年時点と比較すると高い水準にある。株式譲渡所得の比率上昇の要因として，第一には，単純に株価が上昇したことを指摘できる。2002年年末には終値で日経平均株価は8,579円まで低下した。しかし2004年年末には11,489円へ，そして2005年年末には16,111円まで上昇した。こうした株価上昇によって，キャピタル・ゲインを得た個人投資家が株式を売却し，申告された所得において株式譲渡所得の比率が上昇したと見られる。

　第二には，2005年における株式譲渡所得の急速な比率上昇には，何らかの制度改革が影響したと見ることが自然であろう。影響した最大の制度改革は，証券税制の改正である。2002年までは株式譲渡益については，源泉分離課税（売却代金の1.05%）と申告分離課税（所得税20%，住民税6%，合計26%）の二本立てであったが，2003年から申告分離課税に一本化された。2008年12月までは申告分離課税の税率は特例で10%（所得税7%，住民税3%）とされていた（その後，2011年まで延長された）。年末が近づき，来年度の予算審議との関係で，税制改正が日程に上ると，この10%の維持か廃止か，をめぐり政治的な駆け引きが恒

例化している。申告分離課税一本化と同時に，特定口座制度が導入され，投資家の確定申告を証券会社が代行することとなった。日本では投資家のみならず，国民が確定申告する比率が低いため，と言われる。

　同時に，譲渡損失の3年間繰越控除（株式譲渡損等が出た場合，3年間は譲渡益と相殺できる），購入額1,000万円まで譲渡益非課税（2001年11月30日から2002年12月末までに1,000万円以下で株式等を購入し，2005年1月から2007年12月末までに売却すれば，売却益は非課税），みなし取得価額の特例（2001年9月30日までに取得した株式を，2003年から2010年までに売却した場合，選択により取得価額を，2001年10月1日終値の80％とすることが可能），2004年からは株式投資信託と株式との損益通算（株式投資信託の損益を株式の損益と合算もしくは相殺できる）といった措置がとられた。

　これら一連の措置のなかでも，繰越控除や損益通算は売却益と損失とのバランスという面をもつが，購入額1,000万円までは売却益全額非課税，およびみなし取得価額という措置は個人投資家に少なからぬ恩恵をもたらした，と見られる。みなし取得価額特例は，本来，相続等によって取得した場合，取得価額がわからない，といった事例に配慮した措置であった。しかし現実には，本来の取得価額と，2001年10月1日終値の80％を比較し，高いほうを選択する（売却益を過小とし，課税額を軽減する）といった効果をもった。さらに2005年に申告所得税の合計所得における株式譲渡所得の比率が上昇したこととの関連では，購入額1,000万円までは売却益非課税という措置が注目される。この措置は2005年から2007年の売却を条件としているからである。2001年から2002年にかけては，株価が低迷した時期であるが，逆に証券会社が，この優遇措置を営業上利用し，富裕層に働きかけたことは容易に想像がつく。そして実際に，2004年以降の株価上昇によって，個人富裕層が，利益の発生した株式を売却した，と推定される。2005年から2007年にかけての売却が非課税の条件となっており，2005年の合計所得における株式譲渡所得増加の一因は，購入額1,000万円まで非課税という税制改正の影響という可能性が高い。

　この購入額1,000万円まで売却益非課税という措置は，源泉徴収ありの特定口座では適用を受けることができない。しかし源泉徴収がない特定口座や一般

の口座であれば適用される。この特定口座の源泉徴収とは，申告分離課税という原則の下で，証券会社が譲渡所得の税額を代理徴収して，確定申告時に納税することを意味している。他方，源泉徴収がない特定口座とは，証券会社による都度の徴収がなく，確定申告時に一括して納税する口座である。したがって，購入額1,000万円までの売却額非課税という制度は，特定口座という枠組みのなかで，可能な限り本来の確定申告制度に沿うという条件付と言える。または，好意的に解釈すれば，日本において未だ定着していない確定申告制度を，より普及させるためのインセンティブとも言える。

3．最高所得層の税率は低下

　しかし，購入額1,000万円まで売却益非課税という措置を中心に，一連の証券税制改正は，高額所得階層には多大な恩恵をもたらしたと見られる。すでに指摘したように，2005年に申告所得税の合計所得額において株式譲渡所得の比率が急上昇していたが，2005年の実効税率は最高所得階層において2004年から低下したからである。次ページの図表11-3が2004年と2005年の所得税実効税率を示している。ここで言う実効税率とは，所得階層別の合計所得金額を分母とし，源泉税額と申告納税額の合計を分子としたものである。2005年の場合，所得金額3,001～5,000万円での実効税率が22.7％であったが，5,000万円以上での実効税率は21.82％となった。これは所得階層が高ければ，税率も上昇するという累進税率の基本，もしくは税は負担能力に応じて支払うといった応能原則にも乖離している。また次ページの図表11-3が示すように，2004年に比較して，2005年には所得額1,000万円以下での実効税率がわずかながら上昇した一方，1,000万円以上では2005年には実効税率が低下している。

　所得1,000万円以下での2005年における実効税率の上昇は，2005年から実施された公的年金等控除の圧縮が一因と推定される。2004年まで公的年金等控除は定額分として100万円（65歳未満は50万円）が認められていた。しかし2005年からは一律50万円までに引き下げた。定率分については変更がなかった。定額分と定率分を合わせ，最低控除額として2004年までは140万円（65歳未

図表11-3 所得階層別の実効税率(2004～2005年)

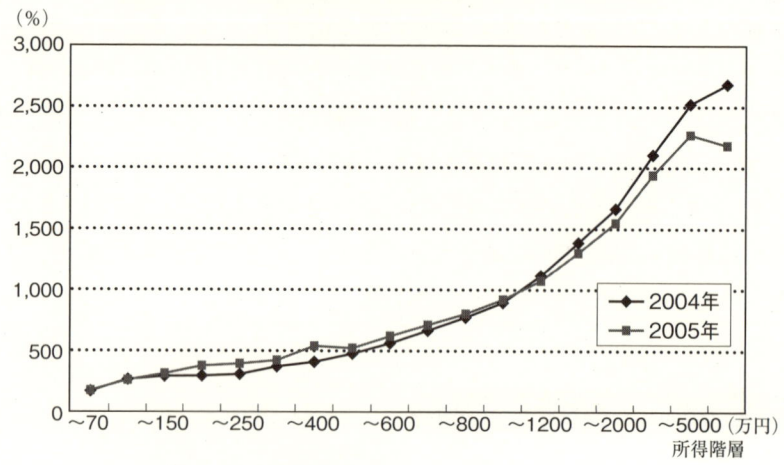

注1：実効税率＝（源泉課税＋申告納税）÷合計所得。
注2：5,000万円以上の所得階層は一括したデータのみ開示。

出所：『国税庁統計年報』から作成。

満は70万円）が認められていたが，2005年からは70万円（65歳以上は120万円）に引き下げられた。公的年金等控除の引き下げは，高齢者世帯には一定の影響を与え，実効税率の上昇をもたらした，と見られる。

他方，所得1,000万円以上では2005年に実効税率が低下したが，これは特に所得5,000万円以上の階層で顕著であり，3,001～5,000万円よりも実効税率が低下するという逆転現象が見られた。こうした高所得階層の所得構成を見たものが図表11-4である。従来は，国税庁による資料では，所得階層が5,000万円以上は一括して表示されてきたが，2005年分から5,000万円以上でも所得階層が細かく表示された。

4. 最高所得層では株式等中心

図表11-4において，所得種類として構成比が高いものは，給与所得32.4％，分離長期譲渡所得21.5％，株式等譲渡所得19.9％などである。しかし全ての所得階層で見ると，給与所得の構成比は40.1％であるので，高所得階層では給与

第11章 金融危機と所得格差問題

図表11-4 高所得階層の所得構成（2005年）

所得階層(万円)	利子		配当		不動産所得		給与所得	
	人員	所得金額	人員	所得金額	人員	所得金額	人員	所得金額
3,000～5,000	492	637	18,009	62,672	46,410	429,107	64,553	1,436,433
～10,000	404	617	9,509	69,122	22,237	291,078	28,906	958,391
～20,000	181	512	3,038	54,574	5,827	105,287	7,322	373,482
～50,000	103	476	1,214	57,671	1,874	44,403	2,588	200,950
～100,000	30	156	293	27,591	358	7,772	560	59,010
～200,000	13	159	125	26,981	106	1,173	203	36,883
～500,000	7	15	73	29,493	55	193	103	24,832
～1,000,000	2	18	13	3,113	8	103	18	12,271
1,000,000～	―	―	3	2,650	4	-539	5	546
合計	1,232	2590	32,277	333,867	76,879	878,577	104,258	3,102,798
構成比率	0.89%	0.02%	23.33%	3.48%	55.57%	9.17%	75.36%	32.41%

所得階層(万円)	雑所得		分離長期譲渡所得		株式等の譲渡所得		合計所得	
	人員	所得金額	人員	所得金額	人員	所得金額	人員	所得金額
3,000～5,000	38,146	65,730	19,137	576,013	11,392	174,579	84,722	3,192,816
～10,000	18,087	44,047	11,500	633,333	7,274	229,420	39,029	2,604,269
～20,000	4,606	21,820	3,682	418,165	2,891	227,675	10,182	1,363,977
～50,000	1,604	21,096	1,146	277,270	1,420	289,691	3,350	974,963
～100,000	345	10,897	182	95,920	419	234,298	679	461,557
～200,000	124	6,274	32	32,621	176	215,477	232	323,864
～500,000	64	6,170	12	21,506	94	245,211	115	336,685
～1,000,000	14	4,465	―	―	17	88,142	18	110,583
1,000,000～	5	182	―	―	7	199,989	7	202,740
合計	62,995	180,681	35,691	2,054,828	23,690	1,904,482	138,334	9,571,454
構成比率	45.53%	1.88%	25.80%	21.46%	17.12%	19.89%	100%	100%

出所：『国税庁統計年報』から作成。

所得の構成比はむしろ低いと言える。また分離長期譲渡所得はすでに説明したように不動産を中心とした譲渡益であるが，図表11-4でも所得3,000～5,000万円で5,760億円，同じく5,000万～1億円で6,333億円と，高所得層のなかでは比較的下位の階層で多くが発生している。また分離長期譲渡所得は50億円以上の所得階層での発生は2005年にはない。いわば分離長期譲渡所得は，高

所得層のなかでも比較的低い階層での帰属が多い。しかし株式等譲渡所得は所得5,000万円以上の階層で多くが発生している。50億円以上の所得階層においても，株式等譲渡所得は2,880億円ほど発生している。いわば株式等譲渡所得は高所得階層のなかでも，最高所得階層で多くが発生している。今日の日本の富裕層は株式など証券関連で所得を得ている。

こうした富裕層の株式関連の高所得に対し，証券税制の改正が恩恵をほどこしたと見られる。第一には，株式等譲渡所得への申告分離課税の税率が10%とされていたことである。図表11-4においても給与所得で100億円以上得ている人が5名いるわけであるが，これらの人が同時に株式譲渡所得を100億円得ても，株式譲渡所得については10%しか課税されないわけである。これは給与所得など通常の所得には1,800万円以上で37%（基礎控除等による249万円控除後）課税されることとの対比では，著しく公平性に欠けると言える。第二には，みなし取得価格である。これは実際の取得価格がもっと低くても，選択により取得価格を高くすることができ，結果的に節税を可能にしている。

5. 証券界の主張

申告分離課税の税率10%が低いとの意見については証券界が反論している[5]。2006年10月に日本証券業協会が発表した，『個人投資家の証券税制に関する意識調査報告書』は個人投資家対象のアンケートを実施した。このアンケートの集約結果によると，①株式譲渡所得への税率10%という優遇措置が終了した場合，半数以上の個人投資家が影響を受ける（「投資に慎重になる」が32.2%，「投資をやめるか減らす」が16.1%，「評価損益次第では売却する」が26.8%等々）と回答した。②税率10%の優遇措置を延長すべき，との要望が71%となった。なお，このアンケートの対象となった投資家の71.6%が年収500万円未満，また世帯年収でも56.6%が700万円未満となっている。投資家の年収から見ても，所得水準は国民的な平均と見られる。こうした一般的な所得水準にある投資家と，所得階層5,000万円以上の投資家については，税制上区別されるべきではないか。

証券市場（特に株式市場）振興のために証券優遇税制が証券界から要望され

る。また直接金融への移行（貯蓄から投資へ）を促進するために証券優遇税制が要望されることもある。確かに，株式市場振興や直接金融移行といった課題も重要である。しかし同時に，課税の公平性（垂直的・水平的のいずれも）も重視されるべきであり，また税収を確保し財政再建を指向することも忘れられるべきではない。こうした視点からすれば，証券優遇税制には所得制限が課されるべきであろう。他の人的控除は通常所得制限を伴うことが多い。例えば配偶者控除には所得制限があった。しかし現行の証券優遇税制には所得制限が課されておらず，100億円の所得階層も恩恵をこうむっている。この点，再考の必要があろう。

第4節　最高所得階層での「累退税率」

1. 1億円を超すと税率低下

　2006年以降，『国税庁統計年報』では，合計所得5,000万円以上の所得階層について，課税実態が公表されるようになった。まず従来は，「5,000万円以上」については，一括で表示され，合計所得「1億以上」や「100億以上」については不明であった。しかし2006年からは所得階層区分が細かく表示され，所得構成や課税額が公表されるようになった。これにより非常に興味深い事実が明らかとなった。

　次ページの図表11-5は，2006年以降の所得税所得階層別実効税率（実効税率＝(源泉課税額＋申告納税額)÷合計所得額）を示している。この図表を見て，一見して明らかなことは，2006〜2007年において，税率のピークは「合計所得5,000万円〜1億円」の階層にあり，1億円を超えると税率が低下し，最高所得階層100億円以上では9％（2006年）まで低下していることだろう。簡潔に言えば，1億円以上の所得階層では累進税率ではなく，「累退税率」で課税されている。

図表11-5　所得階層別の実効税率（2006〜2007年）

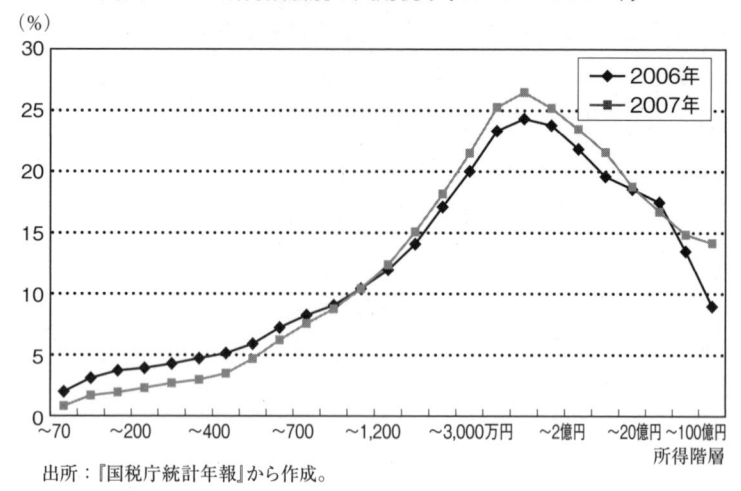

出所：『国税庁統計年報』から作成。

　こうした税率構造が形成される背景は、所得構成にある。合計所得5,000万〜1億円の所得階層までは、合計所得に占める給与所得の比率が高い。給与所得は源泉課税されるうえ、最高税率37％（1,800万円以上）で課税される。しかし合計所得1億円を超えると、合計所得における株式等譲渡所得の比率が上昇する。株式等譲渡所得は所得金額に関わらず、申告分離課税で10％とされてきた。さらにはすでに説明した、証券税制の特例によって、一定の条件を満たせば、購入額1,000万円までは譲渡益非課税であった。こうした所得種類間での課税の差異が、「累退税率」に反映している。

2. 給与所得には高税率

　2007年の場合、合計所得3,000〜5,000万円の階層では、給与所得の比率が46.5％であるが、株式等譲渡所得の比率は3.9％にすぎない。しかし合計所得100億円以上の最高所得階層では、給与所得の比率が0.2％であるのに対し、株式等譲渡所得は95.5％にも達する。
　こうした所得構成の差異、所得種類間での課税の差異が、合計所得1億円以上での「累退税率」に影響している。

日本の場合，上場企業などで取締役や社長となった場合でも，年収では1億円前後が上限であろう。合計所得1億円までは，税務統計上も所得における給与所得の構成比が上昇していくが，日本の実態を反映したものと見られる。他方，合計所得100億円を超える最高所得階層では，給与所得はわずかであり，ほとんどは株式等譲渡所得からなっている。そして最高所得階層で，所得税税率は10％前後となっている。

第5節　まとめに代えて

　本章で見てきたように，所得税統計から算出したジニ係数では，ジニ係数が2005年に上昇（悪化）したことは否定できないところである。また所得税の再分配機能も弱化していた。そうした所得再分配悪化の一因としては，高額所得階層における株式譲渡所得の増加，証券税制の改正が指摘できる。税率10％での分離課税，購入額1,000万円まで譲渡益非課税，みなし取得課税といった税制が影響している。また2006年以降の所得階層別の実効税率では，1億円を超えると税率が低下し，最高所得階層では10％前後まで低下していた。金融危機前に進んだ所得格差の拡大は，金融危機によって縮小した可能性もある。この評価は今後の統計データの公表を待たなければならない。

（注）
1) 橘木・森〔2005〕において，お金持ちとして医師，弁護士，経営者などが注目され，第7章高額所得者への課税では株式譲渡益税についても触れられている。しかし所得税の累進性が弱いこと，「相当低い分離課税の税率」（同書，205ページ）といった指摘にとどまっている。いわゆる格差議論では，低所得層の分析に焦点があり，中国など発展途上国との経済競争で先進国の単純労働者の地位や収入が脅かされるといった理解が主流であろう。例えば，大竹文雄「格差に影落とす国際化」（日本経済新聞，2007年3月25日付）は，スティグリッツの見解を踏まえ，こうした理解を肯定している。
2) 代田〔1999〕は第一次大戦期以降のイギリス税制を分析したが，当時からInland Revenue Statisticsが整備されており，所得税の所得階層別件数と所得金額が公表されている。
3) しばしば，新聞の解説等で，ジニ係数がゼロであれば所得分配が完全に平等といった理解がされている。しかし，これは誤解である。ジニ係数は所得階層（あるいは所得格差）の存在を前提としており，ジニ係数がゼロであっても所得分配が完全平等

なるものではない。ジニ係数ゼロ（ローレンツ曲線と45度線の一致）は，所得分布と人員分布が正比例していることを意味する。
4) 代田〔1999〕171ページ。
5) 日本証券業協会『個人投資家の証券税制に関する意識調査報告書』平成18年10月。《http://www.jsda.or.jp》

(参考文献)
橘木俊詔・森剛志〔2005〕『日本のお金持ち研究』日本経済新聞社。
代田純〔1999〕『現代イギリス財政論』勁草書房。

(代田　純)

あとがき

　本書は2年間にわたり，駒澤大学において開催された研究会の成果をとりまとめたものである。参加メンバーは，多くが駒澤大学で教育にかかわった経験を有している。

　前田昌孝氏（日本経済新聞社）には，駒澤大学経済学部の「現代経済事情」において，日本経済新聞を活用した授業をしていただいた。いわゆる「ホリエモン」事件のころであり，学生たちも前田さんの歯切れの良い解説に聞き入っていた。

　藤井康行氏（住友信託銀行）には，同学部の「現代産業事情」において，年金について授業をしていただいた。年金の会計や制度など，難解で複雑な問題を，平易かつ明快に解説していただいた。

　森谷智子氏（嘉悦大学）には，編者が国内留学で研究専念期間を持った折，金融論の非常勤講師をお願いした。広田真人氏（元首都大学東京）には，現在まで，経済学部の証券市場論を非常勤講師としてお願いしている。勝田佳裕氏には，駒澤大学経営学部で証券市場論の非常勤講師をお願いしている。浅羽隆史氏（白鷗大学）には旧富士総研（現みずほ総研）に在職中から財政について御教示いただいている。岩波文孝氏（駒澤大学）は職場の同僚として苦楽を共にしている。

　こうして教育を契機として出会った方たちであったが，その博識ゆえ，是非研究面でもお教えいただきたく，研究会を発足させた。多くは，研究会メンバーによる報告であったが，Jパワー（電源開発）株の大量取得で知られた，TCI（ザ・チルドレンズ・インベストメント・ファンド）のアジア代表，ジョン・ホー氏にも，一度レクチャーしていただいた。

　本書に直接関係してはいないが，編者としては，（財）日本証券経済研究所の

ヨーロッパ資本市場研究会,中央大学経済研究所の国際金融研究会での議論が,少なからず本書には反映されている。記して謝意としたい。

　本として研究成果をまとめるうえで,同文舘出版編集局の市川良之氏には,構想段階からお付き合いいただいた。

　本書は,平成21年度駒澤大学特別研究助成「金融危機と外国人投資家の功罪」(代表・代田　純)による研究成果である。また同20年度同助成「グローバリゼーションによる企業統治と証券市場の構造的変化」(代表・岩波文孝)により,研究会は20年度から開始されたことも付記する。

索　引

〈和文索引〉

〔あ行〕

アービトラージ ……………………… 172
アクティビスト ……………………… 43
アデランスホールディングス ……… 57
アドプション ………………………… 109
アブダビ投資庁 ……………………… 37
アルセロール・ミタル ……………… 60
安定株主 ……………………………… 60

インデックス運用 …………………… 30

運用部ショック ……………………… 153

エージェンシー理論 ………………… 80
エクイティ・ファイナンス ………… 91
エグジット …………………………… 58
NECエレクトロニクス ……………… 64
縁故債 ………………………………… 179

オイルショック ……………………… 32
欧州中央銀行 ………………………… 18
OPECバスケット価格 ……………… 35
親子上場 ……………………………… 64

〔か行〕

回帰分析 ……………………………… 168
会計基準 ……………………………… 105
会計ビッグバン ……………………… 109
外国人株式保有比率 ………………… 43
外国人投資家 ………………………… 161
家計貯蓄率 …………………………… 154
貸付債権の証券化 …………………… 99
カストディアン銀行 ………………… 41

株式行動主義 ………………………… 79
株式市場の機関化現象 ……………… 75
株式等譲渡所得 ……………………… 200
株式の公開買い付け ………………… 50
株式の持ち合い ……………………… 121
株式持ち合い ………………………… 44
株主価値 ……………………………… 57
株主総会 ……………………………… 53
株主提案 ……………………………… 58
株主平等原則 ………………………… 53
カルパース …………………………… 38
カレンシー・バスケット …………… 40

機関投資家 …………………………… 55
企業会計基準委員会 ………………… 105
企業価値 ……………………………… 48
企業価値向上プラン ………………… 62
企業金融支援特別オペ ……………… 92
議決権 ………………………………… 53
逆張り ………………………………… 30
キャッシュフロー …………………… 55
キャッシュリッチ …………………… 50
キャピタルゲイン …………………… 167
キャピタル・フライト ……………… 153
給与所得 ……………………………… 209
共同発行市場公募債 ………………… 180
業務純益 ……………………………… 194
許可抗告 ……………………………… 54
緊急経済対策 ………………………… 142
銀行等引受債 ………………………… 187
金融経済学 …………………………… 138
金融工学 ……………………………… 137
金融工学悪者論 ……………………… 135
金融商品の分類に関する会計処理 … 120

213

クラスター爆弾 ………………………… 39
クリーン・サープラス関係 ……… 121, 123
クレジットリスク・モデル ……………… 133

経営陣による買収 ……………………… 50
経営統合 ………………………………… 47
景気循環増幅効果 …………………… 116
景気対策法 …………………………… 144
経済危機対策 ………………………… 146

合計所得 ……………………………… 196
公正価値 ……………………………… 114
公正価値オプション ………………… 123
公的年金等控除 ……………………… 204
神戸製鋼所 ……………………………… 60
コーラブル預金 ……………………… 193
国際会計基準 ………………………… 106
国際会計基準審議会 ………………… 106
国際機関投資家 ……………………… 162
国際金融センター ……………………… 44
国債投資家別売買高 ………………… 164
国際分散投資 …………………………… 26
個人向け社債 …………………………… 95
雇用調整助成金 ……………………… 153
雇用と安定のためのパッケージ …… 146
コンバージェンス ……………………… 109
コンバージェンス・クライテリア …… 146

〔さ 行〕

債券関係損益 ………………………… 189
債券裁定取引 ………………………… 173
再生ファンド …………………………… 47
財政赤字 ……………………………… 149
再分配機能 …………………………… 209
再分配係数 …………………………… 198
債務担保証券 …………………………… 4
財務アドバイザー ……………………… 47
財務会計基準機構 …………………… 105
財務諸表 ……………………………… 106
ザ・チルドレンズ・インベストメント・ファ
　ンド …………………………………… 64

サッポロホールディングス …………… 57
サブプライム問題 …………………… 163
サブプライムローン ……………………… 1
産出ギャップ ………………………… 141
三位一体改革 ………………………… 183
産油国経済 ……………………………… 34

Jパワー ………………………………… 64
時価会計 ……………………………… 105
時間外取引 ……………………………… 47
仕組み債 ……………………………… 190
自己資本利益率 ………………………… 64
資産担保証券 …………………………… 2
資産の証券化 ………………………… 128
自社株買い ……………………………… 58
事前警告型 ……………………………… 62
支配証券 ………………………………… 44
社外取締役 ………………………… 73, 74
住宅抵当借入会社 ……………………… 3
取得原価主義 ………………………… 108
順張り …………………………………… 30
証券化悪者論 ………………………… 135
証券優遇税制 ………………………… 207
証書形式 ……………………………… 186
少数株主 ………………………………… 64
所得種類 ……………………………… 204
所有と経営 ……………………………… 69
所有と経営の分離 ……………………… 67
新株予約権 ……………………………… 53
申告分離制度 ………………………… 195
シンセティックCDO ………………… 132
信託型 …………………………………… 62
新日本製鉄 ……………………………… 60
信用金庫 ……………………………… 100
信用保証協会 ………………………… 102

すかいらーく …………………………… 60
スクイーズ ……………………………… 59
スティール・パートナーズ …………… 50
ストック・オプション ……………… 16, 80
ストラテジック・バイヤー …………… 48
ストレステスト ……………………… 136
スプレッド ……………………………… 87

住友金属工業 …………………… 60
スワップ ………………………… 128

成功報酬 ………………………… 54
政府短期証券 …………………… 161
ゼロ金利政策 …………………… 16
戦略的買収 ……………………… 45

相関係数 ………………………… 168
即時抗告 ………………………… 53
ソトー …………………………… 50

〔た 行〕

代位弁済 ………………………… 90
対国債スプレッド ……………… 190
第三者委員会 …………………… 62
第三者割当増資 ………………… 96
対内株式投資 …………………… 23
大量保有報告書 ………………… 51
多国籍銀行 ……………………… 12

地方交付税交付金 ……………… 184

敵対的 …………………………… 57
敵対的買収 ……………………… 47
デクシア ………………………… 181
出口戦略 ………………………… 151
デフォルト ……………………… 150
デリバティブ悪者論 …………… 135

投資銀行 ………………………… 44
投資事業組合 …………………… 45
投資信託 ………………………… 24
投資ファンド …………………… 43
特定口座 ………………………… 203
トップ・マネジメント ………… 70
取締役会 ………………………… 62

〔な 行〕

日銀資金循環統計 ……………… 171
日本証券業協会 ………………… 160

日本政策金融公庫 ……………… 93
日本政策投資銀行 ……………… 93
日本的経営 ……………………… 92

年金アクチュアリー …………… 106
年金数理人 ……………………… 106

〔は 行〕

バイアウトファンド …………… 58
買収合戦 ………………………… 50
買収防衛策 ……………………… 43
配当余力 ………………………… 55
売買回転率 ……………………… 167
ハゲタカ ………………………… 60
発行差し止め …………………… 53

非上場化 ………………………… 58
BIS規制 ………………………… 159
非戦略的買収 …………………… 48
評価額 …………………………… 61

ファイナンス力 ………………… 44
ファンド事例研究会 …………… 57
フィナンシャル・バイヤー …… 58
普通建設事業費 ………………… 182
普通社債 ………………………… 95
物的担保 ………………………… 98
プライベートエクイティ ……… 47
ブラウン運動 …………… 126,137
ブルドックソース ……………… 53
プレミアム ……………………… 59
分離長期譲渡所得 ……………… 201

平均利回り ……………………… 170
米国会計基準 …………………… 111
米国預託証券 …………………… 25
ヘッジファンド ………………… 55, 163
ペリーキャピタル ……………… 64

包括利益計算書 ………………… 107
法廷闘争 ………………………… 59
ポートフォリオ ………………… 55

ホワイトナイト	53	ゆうちょ銀行	178
本支店勘定	17	夕張ショック	177
		ユシロ化学工業	50

〔ま 行〕

マーチャントバンク	27
埋蔵金	148
ミディアム・ターム・ノート	6
みなし取得価額	202
ミューチュアル・ファンド	8
明星食品	51
無裁定条件	137
無担保コール翌日物金利	88
無担保コール翌日物レート	170
村上ファンド	45
メガバンク	89
モラルリスク	136

預証率 ……188
預貸率 ……191

〔ら 行〕

乱用的買収者	53
リーマン・ショック	101
リーマン・ブラザーズ	49
リサイクル	121
リスク・ウエート	14
リミテッド・パートナーシップ	9
量的緩和政策	170
リレーショナル・インベスティング	78, 79
劣後債	99
レバレッジ	11
レバレッジ比率	97
レバレッジ比率規制	20
連邦基本法	151
ローレンツ曲線	197

〔や 行〕

優遇措置	206
友好的	57
優先劣後構造	129

〈欧文索引〉

ABS CDO	10	fairvalue	114
ADR	25	FASB	111
ASBJ	105	FASF	105
CDO	85, 129	FSA	7
CDS	5, 86, 131	IASB	106
CESR	113	IFRSs	106
Duffie and Singleton	134	Jarrow and Turnbull	134
EDINET	51	LIBOR	86
EU	37		

M&A ……………………………43
MSCB …………………………47
NYMEX ………………………33
OCI ……………………………108
ROA ……………………………15
SIV ……………………………135

TOPIX …………………………162
ToSTNeT3 ……………………55
US　GAAP …………………111
VAR ……………………………13
WTI ……………………………33

著者紹介　(*は編者)〈執筆順〉

代田　純* 　駒澤大学 経済学部教授（金融論）
　　　　　　第1章　第2章，第5章（共著），第10章，第11章担当
　　　　　　略歴等の詳細は，奥付に掲載

前田　昌孝 　日本経済新聞社 ヴェリタス編集部編集委員
　　　　　　第3章担当
　　　　　　（主著）『株式市場を読み解く』（日経文庫，2005年）

岩波　文孝 　駒澤大学 経済学部教授（経営管理論）
　　　　　　第4章担当
　　　　　　（主著）「会社支配論とコーポレート・ガバナンス」（海道ノブチカ・風間信隆編著『コーポレート・ガバナンスと経営学』ミネルヴァ書房，2009年所収）

森谷　智子 　嘉悦大学 経済経営学部専任講師（財務管理論）
　　　　　　第5章担当（共著）
　　　　　　（主著）「日本における証券化商品市場の今後の効果的な役割」（坂本恒夫・松村勝弘編著『現代の財務経営　8　日本的財務経営』中央経済社，2009年所収）

藤井　康行 　住友信託銀行 年金研究センター 制度研究部長
　　　　　　第6章担当
　　　　　　（主著）「企業年金制度における受給権保護」（日本年金学会編集『持続可能な公的年金・企業年金』ぎょうせい，2006年）

広田　真人 　前首都大学東京 都市教養学部経営学系客員教授（ファイナンス論）
　　　　　　第7章担当
　　　　　　（主著）「取引所はゲームセンターか？」（『証券経済研究』第61号，2008年3月）

浅羽　隆史 　白鷗大学 法学部教授（財政学）
　　　　　　第8章担当
　　　　　　（主著）『入門財政学』（同友館，2007年）
　　　　　　　　　　『格差是正の地方財源論』（同友館，2009年）

勝田　佳裕 　駒澤大学 経営学部非常勤講師（証券市場論）
　　　　　　第9章担当
　　　　　　（主著）「中央銀行によるオペレーションの国際比較」（代田純編『日本の国債・地方債と公的金融』税務経理協会，2007年所収）

《編著者略歴》

代田　純（しろた　じゅん）

1957年生まれ
中央大学大学院経済学研究科博士課程満期在学中退
1991年　（財）日本証券経済研究所大阪研究所研究員
1994年　立命館大学国際関係学部助教授
1997年　博士（商学）
2000年　立命館大学国際関係学部教授
2002年　駒澤大学経済学部教授（現在に至る）

〈主　著〉
『ロンドンの機関投資家と証券市場』（法律文化社，1995年）
『現代イギリス財政論』（勁草書房，1999年）
『日本の株式市場と外国人投資家』（東洋経済新報社，2002年）
『図説　やさしい金融財政』（丸善，2006年）
『日本の国債・地方債と公的金融』（税務経理協会，2007年，編著）
『新版　図説　やさしい金融財政』（丸善，2009年）

《検印省略》

平成22年3月8日　初版発行　　　略称：金融危機

金融危機と証券市場の再生

編著者　　代　田　　純
発行者　　中　島　治　久

発行所　　同文舘出版株式会社
東京都千代田区神田神保町1-41　〒101-0051
電話　営業(03)3294-1801　編集(03)3294-1803
振替 00100-8-42935　http://www.dobunkan.co.jp

©J. SHIROTA　　　　　　　　印刷・製本：萩原印刷
Printed in Japan 2010

ISBN 978-4-495-46411-0